JN216459

裁判所の正体

瀬木比呂志 Hiroshi Segi
清水潔 Kiyoshi Shimizu

法服を着た役人たち

新潮社

まえがき

記者という稼業を長くやっていると、警察署に行くことや警察官と向き合うことがある。検察官と一対一《サシ》で話したこともあるし、次第に弁護士の知合いも増えた。裁判を傍聴すれば彼らの仕事ぶりを直接に目にすることもある。

だが、それが裁判官や裁判所のこととなると、私は何も知らないも同然だった。

法廷の壇上にどこからともなく、すっと現れる黒い法服姿。

全員が起立・礼をする。

被告人、検察官、弁護人が注視する中、流れ出すのは神の声か――。

「主文……、被告人を死刑に処する」

時に、人の生死までを定める仕事。

判決を言い渡したその人は壇上から裏へすっと消える。

あの人たちはどこから来ていったいどこへ帰るのか？　法服の下に何を着ているのか、仕事に見合う報酬はいったいどれ程なのか、出世や異動は誰がどう決めるのか。そして日頃はどんな生活を送っているのか？　どんな家に住んでいるのだろう。満員電車に乗ることもあるのだろうか？　ならば、痴漢やその冤罪《えんざい》の怖さを少しは理解しているのではないのか？　時には赤ちょうちん灯る店の暖簾《のれん》をくぐって、私の隣に何気ない顔で座っていることもあるのだろうか……？

そんな俗物的な興味をずっと持っていた。

そしてまた裁判そのものに対する疑問も。

冤罪だった「足利事件」を取材した際に、誤認逮捕された菅家利和《すがやとしかず》さんの自供調書を読んだ。それは菅家さんが無期懲役の判決を受け幽閉されて一七年目のことだった。本当にその自供どおり犯行が可能なのか？　私は同条件で何度か実験を試みたのだが、すぐにいくつもの矛盾に突き当たってしまった。原判決の法廷ではそんな調書がまかり通っていたのだ。その後「足利事件」は証拠とされていたDNA型鑑定など捜査の誤りが明らかとなった。開かれた再審では菅家さんに無罪判決が下ったのだ。その判決の際、法廷で三人の裁判官が被告の菅家さんに深々と謝罪をした姿が私の脳裏にくっきりと焼き付いている。

それでもなお刑事裁判における有罪率は九九・九％と言われている。

検察の起訴内容はなぜ判決と直結していくのか。あるいは逆に民事裁判の国家賠償請求はなぜ原告が勝つことが極めて難しいのか？

それらの理由はいったい何なのか……？

いつかこんな取材をしてみたいとずっと思っていた。その機会を現実にすることができたのが本書である。

元裁判官である瀬木比呂志さんとの「対談」を希望したのは私からだ。

瀬木さんが執筆した『絶望の裁判所』（講談社現代新書）という、司法の裏側を描いた本を読んだ時、この人ならば取材を受けてくれるのではないかと期待したのだ。そしてまた瀬木さんも『桶川ストーカー殺人事件——遺言』（新潮文庫）などの拙著を読んで下さっていた。続く氏の『ニッポンの裁判』（講談社現代新書）では私の本を御紹介頂き、手紙も頂戴したのが直接のきっかけとなった。
瀬木さんは単に裁判官経験者というだけではない。客員研究員としてアメリカで研究の経験もあり、現在は法科大学院の教授をされている。専門は民事訴訟であるが刑事訴訟も経験されており、かつジャーナリズムに対する造詣も深いのである。

二〇一六年二月、どんよりと厚い雲が垂れ込めるまだ寒い日のことだった。

瀬木さんと私は和室のこたつで向き合った。

しかし聞きたいことはあまりに膨大だった。

お茶を啜りながらのやりとりは三日間に及ぶ。計一八時間。当初、私が頭の中で描いていた元裁判官と記者の「対談」という目論見は脆くも崩壊した。私は夢中になってひたすら話を聞くという単なる取材者となった。水面の波紋のごとく聞きたいことはただ広がっていった。

最高裁の真の権限とは。冤罪が起こりうる構造、国策捜査、原発訴訟や憲法訴訟の裏に大きく広がる闇、そしてスラップ訴訟とは……。まさに私の知らない世界のオンパレードだったからである。

瀬木さんは司法ド素人の私に丁寧に説明を繰り返してくれた。

この取材以降、私の裁判への見方は大きく変わった。

法服姿で壇上に立つその人たちの日常や環境を少しだけ想像できるようになり、そしてまた司法の裏に封じ込まれている、恐ろしい現実をも知ることができたからだ。

私にとってもっとも衝撃だったことは、これまで盲信していた「三権分立」というものが極めて危うげなものであったということだ。そしてまた法務省や裁判所の正体とは……。

と、まあ冒頭からグダグダ感想を並べていても仕方あるまい。本書には裁判と裁判官の知られざる世界をページの許す限り詰め込んでみた。もちろん瀬木さん一人に対する取材だけで、裁判所や裁判官の全てを知ったつもりになっているわけではない。しかしそれでも伺ったその内容には唸らざるを得ない。とにかくめくっていって頂ければ幸いだ。

そこには必ず驚きがあるはずだ。

二〇一七年四月一七日

清水　潔

裁判所の正体　法服を着た役人たち／目次

第3章 裁判とは何か

第4章 刑事司法の闇

第5章 冤罪と死刑

第6章 民事司法の闇

第7章 最高裁と権力

第8章 日本の裁判所の未来

装幀　新潮社装幀室

裁判所の正体

法服を着た役人たち

第1章
裁判官の知られざる日常

なぜ裁判官に一礼するのか

清水　私は取材で法廷に行くことがあるのですが、以前から気になっていることがあります。法廷の正面にある裁判官の席は立派な革製の椅子です。頭の上まで背もたれがあり、肘掛けもしっかりしている。次に検察官席と弁護人席は、同じように革の椅子ですが、背の部分が少し低くて肘掛けもちょっと固い素材になる。そして傍聴席は、映画館にあるような簡素な座席。最後に被告席はというと、背もたれもない、ただのベンチみたいなものが置いてある。

裁判員裁判が始まったころから少しその差が小さくはなったようですが、こうしたしつらえは、誰が決めて、いつからあのような形になっているのでしょうか。私には明らかに格差をつけているように見えるんです。被告が手錠や腰縄をつけて連れて来られたりとか、一番質の悪い椅子に座らされたりというのは、最初から判決がみえている感じがします。

瀬木　清水さんらしい鋭い指摘ですね。あれは、昔からあのような形になってしまっているのです。たとえば「博物館明治村」などで昔の法廷を見てもそうですし、僕が若かったころには地方の支部にはまだ戦前からの法廷がある程度残っていましたけど、そういうところも同様でした。むしろ、昔のほうがもっと差が大きいんです。それが現在にまで続いて自然にそうなっている。

そして、そういう「自然にそうなっているところ」にこそ、制度、システムの思想は一番はっきり現れているのだと思います。被告人に最初から「有罪推定」が働いているから、腰縄がついたりして、一番低いところにいるというのは、おっしゃる通りだと思います。多分どの国でもある程度座席の差というのはあると思うのですが、日本の場合にそれが目立ってしまうのは、やはり、日本の裁判官が、本質的に「お上《かみ》」と考えられているからだと思うんです。

清水　検察官や弁護人は法廷に普通に入ってきますよね。しかし一段高い場所に裁判官が入ってくると、皆が立ち上がって裁判官に向かって一礼します。これもずっと不思議に思っていました。あれもまた権威付けのように思えるのですが。

瀬木　どこの国でも、裁判官が入ってくれば、最低でも起立はしますね。でも、これは、たとえば欧米、とくにアメリカでいえば、この表敬は「裁判官という権力」に対してしているのではなく、「市民・国民の代表としての裁判官」に対してしているのだと思います。だから、みんな素直に起立します。

もう昔の映画になりましたが、『クレイマー、クレイマー』というアメリカ映画（ロバート・ベントン監督、一九七九年）がありましたよね。その映画の中に、離婚したお父さんとお母さんが子供を取り合って、お父さんは子供のためにすごく苦労しているのに、子供は裁判によってお母さんのほうに取られてしまうという場面があるんですね。そこで、子供が「お父さん、あの裁判はおかしいよ」と言うんです。そうするとお父さんが、「いや、裁判所で、裁判官という立派な人たちが決めたんだから、これは従わなければいけない」と答える。これは、紋切型のセリフともいえる反面、含蓄の深い言葉でもあって、そこには、おそらく、「我々の代表である裁判官が決めたのだから、とりあえずそれを尊重すべきだ。批判があれば控訴すればいいんだ」という認識ないしは思想があるのです。

清水　裁判官が市民の代表という考え方はわかるんですが、さきほど瀬木さんがおっしゃったように、日本ではやはりかつての「お上」のように考えている気がします。裁判官に対するとらえ方がまったく違うのではないでしょうか。

瀬木　そのとおりです。ここは、僕が、民事訴訟法学者、法社会学者としていつも強調しているところです。日本の場合、「お白州」、「お上」の伝統がありますから、一方では「遠山の金さん」や「大岡越前」みたいな超越的な人間が、何も言わなくても自分のことを全部わかってくれて、当然自分を全面的に勝たせてくれるのではないか、そうあるべきだ、という願望があります。

その一方、「裁判所なんていうのは、俺たち庶民のことなんかちっともわかっちゃいない」という、「男はつらいよ」シリーズ中の寅さんのセリフ（『男はつらいよ　寅次郎夕焼け小焼け』山田洋次監督、一九七六年）のような正反対のとらえ方、感覚もあるわけです。そして、実は、これらは、同じコインの両面なのです。日本人からみると、裁判所というのは、「よいお上」として超越的にすばらしい裁判をしてくれるところか、あるいは庶民の言うことなんかまったくわかってくれない「どうしようもない薄情なところ」か、その両極端なんです。

でも、本来、近代的な裁判というのは、そのどちらでもなく、制度的・時間的な限界や人間的な限界のなかで、なるべく適切な事実認定や法的判断をし、真実に近付く努力をするものです。裁判官は、市民・国民の代表として、なるべく正しい裁判をする。そして、当事者は、裁判官のいうことをよく聞いて一定は尊重した上で、それでも不満があれば上訴する、そういうシステムなんです。
日本ではマスメディアでもこうなのかと、ちょっとがっかりさせられるのは、たとえば、刑事裁判で、「謝罪させろ」、「反省の意を明らかにさせろ」、「犯罪の背景を明らかにしろ」というようなことをしばしばいいますよね。
清水　動機をはっきりさせるべきだと思ってますし、裁判でそれが明らかになると信じている面がある気がします。しかし実際はそこは裁判の争点ではなかったりもしますね。
瀬木　動機は、ある程度量刑に関係しますが、大変はっきりいってしまえば、かなりの程度「推測された『物語』」であって、本当のところはわからないですよね。
清水　近年では「人を殺してみたかった」という動機もあります。あるいは「死刑になりたかったから」と言い出す犯罪者までいる。こうなってくると動機を量刑にどう反映していいのかよくわからない（笑）。
瀬木　アルベール・カミュの『異邦人』の語り手、ムルソーは、すべてについて真実しか語らない人間です。だから、「なぜ殺したか」と問われたときに「太陽のせいだ」と答えてしまうわけです。要するに、その時太陽の光が目に入ってきて、非常に不安になり、いきり立って、ついピストルを撃ってしまったと。本来は彼の行為には正当防衛的な部分もあり、いくらでも弁解できるのに、彼は、自分にとっての真実しか語らないために、とんでもない反社会的な人間だということで、死刑にされてしまうわけです。
何が言いたいかといいますと、裁判に何でもかんでも求め、真実がそこで残らず明らかにされなければいけないし、被告に謝らせなければいけないし、背景も動機も全部明らかにされなければいけないというような考え方は、近代的な裁判のとらえ方ではないということなのです。

ムルソーの裁判にもそういう面がある。そして、そういう無理なことを求めることが、かえって、非常にくだくだしく細かいけど、実は誤った裁判、つまり冤罪を引き起こしてしまう一つの原因にもなるということなのです。日本の刑事裁判のいわゆる「精密司法」の問題ですね。細部にこだわって細かいけれども大筋で誤っている、冤罪を作り出している、ということになりやすい。

だから、我々日本人は、裁判という制度の一定の「限界」を知るとともに、市民・国民の代表が行うべきものとして裁判をとらえ直す必要があると思います。

裁判官は人間じゃない？

清水　冤罪の話はのちほどうかがうとして、裁判官は法廷で黒い服を着ていますね。法服というのでしょうか。あの服を着るのはいつなのでしょう。裁判所に着いたらすぐに着替えるんですか？
瀬木　いや、法服は法廷に出るときだけ着るんです。ただ、たとえば民事訴訟で細かな争点整理をする場合や和解などは普通の部屋でやることもありますから、そういうときは着ませんね。
清水　法服の下というのは背広を着ている？
瀬木　法服の下は、背広ないしワイシャツです。夏でも絶対背広を着用しなくてはいけないと言う裁判長も大昔はいましたけれど、今はもうそういう人はいないでしょうね。クールビズの季節を除き、ネクタイはします。
清水　それは何か規則などで決まっているんですか。

瀬木　別に決まっているわけではないけど、たとえばネクタイせずに裁判官会議に出たらその人のその後がどうなるかというのは……（笑）。これは、まず想像がつくわけですね。そういう「檻の中の掟《おきて》」が非常に苛酷な世界なのです。裁判官会議で所長を問い詰めるような発言を少ししたというだけで、その後のキャリアが変わってしまった人がいますから。クールビズでない季節に裁判所にネクタイしないで来て、俺はこれで裁判やるんだと言ったら、まずいことになるでしょうね。何回も続ければ、その「掟」によって、だんだん追い詰められてゆくことになります。

清水　人気ドラマの『ＨＥＲＯ』には、カジュアルな服装をした型破りな検察官が出てきましたが、裁判官でも現実にはそういう人はいないということですね。

瀬木　それは、リベンジ銀行員を描いた『半沢直樹シリーズ』と同じで、完全なファンタジーと考えていいでしょうね。

清水　あの法服はどうやって着るんですか。後ろにボタンがある？

瀬木　いや、前です。

清水　ガバッと羽織って、普通に前でボタンを留めるんですね。

瀬木　そうです。戦前からのアグリーなデザインなので非常に格好悪くて、僕は嫌いでしたね。それに法服を着るというのは、なんとも気が重くて。退官するときに、特に頼んで自分が使っていた法服をもらって帰るような人もいるようですが、僕がやめた時は、もう、日本の裁判所にも裁判官の多数派にもつくづくうんざりしていたこともあって、「誰がこんなものもらうか！」という感じでした。

今になって思うのですが、あれを着ることによって、「人間」ではなくなるんですね。日本での普通の見方では、裁判官というのは人間ではない。

清水　裁判官は人間ではない？　いきなりすごい話が出てきましたね。それはどういう意味でしょうか？

瀬木　僕は、裁判官時代に、一年間アメリカのワシントン大学に在外研究員として留学して、その間に、一カ月くらいアメリカの裁判所を調査研究にいって、裁判官たちと一緒に過ごしたことがありますが、そのときわかったのは、「アメリカの裁判官は、少しえらい『普通の人』なんだ」ということでした。たとえば、アメリカの州裁判所の裁判官は、パーティーで乾杯したあと、僕を助手席に乗せて、車でバーッと飛ばして帰るわけです。アメリカでは、州にもよるでしょうけど、一杯くらい飲んでもまずは酒酔い運転にはなりませんから。それで警官に車を止められても、「すまん、すまん、わしゃ州裁判所の裁判官でな。ちょっと気がゆるんじゃったよ」とか答えると、警官も「御苦労様です、裁判官。ぜひ安全運転を」と答えて、それで終わりなんです。この警官は、裁判官というものを尊重しながらも、基本的には、普通の人として扱っていますよね。

清水　そうですね。今の日本だったらそれは到底考えられないでしょう。

瀬木　日本だったら、昔でも今でも、裁判官は真っ青ですよ。場合によっては職を失うかもしれないし、新聞に書かれるかもしれない。

清水　法服を着ると人間ではなくなる。その感じというのは具体的にはどうイメージしたらよいでしょうか。

瀬木　絶対公正中立でなければならない、ということですが、その実質よりも、そういう「幻想」を守らなければならないという感じのほうが「重い」ですね。一種の人間機械ともいえますし、人間を超越した存在ともいえるんじゃないかな。だって、裁判官が法服を着てトイレに入って行くところとか、想像できないでしょう?

清水　そうなんです(笑)! 実際のところはどうなんですか?

瀬木　実際に、法服を着てトイレに入ってはいけないというのが、常識でしょうね。それはそのとおりで、あるべき権威が崩れる面はありますからね。でも、一方、トイレに入る姿がおよそ想像できないということは、やはり、人間ではないということでもあるのです。

清水　とはいえ、人に対して死刑という絶対的な判決を下すこともあるわけですから、その行いというか仕事は、先ほど「お上」と言いましたが、むしろ神に近くなければならないような気もします。

瀬木　そう思われますか? 死刑判決といった局面だけみると確かに神に近いようなことだけど、欧米では、基本はあくまで市民・国民の代表としてやっていることですから、人間として認めるのが第一です。欧米の映画を見ればわかるとおり、裁判官はみんな人間としてふるまっています。のみならず、アメリカだと、ことに開拓時代から今世紀の初めぐらいまでは、地方都市の裁判長は市長と並ぶような存在で、レイモンド・チャンドラーの小説などでは、悪役の大物として出てきたりします。そういう人間くさい存在なんです。

ところが、日本では、とにかく雲の上の人です。そういう意味では、ある意味皇族の人たちに近いような重い幻想を背負わされているともいえる。ことにマスメディアは、そういう幻想、あるいはそれにかかわる紋切型の「物語」が好きですね。

「裁判官は普通の人と隔絶した神にも等しいような人だから、当然正しい裁判をしてくれるはず」

という人々の見方がある以上、やはり、法服を着た裁判官は「普通の人間」ではなくなってしまわなければいけない。そういう部分が、僕が裁判官をやめたくなった理由の一つですね。そのステレオタイプのイメージがとても重くて、普通の人間としての感性をもっていると、やってられない、という気持ちにもなってゆくわけです。

清水　なるほど。やはり裁判官自身もそう思ってしまうんですね。

瀬木　裁判官であることに満足しきっているような人たちはむしろそれがうれしいのかもしれないですが、僕は抵抗が大きかったです。

清水　裁判官は市民の代表ということですが、たとえば第一審は死刑で控訴審は無罪、あるいはその逆という判決も稀にあるわけです。死んで贖罪《しょくざい》するしかなかったはずが無罪となると、一八〇度結論が変わってしまうわけです。死刑の裁判は当然、合議制で行なわれるわけですけれども、裁判官一人ひとりの考えというのは、やはり神に近い世界のような気もしますけどね。

瀬木　特に刑事裁判については、本当に神に近い裁きを要求されている側面もあるかもしれないですね。刑事事件で本当に良心に従って裁判をやるといったら、大変な場面はあると思うんです。たとえば、たくさんの無罪判決を出して上級審でくつがえされなかったという裁判官もいます。逆にいえば、実は、それくらい無罪はありうるということなんです。それを考えると、本当に、日本の刑事裁判制度はこわい。

清水　民事と違ってまずは白か黒のどちらかですからね。量刑はあくまでその上で決めるわけですから。

瀬木　こんな言い方はいけないかもしれないけど、僕は、この日本という国、確かに広い意味でのテクノロジーや職人仕事やアートは一級だけれども、社会的・法的リテラシーはまだ十分とはいえない、民主主義や自由主義の基盤が脆弱《ぜいじゃく》なこの国で、刑事裁判官はやりたくない、そう強く思っていました。それは、僕だけのことではなくて、多くの民事系の裁判官たちが同じように言っていましたね。

清水 もう一つうかがいたいのですが、われわれが裁判所に行くと、法廷に入るまで裁判官と会うことはないです。記者としては、どこかで会ったら挨拶でもしてみたいと思うのですが、会わない。あれは別の通路とか、エレベーターがあるのでしょうか？

瀬木 裁判官用の通路があるところが大半です。廊下に沿って裏通路があって、そこを通って行くんです。珍しいのがたとえば千葉地裁で、表から行かなければいけないんですが、やはり、黒服の裁判官と書記官が、普通の廊下を普通の人に混じって歩いていると、すごく違和感があります。皆じろじろ見ますしね。法廷については、別の通路から行って、パッと出てきたほうがいい。そういうところにも、日本における裁判官というもののあり方が現れていますね。もっとも、これは程度問題で、ほかの国でも、同じようなことはあるでしょう。

法廷に遺影を持ち込めない理由

清水 法廷に被害者の遺影を持ってこられる御遺族がいますよね。それに対して厳しく、「すぐしまいなさい」と言った裁判官がいるという。この考え方がよくわからないんです。あれはどんな問題があるんでしょうか？　何かの規則に違反している？

瀬木　そのあたりは、複数の価値観がからみ合う問題なので、難しいですね。僕は、刑事系の法律家ではないので、あまりいい加減なことを言ってもいけないのですけれども……。

まず一つは、アメリカ等の陪審裁判を考えてみるとよくわかると思うんですが、それが遺影ではなくて、たとえば無残な遺体の写真だとすると、陪審員はそれによってすごく影響を受けて、有罪のほうに傾いたりするということは、ありえますよね。

清水　それならわかりますが、普通の遺影である場合がほとんどだと思いますし、そもそも被害者がいるからこそ裁判をやっているわけです。まあ陪審員は直接見えると気にはなるかもしれませんが。

瀬木　たとえば、無罪を強く争っている陪審裁判の場合（アメリカでは有罪を認めればすぐに量刑手続に移行するので、陪審裁判にはなりません）に、それを規制するというのは、わかるところがある。陪審員への影響については非常に敏感に考えますからね。日本も、刑事の重大事案は裁判員裁判になりましたから、それが理由の一つとして考えられる。これは単に僕の考えにすぎないですが。

それから、日本の裁判所の広い意味での「秩序主義」がある。法廷では、とにかく、感情的なもの、エモーショナルなものは排除するという考え方があると思います。

たとえば、法廷にカメラを入れる場合にも、開廷前に、裁判官とか、弁護士とか、検察官を写すだけですよね。ことに裁判官などは能面のような表情で、あれならむしろスケッチのほうがましではないかと感じます。でも、アメリカなどでは、重要な裁判の場合、開廷中でもカメラが入ります。これは、そのような裁判が社会に与える大きな意味を考えてのことだと思います。でも、日本の裁判所当局は、そういうことを本当に極端に嫌いますね。
清水　本来なら法廷は公開されているはずですが、報道カメラは、許可された場合でも被告入廷前の制限された時間だけです。かつて写真週刊誌が法廷にカメラを持ち込んで元総理大臣の姿を撮影したことなどもありますが、未だに撮影禁止のルールは変わりません。そういえばハチマキ、腕章、タスキなどを法廷で身につけてはいけないということも言われますよね。
瀬木　そう。それも同じような考え方ですね。一つ許してしまうと、たとえば遺影がいいのならなぜ腕章はいけないんだというふうになるのを恐れる。だからほとんど何も許さない。そういうことはあるでしょう。
清水　以前は傍聴席ではペンでのメモ取りすら駄目だった。私がフリーの記者だったころは記憶するしかなかったんです。でも、それは無理に決まっています（笑）。今は誰でもメモが取れるようになりました。
瀬木　ペンとメモについては裁判〔最高裁一九八九年〔平成元年〕三月八日判決。法廷メモ訴訟〕があって、持ち込んでいいということになりました。あまりにも当然のことですけどね。でも、それまでは、そういうものすら持ち込めなかった。そのことにはやっぱり秩序とか権威、それも形式的な部分を非常に気にする、日本の裁判所の思想、態度があるわけです。
　僕自身は基本的に遺族が遺影を持って入っても問題だとは思わないですけど、たとえば、冤罪が問題になっているような事案だと、やはりちょっと引っかかる気はしますね。それこそ、情況証拠しかなくて、必死で争っているような場合だと。
清水　量刑争いではなく、そもそも罪状を認めていない「否認事件」の場合だと、やはりやりにくいということですね。

瀬木　ええ、そういう事件で大きな遺影が持ち込まれて裁判官の正面に据えられていれば、被告人にとっては圧迫になりますよね。ただ、「この裁判は否認事件で、情況証拠しかないですから、遺影はダメです」とは言えない、役人である日本の裁判官には基本的にそういうことを言う勇気や裁量すらない場合が多いので。したがって、「一般的にダメだということになっている」としか言わないというのは、一つのありうる合理的な推測だと思います。

清水　遺影を排除する場面は、私も自分自身で見たことはないんですが、新聞では、やめなさいと言われて遺族は理解できないまま風呂敷に包んだ、というような記事でした。そういうときに裁判官からなぜダメなのか説明がないようです。何か言ってもらえると多少は理解できるのかもしれませんが、全くないので妙に高圧的な感じがしてしまう。

瀬木　僕も、そう感じますね。もし僕が裁判官だったら、言えることとしては、「この裁判の中で有罪かどうかが決まり、有罪であった場合に処罰の内容も決まります。しかし今はまだ未決定で、被告人は全面的に争っています。お気持ちはわかりますが、この段階で遺影を出すのは、お控え頂けませんか？」となるでしょうね。これだったら、納得できますか？

清水　否認事件であれば多少はわかります。しかし事実関係に争いがない裁判もあります。被告が全面的に認めている場合はどうでしょうか。

瀬木　本人が認めていれば、その説明は通りませんね。だから、その場合には「いいでしょう」ということになるかと思いますが、それはそれで、別の説明が必要になる。

結局、これは日本では常にあることですが、裁判官が人間的になり、説明を尽くそうと思うと、逆に足をすくわれるということがある。それがほかの裁判にも波及するのではないか、自分の責任が問われるのではないかと気にして、裁判官たちがすくんでしまう。日本の裁判所の問題の一つですね。民事ではそうでもないんですが、刑事だと、検察官も弁護士も何かとこだわる場合も多いですからね。

清水　今の説明の方が理解しやすいです。本音はそんなところではないでしょうか。

瀬木　アメリカの法廷だったら、そのあたりは完全に裁判官にゆだねられているんです。日本みたいにうるさく規制したりしません。おそらく欧米先進国はどこでもそうだと思いますが、その裁判官がダメと言えばダメだし、ＯＫと言えばＯＫです。そういうことまで横並びで、横を見ながら、規制されながら、やらなくてはいけないという日本の裁判のあり方自体が、根本的に問題なんです。

清水　裁判所には訴訟指揮権がありますし、マイ・コート（私の法廷）という言葉もあります。法廷を自分で取り仕切っているという意識は、裁判官は皆、強くもっているのですよね。

瀬木　訴訟指揮については、かなりの部分が裁判官の裁量ですが、いったん法廷の秩序という問題になってくると、日本では、それは個々の裁判官ではなくて、裁判所全体の問題だということになるのですね。そういう問題については勝手なことは許さないというのが、最高裁判所の姿勢として強くありますから、すごく神経質になるわけです。だから、刑事の裁判官のほうが、民事の裁判官よりもはるかに神経質で、また、悪い意味で役人的です。

法廷に入ってくるところを見てください。民事の裁判官は、割合ブラーッと入ってくる人もいれば、襟を正して入ってくる人もいて、いろいろだと思うんです。かなり人間的で、それぞれであってかまわない。でも、刑事だと、もう入るときから威儀を正して正面を見据えて硬直している人が多いと思います。

裁判官が身の危険を感じるとき

清水　裁判官をやっていて、身の危険を感じることってあるんでしょうか。

瀬木　普通はないですけれども、一連のオウム真理教事件以降、裁判所もかなり警戒するようになりました。東京地裁は所持品検査をするようになりました。しかし、それ以外の裁判所は、今でもやってないところが多いです。

実は、一番身の危険を感じることが多いのは、家裁の裁判官なんです。家庭に関する問題というのは非常にエモーショナルな部分がからみ、恨みも買いやすいので。家事審判のあと、しばらくの間、登庁時や帰宅時に元当事者からあとをつけられたという裁判官もいましたね。でも、全体としては、日本では少ない。

僕の場合には、たとえば、当事者が和解室で大声を出し、部屋から出なくなってしまって、収拾がつかなくなったということなどはあります。これは、どの裁判官でも多かれ少なかれあると思います。法廷では、あまりひどいことにはならないんです。先ほど話に出たように、席の位置関係などから秩序が保たれやすいので、裁判官が強く言えば大体収まります。しかし、裁判官室のそばにある和解室や普通の部屋だとそうもいかないことがあります。

僕はもう学者になって長いので、誤解を恐れずにいえば、民事裁判官の仕事には、精神科医などに近いような部分も、多少はあるのです。精神科医は皆、いろいろな患者と対面で接して苦労するうちに少しずつ医師としてのキャリアを積んでゆくわけです。刑事裁判官より民事裁判官のほうがまだしも人間ができている場合が多いのは、主張整理や和解などで弁護士や当事者本人と対面で接する機会が多いですからね。

あと、殺人予告というのもありましたね（笑）。日本では、広く本人訴訟が可能で、訴訟代理人、弁護士を頼まなくても、本人で民事訴訟ができるんですね。これは、僕が若いころはいろいろ問題のある人も多くて。ことに、わずかですが一定の割合で精神を病んだ人も混じってくるのです。僕がやめるころには、インターネットで知識を得て一定の知力や判断力のある人が本人訴訟を行う例も増え（これは、多くが、争いがあまりないような事件です）、病理的なケースは減っていましたが。

その中で、「自分は何べんも同じ訴訟を起こして負けている、今度また負けたら裁判官を殺す」と訴状に書いた人がいて。それは普通に考えれば告発ものなんですけど、書記官にきいてみたら「法廷ではおとなしい人のようですよ」ということだった。およそ理由がない訴訟だったので、法廷を開かずに却下しましたけど、一応、しばらくの間、裁判官室の机の下に、子供用のバットを置いていました（笑）。その裁判所の裁判官室には出入口が一つしかなく、逃げ道がなかったので。

清水　しかし裁判所の中で裁判官がバットを振り回すようなことになったら大変な事態ですね。

瀬木　でも、アメリカの法廷では、本当に裁判官が撃たれて殺されたといった例もあります。むこうは銃がありますからね。それに比べれば、日本は実際にどうこうということは一時の過激派事件などを除けばあまりないです。過去に、一、二例くらい、家族が襲われた方なんかはありますが。

清水　裁判官の家族が襲われたってことですか。

瀬木　そうですね。官舎に入って行って乱暴をはたらいたと。本人がいなかったので家族が襲われて負傷したという例はあります。

清水　傍聴人が何かトラブルを起こしたことはありますか。

瀬木　刑事裁判では、昔の学生運動事件、公安事件なんかではあったでしょう。普通の民事訴訟では、傍聴人のトラブルというのは全然ないです。ただ、労働訴訟ではありえますね。労働弁護士も個人差があり、いろいろですが、中には、五五年体制の時代の雰囲気をそのまま引きずっているような古い体質の左翼の人たちもいます。一方、裁判官のほうも、労働部の裁判長には、やや、あるいはきわめて権力的な体質の人がいる（笑）。そういう人たちが傍聴席もまじえて激しくぶつかってしまうという例は、労働訴訟の法廷では、あると思います。

清水　民事裁判の傍聴に行くと、実際はほとんど傍聴者がいないことも多いですよね。

瀬木　ええ。でも、昔に比べると随分というか、飛躍的に増えましたよ。昔は、普通の事件では傍聴なんて皆無でした。だんだんみんなが裁判所ウォッチングをやるようになりましたし、裁判の報道や裁判批判も増えて、裁判に興味をもつ人も増えてきました。ただ、全体としてみれば、今でも、いない場合のほうが多いです。まあ、これは欧米でも同じだと思いますが。

傍聴が裁判に与える影響

清水　裁判傍聴の本を書いている阿曽山大噴火という人がいるのですが、その人の本を読んでいると、見学で傍聴席に女子高生がいっぱい入ると、裁判官が張り切っていたというような描写があったりしましたけども。

瀬木　うん、それはあるんじゃないですか。学生、生徒なんかがいっぱい入ると張り切る。とくにそれが女子高生、女子大生だったら張り切るということは、男性の裁判官なら、十分ありうるでしょうね（笑）。

清水　神であっても、このあたりは人間くさいというか、ただのおっさんですね（笑）。傍聴人が一人か二人しかいないような場合と、びっしり人が入って見ているのではやはり意識が違うのでしょうね。

瀬木　それは違いますよ。たくさん人が入っていれば、裁判官も、強権的な訴訟指揮などはしにくいし、弁護士も、主張や立証のあり方、ものの言い方も、きちんとしてくるので。そういう意味では、わずかな人数でも見ている人がいると違いますから、とにかく、裁判をみんなが見に行くというのは、いいことです。ただ、趣味的な見学というより、少しは本などで法律や裁判のことも知って行くと、よりいいですね。たとえば法科大学院や法学部の学生の傍聴人などは、見ているほうにもそれなりの緊張感があるので、裁判官も、それは感じるわけです。

清水　なるほど。とはいえこれは判決には直接影響はないんでしょうね。

瀬木　直接の影響はないですけれども、ただ、たくさんの人が継続的に傍聴にきている裁判では、それなりによく考えるというのは、まともな裁判官だったらありうることです。その結果がどうなるかは別として、たくさんの人が傍聴にきていれば、より慎重に判断しがち。これは、それがいいか悪いかという話ではなくて、人間として、普通はそうなるでしょうね。人間は社会的動物ですから。

清水　いろんな形で人が集まってくると思うんですけど、動員されるようなケースもあると思います。やはり人がたくさんいると、社会的な関心が高いような感じはしますか。

瀬木　それはそうですね。社会的な関心が高くないとみんなこないですし。たとえば、労働訴訟などでは左翼系の弁護士が動員をかけるという例がありますが、最近は、むしろそういうイデオロギー的な色はあまり付いてないけれども、市民団体とか、ＮＧＯ、ＮＰＯ関係の人がたくさん見にくる、という例も多いです。

　そういう場合は、集団というよりも、一人一人がそれなりの問題意識をもって見ているので、法廷は、静かだけれど緊張感があるんじゃないでしょうかね。そのほうがいい意味での効果は生まれやすい。ですから、社会のあり方に興味のある方は、ぜひ、継続的にでも時々でも、傍聴されることをお勧めします。裁判は、ある意味、社会を映す鏡ですから。

清水　なるほど。たとえば冤罪の可能性がある裁判とかはどうでしょうか。

瀬木　あ、それは大きいと思いますよ。普通の人がたくさん見にきていることで、裁判官や検察官に影響を与えるということはありうるので。少なくとも、審理の仕方が適正になりますよね。裁判が公開されていることの大きな意味は、みんなが見て、その手続が公正かどうかを監視できるというところにあるわけです。

清水　実際のところ冤罪の可能性が指摘される事件では、弁護団や支援する会などが、みんなで見に行きましょう、法廷をいっぱいにしましょうと組織的にやっているケースもありますが、意味のあることなんですね。

瀬木　そうですね。やはり真面目にきちんと聞いている人が多いほど、まともな裁判官なら動かされる、考えざるをえないということがあって。裁判員はそれ以上でしょう。

裁判所の暗さ

清水　裁判所というのは、建物も独特の雰囲気がありますよね。

瀬木　今でも、裁判所のことを思い出すと、すごく暗い感じがするんです。心がふっと暗くなるんですね（笑）。最後に勤めたのがさいたま地裁なんですが、さいたま地裁の前というのがわりと陰《いん》鬱《うつ》な場所だったんです。殺風景で、雑草がボウボウと生えていて。その風景を思い出し、さらに、裁判所の内部のくらーい雰囲気を思い出して、心がすごく暗くなってくる。

清水　あそこは確かすぐ裏に拘置所もありますよ。前は駐車場になって開けてはいるんですけど、たしかに全部灰色みたいな感じもしますね。

瀬木　ともかく雰囲気が暗いでしょう。『絶望の裁判所』で、「精神的『収容所群島』」（『収容所群島』は、かつてのソ連の収容所を描いたソルジェニーツィンのドキュメントのタイトル）という比喩を使いましたが、日本の裁判所というのは、建物も、何となく収容所みたいで、清掃が行き届いているのに、どこか薄汚れた感じがするんです。裁判官室も、大体は採光がいいのに、なぜか何となく薄暗い。地下に行くと小さな売店があって、そこも何となく暗くて、ずっと勤めていてもう年を取った女店員さんがいて……（笑）。

それから、裁判官たちがたくさん集まると、雰囲気が暗い。会議とか、外部講師を呼んで行なう講演会などもあるのですが、独特のかげったオーラがあって、暗いんです。講演会の世話は僕もかなりやったのですが、講師の人たちが、終わってから、「皆さん、私の話がつまらなかったみたいですけど……」などと言うことが非常に多いんですね。本当に無反応で、だじゃれでしか笑わない、そんな裁判官の聴衆を見ていると、そう感じてしまうわけです。

清水　その暗さはどこからくるのでしょうか。

瀬木　僕にも未だに完全にはわからないんですが、やはり、外部から隔絶された、閉じられた場所、「精神的収容所」だからだと思います。あと、裁判官の精神構造にひそむ病理という問題もありますね。あとで詳しくお話ししますが、裁判官というのは、本来、自由独立に、良心と憲法及び法律にのみ従って裁判をすればいいはずです。憲法七六条三項に書いてあるとおりです。しかし、実際にはそうなっていなくて、みえない形で、非常に厳しく統制されている。本当に、何ともいえない、閉じられた、隔絶された世界の暗さがあって、それが、僕の今言ったような印象につながっているように思うんです。

アウシュヴィッツ強制収容所から生還したプリーモ・レーヴィというイタリア系ユダヤ人の科学者、作家が、遺作の、『溺れるものと救われるもの』（朝日選書）という著書の中で、「ラーゲル（収容所）の内部は複雑に絡み合った階層化された小宇宙だった」、「囚人たちは非常に非人間的な状態に置かれていたため、自分の世界についてほとんど統一的な見方ができなかった」と書いているんですけど、程度の違いはあれ、日本の裁判所も、このとおりだなと思うんです。ソルジェニーツィンが書いている強制収容所時代のソ連のあり方、あるいは収容所自体の内部も、その質や程度はもちろん相当に違うとしても、やはり似ています。

清水　裁判所にやってくる方、被告、原告、被害者とかも、本当なら行かずにすませたい場所です。

決して明るくなどなれないでしょう。

瀬木　それは、当事者にとっては、アメリカの裁判所でも、同じことでしょうね。でも、僕は、アメリカで州の地裁と最高裁（アメリカは連邦制ですから、州にも最高裁があります）に行きましたが、アメリカの裁判所の裁判官たちって、おおむね明るくて、陽気で、仕事を楽しんでいるというとやや語弊《ごへい》があるかもしれませんが、皆、自分なりのやりがいをもって自分のやり方で仕事をこなしていて、かつ、言うことも自由、服装さえばらばらで自由で、裁判も全く自由で、本当に、誰に気兼ねすることもなくやっています。アメリカは、国民性としてそれが極端ですが、しかし、現在、世界的な趨勢《すうせい》も、明らかに開かれた裁判所のほうへ向かっています。ドイツでも、戦前の制度は問題があり、戦後の改革も十分ではなかったということから、ある時期に徹底的な民主化を推し進めました。ほかのヨーロッパ諸国も、韓国もそうですね。

その中で、日本の裁判所は、むしろ逆行している。日本の司法全体がそうですし、もう一ついえば、日本の社会、政治や権力、制度、メディアのあり方まで含めた全体が、世界の進んでいる方向とかなり逆行しているのではないかと感じます。そして、その一つの現れが、裁判所に、非常にはっきり出ている。いわば、日本の社会、ことに部分社会の病理の縮図、その典型ではないかという気がします。

清水　こういうのは映画やドラマの単なるイメージかもしれませんけど、アメリカの裁判では、たとえば無罪判決が出たとたんに、今まで被告を罵倒してきた検察官が、被告に対して「おめでとう」と言っていたりします。これはさすがにイメージだけでしょうか？

瀬木　フィクションだからやや極端ではあるけれど、そういうことはあるでしょう。つまり、立場は違うから争うが、根は同じ人間であり同じ基盤に立つという、そういう「根のところのつながり」、僕は、それこそ教養、リベラルアーツの本質だと思っているのですが、そういう人間としての共通の基盤という感覚、センスが、欧米にはありますからね。裁判官についても、清水さんは何度か「神に近い」とおっしゃったけど、そこは僕、ちょっと違うと思っていて。僕は、「神ではない。市民・国民の代表者であり、代理人だ」という考えです。

裁判官はどんなところに住んでいるか

清水　ここまで私が日頃感じていた疑問をぶつけてきましたが、裁判とか、裁判所、裁判官について、一般の人はわかっているようで、実はわかっていない。知らないところが多々あるのではないかと思います。特に裁判官の日常生活とか、日々の暮らしについては、全く想像できません。瀬木さんに当時の生活を振り返って、教えていただければと思います。たとえばお住まいはどんなところに住んでいらっしゃるんですか。

瀬木　若いころは皆官舎に住みますね。転勤がありますし、最初はそれほど収入もないので。僕もそうで、四〇歳の時に家を建てました。普通はもう少し後で家を持つ人が多いかもしれません。でも、官舎が好きで、ずっと住み続ける人もいます。

清水　官舎のイメージを知りたいのですが、たとえば何部屋くらいあるのでしょうか。何DKとか、どれぐらいの広さ？

瀬木　これは、最初は非常に小さいです。初任の判事補が入るところだと、2Kくらい、そこから始まって、一番いいところで3LDKとか、そんなものだと思います。ごく一部新しい官舎もありますが、公営住宅並み、その中でもどちらかといえばみすぼらしいぐらいのところもあります。こんなところに裁判官が住んでいるのかと思うような外見の官舎も多いですね。

清水 たとえばある地方裁判所があるとしますよね。官舎には、そこに所属するすべての裁判官が住んでいるのでしょうか。

瀬木 所長官舎は別になっていて、これは結構大きいんです。「役人」としての位が高くなると、官舎も大きくなるんですね(笑)。一番大きいのは、最高裁判事とか高裁長官とかの官舎です。最近は所長クラスになると単身赴任が多いのですが、一人で管理をするにはもてあますような大きさです。裁判長以下は、地方だとまずは一つの官舎に住んでいます。

清水 どこにでも官舎があるわけですね。経済的な理由もあるかもしれませんが、それ以外にも何か理由があるのでしょうか。

瀬木 一つは、裁判官を「管理」「隔離」する上で非常に都合がいいということがあるんです。裁判官の生活は外の世界と隔絶していて、裁判所と官舎だけの往復で生活が終わってしまうので、地元の人々と接したり、そこの雰囲気になじんだりすることがほとんどないんです。これは、意図的なところがあります。

たとえば、僕が三八歳で沖縄に裁判長として赴任した時には、まだ官舎がなかったので、裁判所が一般の住宅を借りてくれていたんです。普通の街の中にあったので、夕方になるとどこからともなく三線《さんしん》(沖縄の三味線)の音が聞こえてきたり、近所の人と交流したり、沖縄の文化を知るという意味では、非常によかったんですよ。

ところが、そんなところでも官舎ができてしまって、そうすると無理にでも入れと言われるんです。僕は、嘉手納《かでな》基地騒音公害訴訟を抱えていて忙しかったのと、任期があと一年だということから、引っ越しなしで、官舎に入らないことですませてほしいとお願いして、その時の女性の所長が、そうしてくれました。ただ、事務方は、「できた以上入れ」ということを強く言っていましたね。

清水　では官舎に住むと、官舎の外とのご近所付き合いとかはないんですか。

瀬木　官舎外とは、まず皆無です。そばに誰が住んでいるのかも一切わからない。

清水　じゃあご近所の人から見たら、公務員官舎はあるんだけれども、その人たちが裁判官であるということはわからない？

瀬木　知らないと思います。あれは官舎だろうね、くらいのところでしょう。ただ、子供が多い官舎だと、学校の関係からわかっていきますが。

清水　だから裁判官の日常が全然見えてこないんですね。これはやはり一般社会から隔絶されているというふうに考えていいわけですね。

瀬木　そうですね。隔絶しています。

清水　官舎内での付き合いはどうなんでしょうか。

瀬木　これは、当然ありますよね、そこしか世界がないわけですから。裁判官どうしが官舎で何かやるということはあまりないですけど、奥さんどうしは日常接触せざるをえませんし、子供たちどうしが官舎の中で遊ぶので、当然、親も接することにはなります。要するに、外とのかかわりというのはほとんど全くなくて、官舎の中と裁判所ですべてが終わる、それが普通の裁判官の人生ですね。その意味ではとても狭い。

全体としてみても、裁判所組織の非常に大きな特徴は、裁判という公的な場面を除いて、外との接触がほとんどないことです。あっても、それは裁判所がお膳立てしたものである場合が多い。たとえば、裁判所の広報がメディアとタイアップした一種の提灯《ちょうちん》記事や提灯番組みたいなものです。

清水　官舎内で奥さんたちがお付き合いをしたとき、これは民間企業の社宅なんかでもよく聞きますが、所長の奥さんとか、判事の奥さんとかいうことで一種のヒエラルキーが生まれるということもあるのでしょうか。

瀬木　地方の場合には、そういういやらしいことはあまりなかったですね。東京の官舎では、たとえば事務総局系とかの夫をもっている妻がいばるとか、そういうことはありました。東京の官舎というのは、上下を問わず、裁判官も妻も、あるいは夫婦の裁判官も含め、必ずちょっと変な人がいて、非常に住みにくいところです。

清水　裁判官の人たちが一緒に住むことによって特段に何かトラブルが起きたというケースはご記憶にありますか。

瀬木　たとえば独身の判事補がいて、そこへ女性が訪問してきますよね。そうすると、「女の子を連れ込んでいる」みたいなことで、裁判官の妻から陰口を叩かれたりする。へたをすると、その夫である東京地裁の裁判長とか、事務総局の課長とか、そういう人間を通じて上のほうへも流れてゆきかねないわけです。女性が遊びにきたって、つき合っているということは十分あるし、フィアンセかもしれないし、たとえそうでなくたって、そんなの人の知ったこっちゃないですよ（笑）。

清水　家族どうしについてはどんなことがありますか。

瀬木　たとえば、子供どうしの比較というのがありますね。特別に勉強のできる子がいると、「あの子はできるけど性格がよくない」とか、そういう陰口を叩く親が必ず出てくる。狭い世界のいやらしさが実に濃密に凝縮されてくるというのが、東京の官舎の大きな特徴です。

清水　子供が私学に行くか、公立に行くかというのはどうでしょう。比率としてどちらが高いのでしょうか。

瀬木　東京では、私学が圧倒的に多いんじゃないですかね。まあ、これは弁護士でも同じですが。

清水　そうすると、やはりどこの家のお子さんはあの学校へ行っているのよ、みたいな話題が出るわけですね。

瀬木　そうですね。やはりそのへんの話題が一番出ます。私の妻なんかは、今はプロテスタントの牧師になりましたが、官舎が大嫌いで、「一体いつになったらこのいまいましい官舎から出られるのよ」って、そればかり言っていましたね（笑）。

清水　その理由は、やはり今までうかがってきたようなことですね。

瀬木　そうです。その集積です。これは、僕の妻だけではなくて、僕の同期の奥さんなんかでも、本当にいやだと言っていた人はいました。官舎が好きというのは、まさに、裁判所当局が望むような「期待される裁判官とその妻像」みたいな人たち（笑）。

清水　ちなみに、奥さんとかお子さんは、ご主人やお父さんの仕事について友だちとか、あるいは学校とかで話すんでしょうか。

瀬木　そのへんは、自慢して話す人もいるでしょうし、あまり話さない人もいるでしょうね。裁判所の組織というのは、さっきお話ししたように、家族も含めて内に閉じていて、外に自慢するという例もないわけではないでしょうけれども、むしろ、内で夫の地位を笠に着て自慢したり、いやがらせを言ったり、嫉妬し合ったりというところが圧倒的に大きくて、外は割合、もう関係ない、という感じがあるんです。外よりは自分たちのほうが上、という意識もあるのでしょうね、多分。

裁判官の通勤風景

清水　裁判所も官舎も閉ざされた社会ということですが、その間、つまり裁判所と官舎の行き来はどうなっているのでしょうか。通勤はなにか決まりがありますか？　車が手配されるとか。

瀬木　通勤は、大都会なら、ほとんどの裁判官が、電車で普通にしていると思います。地方など交通機関が限られるところでは、官用車が順番に拾っていってくれることが多いと思いますが、東京とか大阪などの場合は、官用車を使うのはかなり上のほうだけです。

清水　じゃあ電車の隣の席に裁判長が座っているかもしれないんですね。

瀬木　そうです。二〇〇〇年ごろには、東京の裁判長でも、官用車を使う人がだんだん少なくなってしまって。この官用車もまた不思議で、東京だと、運転手の人たちは、山手線の内側まで迎えに行き、山手線の内側まで送るというんですよ（笑）。

清水　山手線の駅までということですか。

瀬木　そうそう。山手線を含めその内側の駅までは送るというんです。でも、そんなところで途中で下ろされても何も意味がないので、僕が東京地裁の裁判長であった時代には、郊外に家がある人は、全然使っていませんでした。

清水　これ、使わなくなった理由というのはどういうことですか。経費削減みたいな話かと思ったんですが。

瀬木　今お話しした例からもわかるように、役人的なことです。裁判官の世界は、一般職員も含めて、ものすごく役人的なんです。非効率的で、所長の方ばかり向いていて。そういうこともあって使いにくいし、「そんなのもういい」という人が多くなったんだと思います。裁判長でも。

清水　そうすると、普通は定期券を持って電車に乗るというのが大半ですか。

瀬木　はい、東京高裁の裁判長でも、そういう人のほうが多いのではないでしょうか。今言ったように、山手線内に官舎や家がある人は、迎えに来てもらうというのもありうると思いますが。

清水　地方の裁判所にいて、自分で車を運転することはないんですか。

瀬木　裁判所は、駐車スペースが限られていて、弁護士も含めて当事者がたくさんとめますので、裁判官は、駐車スペースは使わないことになっているんです。だから、通勤では使いませんが、地方の場合、普通の生活はもちろん車でやっていますね。僕も運転していました。ただ、僕が裁判官になるいくらか前のころ、一九六〇年代ころまでは、事故を起こすと大変だというので、車に乗らない、免許も取らない、という裁判官も、そこそこいたらしいです。

清水　実際に事故が起きてしまったとか、起こしてしまった裁判官の話とかは聞いたことがありますか。

瀬木　ええ。裁判官の話も聞いたことあるし、その家族の話も聞いたことありますね。大事故だともちろん刑事裁判ということになりますけど、それほどのことでもないと、起訴されないようにしたり、そういうことは、かつてはありました。検察に便宜を図ってもらって起訴を免《まぬが》れる、みたいなことですけど。

清水　便宜ですか。やはりそういうことはあったんですね。露呈すればマスコミでも話題になったりするわけですけど、たとえば交通違反とか、飲酒運転とかで、「ちょっと何とかならないの？」みたいなことがあったわけですね。

瀬木　さすがに、裁判官は飲酒運転はやらないです。そういう部分は真面目ではあります。もっとも、一般職員にはあって、飲んだら乗るな、ということはうるさく言っていました。

清水　先ほどの交通事故の話で、通常でいえば刑事事件になりそうなものでも、これをなんとか止めた、などという話は？

瀬木　刑事事件にしないですませてもらう、何とか不起訴ですませてもらう、ということですね。これは、かつてはあったと思います。ある時期、不祥事がありましたよね。妻のストーカー事件もみ消し活動の疑いというので、ある裁判官が二〇〇一年の三月に最高裁判所の分限裁判《ぶんげん》（裁判官の免職や懲戒についての裁判）で戒告になって、四月退官ということがありました。これは表に出た。

この例のように犯罪もみ消しというのとはやや異なるとしても、交通事故だと、よほどのことでない限りは不起訴ですませてもらう、というようなことは、あったと思うのです。僕が実際に見聞きした限りでも、刑事系エリート若手裁判官の妻の例がありましたね。もっとも、さっきの事件以降は、もうなくなったと思います。

清水　それは形として想像できるのは、やはり検察官に働きかけるということでしょうね。

瀬木　そうですね。

清水　検察官にはたらきかけて、自身や身内の犯罪になりそうな行為を何とか勘弁してもらう。

瀬木　はい。おおむね交通事故に限ると思いますけれども。実際には所長、あるいは刑事系の裁判長なんていうのは検察とツーカーですから、そういうことはあったと思うし、僕も、そういう例についても、先の例のほかにも聞いています。

清水　交通違反は略式起訴が大半ですけれども、運転していれば裁判官でも起こりうると思うのです。これは仕方ない？

瀬木　小さな交通違反は、これは誰にでも起こりえます。これはどうしようもないです。

清水　反則金を納めるということになりますか。

瀬木　当然、そうです。ただ、一言、裁判官たちの名誉のために言っておくと、やはり、みんなすごく安全運転をしていたことは間違いないし、先のような例でも、裁判官の側の過失が非常に大きかったという例は、少なかっただろうと思います。

清水　では、そういった事故とか、違反をしてしまって、反則金を納めたりする。そういうものは裁判官のその後の評価に影響を及ぼしますか。

瀬木　まず、禁錮以上の刑に処せられれば、裁判官弾劾裁判所で罷免の裁判を受けた場合と同様、欠格事由になりますから、やめないといけない。罰金であっても、判決を受ければ、それは決定的に響きます。だからこそ、ちょっと言葉が悪いけど、不起訴という形でうやむやに処理してもらう、そういうことがあったのでしょうね。

清水　そう聞くとやはり許されない感じがしますね。いつも壇上で人を裁いている人が裏ではもみ消しているわけですから。

日常生活の話に戻りたいんですけど、電車に乗って通勤されているとおっしゃいましたよね。そのときは普通の会社員と変わらない感じなわけですよね。

瀬木　そうです。東京だと、裁判所に入るときに所持品チェックのゲートをくぐらないですますために必要ですから、裁判所のバッジを付けていますけど、それは誰も知らないバッジなので。

清水　外見からはまったくわからない。

瀬木　わからないですね。

清水　宅調日（裁判官が自宅で調査や判決の起案をする日）というものがあるわけですから、裁判の資料を持ち歩くということもあるのでしょうか。

瀬木　これはもちろんあります。ただ、記録をなくすと、人事上完全にバツが付きますから、いつも本当に注意しています。電車に乗っていても絶対網棚に乗せないとか、そのあたりは徹底していました。

清水　では、電車内で公判資料を読むなんてことは、あり得ないわけですか？

瀬木　僕の裁判官人生の前半では、まだ割合牧歌的で、さすがに記録そのものは見ませんが、たとえば、関連の文献とか、あるいは下の人が書いてくれた法律論のレジュメを読むとかいったことは、ありえました。そういうものなら、たとえ覗き込まれても、普通の人には何もわからないですから。でも、二〇〇〇年前後から裁判所がガラッと変わって、いろいろな、つまらない細かな管理をするようになりました。

清水　では電車に記録などを忘れてしまったというような話は聞いたことがない？

瀬木　電車に忘れてなくしたというのはないけど、車に資料を入れたままゴルフに行って、ゴルフをやっている間に盗られたというのはありましたね。

清水　そういうのは表に出ないんでしょうか。

瀬木　そうですね。まあ大体は複製できますから。そこは、民事の記録と刑事の記録の違いもあります。民事の記録は、複製が簡単なのです。弁護士たちからまた出してもらえばいいわけですから。刑事の記録は、ほかの機関が関係してくるから、さすがにそう簡単にはいかない。だから、刑事の場合は特に問題が大きいんですけど、それもまずは内々で処理して、外へ漏れるということはほぼなかったと思います。でも、やはり、たまにはなくなりますよ。おそらく一年に一、二件は、そういう事故があった、あるのではないかと思います。それは、人間ですから、一定は出ますよ。すべての仕事を裁判所で終えろというのも無理ですし。

清水　普段の生活についてうかがいたいのですが、裁判官の方は、居酒屋に行ったりするのでしょうか。飲みに行く以外にも、ギャンブルなど落とし穴になりがちな場所がありますが、そういったところに行く人もいるのでしょうか。

瀬木　「赤提灯にも行けない裁判官」ということを、主として左翼系の弁護士たちが、随分長いこと言っていましたね。でも、これまた紋切型のイメージそのもの。日本の一部左翼も、マスメディア同様、こういう、ある意味ステレオタイプの「物語」が好きなんです。

たとえば、ストーリーの骨格としては左派法律家（元裁判官等）からの情報、視点に乗っかって書かれたものではないかと思われる『法服の王国　小説裁判官』（黒木亮、産経新聞出版、岩波現代文庫）は、そういう型通りの裁判官、裁判イメージによる、類型的な「物語性」が強いように思います。

実際には「赤提灯にも行けない」なんてことは全然なくて、僕が裁判官になったころには、赤提灯なんて普通に行ってました。ただし、赤提灯に行く裁判官が、話がわかって本当の意味で庶民的などといったことも全くありませんでした。いずれかといえば、泥臭くて酒癖のあまりよくないタイプの人たちが、赤提灯を好んでいたと思います。最近の若い裁判官は、そもそも赤提灯がどういうものかすら知らないでしょう。

清水　ギャンブルのほうは。

瀬木　パチンコも好きな人はいくらかいました。ただ、さすがにギャンブルをやっていたという人は知りません。やはり、ちょっとでもリスキーなことはやらないのです。裁判官をやっていると、とにかく、上の目とか世間の目とかを気にするので、皆、非常に臆病になるんです。

それから、地方勤務の場合、刑事系の裁判官が居酒屋などに行くと、自分が裁判をした被告人に会ってしまうことが、結構あるんです。ですから、刑事系の裁判官の中には、そういうところを避けるという人もいました。民事系の場合はあまり顔を覚えられないから平気なのですが、刑事系の場合、被告人は、裁判官の顔をすごくよく覚えているんです。

清水　今までそういうこと、ありましたか。当事者や被告とバッタリ会ってしまったとか。

瀬木　僕は、全然ないですね。こっちが気が付かないだけかもしれないですが。ただ、地方都市の場合には、あまり回数は多くないですけど、陪席の裁判官とか書記官に、「裁判長（裁判官）、昨日、どこそこにいましたね？」みたいなことを言われたことは、二、三回ありました。地方都市だと、そういうことはあるでしょうね。

裁判官はどうやって判決を下すのか

清水　たとえば朝に新聞を何紙読むとか、そういう習慣みたいなものはあるんですか。

瀬木　そうですね。新聞については、裁判官は結構よく読む人種だといわれています。それは、新聞くらいしか、裁判・裁判所についての情報を仕入れるところがないからでしょう。自分の担当した事件や判決の報道とか、実際にはみんな気になるわけです。そういうこともあって、新聞はよく読むようですね。僕はそうでもなかったですけど。

そして、裁判官は多くが権威主義者ですから、朝日新聞が多い（笑）。それは別に朝日の記事がいいとか、「朝日的な民主主義」が好きとかいうよりは、「朝日が日本の新聞の中では一流紙といわれているから、当然、エリートである自分は朝日新聞を読むべきだ」と、そんな感覚でしょう。要するに、自分は一流のビジネスパースンだと思っている人が電車の中で日本経済新聞を読むのと同じ心理です。

清水　朝日新聞が喜びそうな話ですが（笑）、そういった新聞を読むなかで、たとえば自分が担当している事件に類似しているようなものがある。そういうのを見たことによって判決に影響が及ぶようなことというのはありますか。

瀬木　はい。これは裁判官はどういうふうに判断を下してゆくのかという話になるのですが、もちろん、建前上は、事実認定をして、それに法律を当てはめるんです。

清水　それが一般的な理解ですよね。

瀬木　しかし、アメリカには、リアリズム法学という、アメリカの法学の歴史に結構強い影響を与えてきた学派があって、その学者の中に、ジェローム・フランクという人がいます。学者であるとともに弁護士、裁判官でもあったという人で、裁判というものが、内側からも外側からもよくみえていた人です。この人が言ったことは、簡単にまとめると、「外から与えられる情報・刺激（これは、証拠や関係の法までを含む広い概念です）と裁判官の人格が関数になって結論が決まる」ということなんです。僕は、思想的には、経験論者、哲学でいうところのプラグマティストで法社会学者でもあるので、リアリズム法学とは考え方が近く、フランクの言葉は、基本的に正しいと思っています。『ニッポンの裁判』における僕の裁判分析は、通常の法学者のそれと法社会学、リアリズム法学的なそれとを融合した方法によっています。

清水　なるほど、情報と人格ですか……。

瀬木　でも、これは、事件の性格によって違ってくる。ごく簡単な事件では、まさに事実に法律を当てはめるだけなんですね。

清水　事実関係で争いがない刑事事件などですね。

瀬木　民事でも、貸金とか賃貸借関係の事件であまり争いがないようなものは、ごく単純な当てはめです。でも、広い意味での価値、社会的価値にかかわる事件、たとえば、憲法訴訟、行政訴訟、国家賠償請求訴訟、名誉毀損関係訴訟、医療過誤訴訟等では、関係の条文や法律問題の枠組み自体は非常に大まかで、ある意味あってなきがごとしですから、裁判官の価値観や裁判官に外から与えられる広い意味での情報・刺激が決定的な意味をもちうるんです。冤罪が争われている刑事訴訟、ことに再審事件等では、まさに決定的でしょう。

清水　事実に法律を当てはめるというようなオートメーションにはならないわけですね。

瀬木　ならないですね。むしろ、裁判官の人格や裁判官にかかってくる有形無形の圧力が、重要になってくる。

そして、日本の、少なくとも現在の裁判官の多数派にとっては、当事者というのは、実はあまり重要ではない。そういう意味では、日本の裁判所、ことに最高裁も、多数派の個々の裁判官も、個別的な当事者のことは、はっきりいって、記録の表面に書かれている記号としてしかみていない。一部の良心的な裁判官を除けば、そうだと思います。

清水　個人が記号ですか。ちょっとショックな感じもしますが……。

瀬木　日本の裁判官は、ソフトな精神的収容所の中にいて、外の世界のことはあまりわからないし気にも留めないですからね。自覚的な人以外は、ごく自然にそうなります。

ただ、裁判所も裁判官も、世論がどうみるか、ということはかなり気にしているんです。当事者は重要ではないが、世論はちょっとこわい。だから、最高裁の判決も、「統治と支配」の根幹にふれる事柄は絶対に動かそうとしないかわり、それ以外のところでは、可能な範囲で世論に迎合するという傾きがあります。この迎合した部分では、結論としては悪くない判決が出る場合もあるわけです。

そのことを一概に否定はしませんが、日本のマスメディアの甘いところは、そういうところだけを取り上げて、裁判所はよくなっている、あるいは、捨てたものではないなどといいがちなことです。

実は、これはバランスを取っているわけで、それで裁判所のイメージ形成をしている、というところがあるんです。

清水　今おっしゃった「統治と支配」の根幹にふれる事件には、たとえばどんなケースがありますか？

瀬木　近年の例から一つ挙げますと、たとえば夫婦別姓については、まさに「統治と支配」の根幹にふれ、自民党主流派の感覚にもふれますから、絶対さわらない（最高裁二〇一五年〔平成二七年〕一二月一六日判決）。だけど、非嫡出子の相続分については、そんなに大きな問題ではないので、民主的にみえる方向の判断を下す（最高裁二〇一三年〔平成二五年〕九月四日決定）。やや意地悪な見方かもしれませんが、日本の最高裁の判断を注意深くみていくと、大筋としてはそんな感じでバランスを取っている傾向が強いと思います。そして、国際標準の民主主義にかなう判決は、わずかなのです。

清水　今ものすごい話を聞いてしまったので（笑）、このまま続けてうかがいたいんですが、「統治と支配」にかかわる部分にさわらないというのは、つまり今であれば自民党の顔色をうかがうということでしょうか。

瀬木　そうですね。その時々の権力者、ことに、その時々の自民党の中枢の顔色をうかがうという傾向は強いですね。

清水　そうした考えというのは、組織的に裁判所システムの中にあるものですか。

瀬木　これもすごく微妙で、最高裁がいろいろな形で裁判官を囲い込み、統制している、あるいは飴と鞭によってそうしているというところもありますけど、一方、裁判官たちが精神的収容所の中に囲い込まれている、それなのにそのことに気付くことすらできていないという、彼らのメンタルな問題も大きいと思いますね。

清水　具体的に指令のようなものがあるわけではないんですね。

瀬木　山本七平に『「空気」の研究』（文春文庫）という本がありますが、たとえば彼がいっている「空気」による部分が大きいのです。日本の裁判官は、「裁判所」という「ウチの世界」の「空気」を非常に敏感に察するわけで、この感度が異常に高い人が多い。ことに東京中心に勤務しているいわゆるエリート層はそうですね。今の最高裁はこういう判決を望んでいる、だからその方向でやる、と。で、そのことをはっきり意識すらしないでそうなるところが、「空気」なわけです。これは、個々の裁判官がきちんと自分で判断していないということですから、判断の質の善し悪しにかかわらずよくないことなのです。

清水　自動反応的に「統治と支配」にふれる問題と、それ以外を切り分けるということでしょうか。

瀬木　そのとおりですね。だから、そこにふれたときに、自分の中の自動警報装置がビビッと強く感じるわけです。そうすると、腰砕け、あるいはもっとひどいと権力の意向を先取りした判決になる。国家賠償でも、たとえば水害訴訟みたいな大きなものは「統治と支配」の根幹にふれるから、すごく強く自己規制が出てくるわけです。原発訴訟もそうですね。でも、個別的な普通の国家賠償、たとえば公の施設や道路の設置、管理、あるいは刑務所の管理や警官の行為に問題があったことに基づく国家賠償等では、ある程度きちんと筋を通せる裁判官も、一定程度はいるということになります。

清水　そういうのは実際みていてわかりますか。

瀬木　そうですね。たとえば、よくできる若手の裁判官が、国家賠償請求訴訟で最初から国のほうが勝つように、つまり原告敗訴で決め打ちをしてレジュメ等を書いているという例がありました。私が裁判官をやめるとき、その彼から一言言葉をくださいと言われたので、「あなたは優秀なんだし、いい裁判長になれる人だけど、国家賠償事件で最初から原告敗訴の決め打ちで考えて心証を取っていくといったことは、やめたほうがいいよ」と言ったことがあります。

清水　国賠訴訟をみていると原告が納得いかないような判決は確かにありますね。先ほどの政権の顔色をうかがって判決を書いてしまうというのは、システムではなくて、その裁判官にそなわってしまっている危機管理的なもの、つまり忖度《そんたく》だと考えていいのでしょうか。

瀬木　まあ、「上からの統制」と「半ば無意識の自己規制」です。その二つが組み合わさっている。これは、たとえば旧ソ連、あるいは昔の（今もそうかもしれませんが）中国に暮らしている平均的な知識人がどんなふうに行動するかということを考えれば、想像がつくと思うんです。一歩間違えば、収容所に入れられるか、地方の砂漠みたいなところで飢えさせられるか、そういうことですから、非常に気にするでしょう。これは、生活、全人格レベルのことですけど、日本の裁判所も、精神的なレベルではそれにかなり近いということです。

裁判所の強固なヒエラルキー

清水　裁判所のヒエラルキーの話をうかがいたいと思います。まず日本の裁判所システム。これはどういう序列といいますか、組織構造になっているのかを簡単に教えて頂きたいのですが。

瀬木　先進諸国の裁判所の中での、日本の裁判所の異例の特徴は、ピラミッド型のヒエラルキー構造、体制である上にそれが徹底していることです。ピラミッドの中の序列がものすごく細かい。五〇センチくらいあって何十層にもなっている特大ミルフィーユケーキを思い浮かべてもらうとわかりやすいかもしれない（笑）。ものすごく細かい層になっていて、相撲の番付と同じで、上に行くほど「えらい」んです。

実は、日本でも、表の制度は、つまり裁判所法上は、わずかな数の裁判官のカテゴリーしかなく（五条）、たとえば、地家裁所長は「判事」の一種にすぎないんです。ところが、実際には、最高裁長官と一四名の最高裁判事をピラミッドの頂点として、ものすごく細かい序列がある。

清水 外部の人にもわかりやすく、上位から教えていただくことは可能でしょうか。

瀬木 まずは最高裁長官と一四名の最高裁判事。次が高裁長官なんですが、序列が決まっていて、東京、大阪、名古屋、広島、福岡、仙台、札幌、高松の順だと思います。東京、大阪の高裁長官は、ほかの高裁長官より最高裁入りすることが多いです。それから、東京、大阪等の大都市の地家裁所長、地裁は家裁より格上です。

清水 やはり最高裁、高裁、地裁、家裁という序列があるわけですね。しかし東京、大阪、名古屋あたりまではまあ想像もつきますが、仙台が札幌の上とか、ものすごい細かい序列ですね。

瀬木 この細かさがこれまた実に日本的、軍隊的なんです。大都市の地家裁所長と並ぶのが、東京高裁の裁判長です。それからちょっと後れて大阪高裁の裁判長。次が大都市以外の地家裁所長と、東京・大阪以外の高裁の裁判長。次が高裁の支部長と地家裁大支部の支部長。次が地家裁裁判長と高裁の右陪席。最後のグループには、全国で格付けにかなり大きな差があります。

清水 合議制だと裁判長、右陪席、左陪席という三人の裁判官がいますが、これも全体の序列の中に組み込まれているわけですね。

瀬木　はい、そうです。さっきのグループの下が、高裁の左陪席と地家裁の右陪席。最後が地家裁の左陪席です。また、大支部以外の地家裁の支部長は、上は地家裁所長に準じ、小さい支部の支部長は地家裁の右陪席クラスまで広がります。新任判事補は地家裁の左陪席から始まりますが、その任地は、かつては成績を第一の基準として、東京から順に並べていました。

清水　想像以上に細かいですね。

瀬木　今のが裁判部門で、これとは別に裁判所組織内の行政をになう司法行政部門があります。まず最高裁判所事務総局というのがあって、事務総長、局長、課長、局付がいます。そのほかに、司法研修所には所長、上席、事務局長、普通の教官。そして、裁判所職員総合研修所というのが司法研修所に準じる職員の教育機関です。各高裁には裁判官の事務局長がいて、これも格付けがあり、東京高裁の事務局長は格が高く、その後出世します。また、最高裁の裁判部門のスタッフとして、首席、上席、普通の調査官がいます。

清水　ものすごく複雑ですね。相撲の番付の方が一直線で簡単です。

瀬木　確かに、キュビスム（立体派）の絵みたいに、複雑なねじれ構造のミルフィーユですね（笑）。最高裁事務方幹部の格付けとしては、事務総長、首席調査官、司法研修所長が、高裁長官に準じます。事務総局の局長が地家裁所長に準じます。それからその課長、最高裁判所調査官、司法研修所教官は、比較的上のほうが東京地裁の裁判長と同クラス。高裁事務局長は、その所在地の地裁の裁判長と同クラス。さらに、法務省の本省や各法務局に出向している裁判官についても、局長以下、これに準じた序列があります。

清水　最高裁の事務総長はずいぶん序列が高いんですね。

瀬木　これは最高裁事務総局の大ボスであり、最高裁長官の腹心の部下でもある。この事務総局の力が大きくなりすぎたことが、現在の裁判所の一番の問題です。

清水　一回整理しますが、裁判官というカテゴリーで考えた場合は、頂点が最高裁長官、それから一四名の最高裁判事。これを軍隊でいう大将とすると、二等兵は地家裁の左陪席？

瀬木　いや、二等兵というイメージはピンとこない。そうではなく、下級将校の最初のステージですね。実際には権限も力もないけど、形だけは一応将校。年長の局付（たとえば民事局等、事務総局各局のスタッフ。若手の典型的なエリートコース）あたりになると、かなり権限も力もある本物の下級将校ですね。

清水　裁判所の中で裁判官は、やはり裁判所職員より上にいるということなんですね。

瀬木　それはもう、完全にそういう位置付けですから。たとえばさっきの事務総局の局付というのは、いわゆるスタッフで、建前上は局長に直属しているんです。だから、上下関係の中には入らないはずなんだけど、実際には、裁判官である課長の下、裁判所書記官である課長補佐の上なんです。だから、部隊を率いる下級将校そのもの。座席の位置も、こういう序列に対応しています。裁判官たちだけが窓を背にして座る。課長補佐は、実際にはほとんど権限がなくて、局付の指図で動いている。要するに、最高裁事務総局では、裁判官は将校グループ、職員は兵隊グループだと思えばいいんです。

清水　中央官庁のキャリア組みたいなものだと思えばいいのでしょうか。そこを整理しておきたいんですけど、たとえば地方裁判所にはどういう比率で人がいるんでしょうか。

瀬木　職員は地家裁では裁判官の六、七倍くらい、最高裁事務総局では一〇倍近くの数がいるでしょうね。そこそこの規模の地裁を考えると、裁判官は、民事が二部、刑事が一部で所長も含め一〇人余り。職員は六〇から七〇人くらいというところですかね。
清水　所長というのは裁判官ですか。
瀬木　所長は、裁判官で、普通の判事です。ただ、司法行政の事務を司る、その意味での長というにすぎないんです（裁判所法二九条）。だから、実際の権限は人事の評価権を除くとかなり限られていて、上向きの所長は、最高裁事務総局と高裁事務局のほうばかり気にしています。あまりにもそういうことばかり言うので、職員たちから、「忠犬ハチ公みたいな人」とささやかれていた東京近辺の所長もいました（笑）。
清水　そうすると、一つの地裁に、たとえば裁判官を入れると八〇人ぐらいいたとしますよね。
瀬木　まあ、おおむね、そんな数でしょうね。
清水　その中に裁判官が一〇人ぐらいいて、所長を含めたその一〇人は司法試験を通っている。残りの七〇人は？
瀬木　通っていません。多くは書記官試験を通っている裁判所書記官ですが、まだそれを通っていない裁判所事務官もいます。
清水　それは地方の地裁であれば、地元で採用されたような職員の方が多い？
瀬木　地方の場合は実質的には地元採用が多いです。
清水　裁判官の方は国家公務員ということですね。その地元の方は地方公務員？
瀬木　いえ、全員国家公務員なんです。だから、地方における就職先としては、裁判所というのは、かなりいいところの一つなんです。国家公務員ですが、おおむねその県から出なくてすむし、それなりの厚遇もある。

清水　書記官の方たちも異動はあるんですか。

瀬木　異動は、県内が多いんです。その県からあまり動かないということが多くて、上にゆけばゆくほど動く可能性は増えますが、主任書記官ないしそれに近いクラスまでなら、その県から出なくてすむ場合が多いでしょう。

清水　なるほど。そういう構造になっているわけですね。先ほどうかがった最高裁事務総局などはどうなっているのでしょうか。

瀬木　そうですね。事務総局は、東京のほか、地方からも優秀な職員を採りますね。

清水　事務総局の内部のヒエラルキーはどうなのでしょうか。

瀬木　事務総局の官房系の課長の中に、ごく一部、司法試験を通っていないノンキャリアの課長もいますが、数名ですし、そういう課長には、ほとんど権限がない。権力は、すべて、裁判官である局長、課長、局付に集中しているということです。

　だから、僕は軍隊のことを文学や映画でしか知りませんが、将校グループが裁判官、兵隊グループが職員という比喩は、ことに最高裁事務総局では、当たっていると思います。地家裁になると、裁判官たちが医者、書記官を始めとする職員たちが看護師等の病院職員というアナロジーのほうが、より適切かもしれません。でも、事務総局は軍隊でしょうね。

清水　で、当然ながら、将校グループが圧倒的な力をもっていると。

瀬木　戦争映画を見ているとわかると思うんですが、どの国の映画でも、将軍たち、それもしばしば愚かな、あるいは功をあせる非人間的な将軍たちと、兵士たちとの板挟みになって、下級将校が苦悩するという場面が多いじゃないですか。それから、これも山本七平の書いた『一下級将校の見た帝国陸軍』（文春文庫）の下級将校たちもそうですね。あれが局付です。

だから、局付の中で事務総局の意向に沿う人は、何かといい思いもし、その後も出世する。一方、それに疑いをもったり、良心に従って行動しようとすれば、まさに映画の中の苦悩する下級将校みたいなことになります。上のほうというのは、自分の作戦のためには兵隊に死んでもらってかまわないというような人間が多いわけですから。

そして、実は、このことは、課長や局長にも当てはまります。良心に従うとまではいかなくとも、良心を殺すことができなくてどこかに迷いが出てしまったような人は、絶対に一番上にはいけないし、また、どこかで挫折する場合も多い。日本的権力機構のメカニズムの特徴といえます。

裁判官の出世

清水　裁判所に強固なヒエラルキーがあることはわかりましたが、それぞれの裁判官というのは、どういうキャリアパスを歩むのでしょうか。やはり出世コースやエリートコースというものがある？

瀬木　裁判所におけるいわゆるエリートの条件は、まずは大学でしょう。東大、やや後れて京大といったところが裁判所ではランクとしては一番上で、それから旧帝大、ついで一流の私大です。もっとも、私大出身だと、優秀な成績で入ってきても、裁判所としては全く重視しないということが、かつてはありました。有名私学トップで入ってきたのに、鼻も引っかけられなくって、がっくりきて、あるいは憤ってやめるというパターンがあった。

清水　このあたりはなんだか俗物の社会ですねえ。

瀬木　いや、気鋭のジャーナリストである清水さんにはよく認識して頂きたいんですけど、日本の裁判官の多数派は「俗物」ですよ（笑）。でも、よき日本人たちは、自分のもっているイメージが崩れるので、このことを受け入れたがらないんです。

エリート行政官僚と何ら変わらないです。でも、行政官僚よりもはるかにのびのびできないから、陰にこもった人間が多い。

それから、昔はなかなか司法試験に受からなかったので、現役ないし一浪くらいまでで受かっているかどうか。何年も受験していると、もうそれでエリートの資格はなくなる。それから、二回試験といわれる、司法研修所における最後の試験の成績。

清水　それは何ていうんですか、その試験名。

瀬木　「二回試験」といわれますね。司法試験を第一回目の関門とみるから、こちらは二回試験。要するに司法研修所の最終試験です。その成績と、それから修習中の裁判所における判決起案等の出来映え。最近は、新任の人事は、あまり能力とストレートに対応しないんですが、僕が裁判官になったころには、最初の任地はおおむね成績順でした。上のほうから、東京、大阪、名古屋……と、高裁長官のランク順と同様の順番で並べていました。

まずは判事補として左陪席から始めます。ごく普通の裁判官だと、そこから右陪席に上がっていく。エリートの場合は、最高裁事務総局や法務省の局付等を経験する。

清水　いやはや、聞けば聞くほどに番付が好きなんですね。

瀬木　はい。キュビスムの番付ですね。最初に東京に赴任した人の中から、またセレクトして、能力的に高いと思われる人を、最高裁事務総局の局付にする。四年目くらいから始まり、上のほうで七年目ないし一〇年目くらいですけれども、判事補のうちに局付に採る。一一年目からは判事になります。

それで、局付になった人たちが、大まかにいえばエリートコースの典型で、その中から、事務総局の課長、局長とか、最高裁判所調査官とかいった人が出てくる。あと、それらに比べると能力にはかなりムラがありますが、司法研修所の教官。それから高裁の事務局長ですね。東京高裁の事務局長はランクが高い。さらに、法務省へ出向した人たちでは、最高裁の局付に準じる法務省の局付。上がって、参事官とか課長。そして、今は呼び方がちょっと変わったと思いますが局長。法務省系は、出世コースとしては、最高裁事務総局よりはやや下になりますが、それなりのエリートコースではある。ただ、以上は一般論で、たとえば今の寺田《てらだ》逸郎《いつろう》長官なんかは、法務省が長かった人ですね。これらのコースに乗ってこない人が、大体普通の裁判官ということになります。

清水　そのエリートコースに乗る比率というのはどれぐらいなのでしょう?

瀬木　僕の期なんかだと、志望者が相当にはねられて、最初から六〇名余りしかいなかったので、その中で一〇%からせいぜい一五%くらいが、エリートコースという感じです。その人数は多分今も変わってなくて、たとえば一〇〇人以上採っても、そのうちでせいぜい一割以内でしょう。残りの九割の中でも、東京周辺に動く人というのは、比較的評価が高い人になってきますね。それから大阪周辺。あとはそれぞれ、その人の希望とか、元々の出身地とかいうことで、いろんなところへ散らばっていきます。
エリート裁判官というのは、現場以外の役職を時々経ながら、だんだん上がっていく。普通の裁判官はそういうところは経験しないで、転勤等もだいぶ多くて、ごく普通の裁判の仕事をしながら上がっていく。前者のエリートコースのほうから、東京高裁、大阪高裁の裁判長、それから大地家裁の所長が出る。普通の裁判官だと、ごく普通の地家裁の所長なり、東京・大阪以外の高裁の裁判長あたりが「上がり」のポストですね。そこまでゆける人は、半分よりは少ないでしょう。おおむねそんなところです。

清水 ちなみにそのピラミッドを昇っていけばいくほど、給料は上がっていくと考えていいんでしょうか。

瀬木 最高裁長官は格段に高くて、次の最高裁判事も格段に高い。高裁長官でも普通の裁判官のトップよりはだいぶ高い。あとは、裁判所法上は「判事」になりますから、一号以下です。僕も定年までまだ七年ありましたが、二号はすでにかなり長くもらっていました。

清水 それは四号くらいから始まるんですか。

瀬木 いや、すごく細かくて、確か、判事補は一二、判事は八くらいあると思います。その昇級等については、左派裁判官の差別がかつてはありました。
たとえば青年法律家協会（青法協）裁判官部会（一九七〇年より職能別部会制）という左派の団体に属していた裁判官だと、差別されて、四号くらいで止まってしまって、それより上にいかないといったことは、よく左派の人々がいっていましたね。「三号問題」などといわれていました。もっとも、司法制度改革のころから、左派裁判官の差別はなくなったようで、たとえば所長等にもなるようになりました。

清水　三号が峠という話を聞いたことがあります。なかなかそこが越えられないとか。

瀬木　昔はよくいわれました。ごく一般的にいっても、三号あたりから、壁ができてくる。上がれない、上がる時期が異なってくる、とはいわれています。

清水　そこからだいぶ給与が違うんですか。

瀬木　三、二、一あたりはかなり上がっていきますから、月当たりで一〇万円以上違うでしょうね。ただ、年収としてみれば、一定のところまではいきます。たとえば、四号でも、今の僕の年収よりはかなり多いはずです。判事になったところでは完全に並びで、その時点ですでに一〇〇〇万円くらいですから。民間に比べれば、割合、誰でもかなりの年収にはなります。むしろ、給与自体よりも、それと連動している、裁判長になることなどを含めた昇進の問題のほうがより重大かという気はします。

もっとも、裁判官という職務の性格上、何事もあまり差を付けるべきではないというのは、そのとおりだと思います。ここも、根をたどると、キャリアシステムの問題につながります。司法修習生といういわば学生から、そのまま裁判官になるという日本型キャリアシステムでは、異動、昇進、給与の差別が出やすく、それによる裁判官たちのコントロールも容易になるわけです。

裁判官は何を目指しているのか

清水　さきほど裁判官は俗物だとおっしゃいましたが、われわれ一般人が裁判に期待するのは、普通は正義の実現であったり、あるいは真実を明らかにしてくれるのではないかというあたりだと思うんですけれども、実際のところはどうでしょうか。裁判官は何を目指しているのでしょうか。

瀬木　そこは、建前と本音の乖離がありますね。僕もそうでしたが、裁判官になるときには皆、表向きの理由としては、良心に従って独立して裁判ができるから、自分の思うような仕事ができて社会の正義も実現できるから、などと口では言うのですが、やはり、背後に隠されたものとして、上昇志向みたいなものがあるんです。

　でも、僕は、最初はそれはあってもいいと思うんです。そのことを自分で客観的に自覚していて、少しずつでも変えてゆければ、それでいいんです。ところが、大多数の人は、その二重基準を、自分自身はっきり認識していない。これは、日本人に特徴的な、いわば「精神的二重構造」なんですけど。

清水　これは日本ならではのものなのでしょうか？

瀬木　まあ、たとえば政治家の二枚舌は万国共通。これは、欧米の人間も皆そう言いますから（笑）。たとえば、オバマ前大統領は、実はその傾向も強い人だと思います。ヒラリー・クリントンも同じような理由で嫌われていました。二〇一六年一一月のアメリカ大統領選挙でトランプが選ばれたのには、その反動という側面もあると思います。

　でも、たとえば、普通のアメリカ人だと、お金をもうけたい、出世したいというのが、最初から、正面から動機として出てくるので、それは、自分も意識できるし、まわりも批判できるんです。ところが、日本では、「表ではきれいなことを言っているけど内面では違う」ということになっているので、それを批判するのも難しいし、本人も気付かない。最初のうちはそれでもまだ表の意識があってきちんとやるんですけど、いろいろお話ししてきたようなことで、だんだんすり切れてくるにしたがって、表のほうはフケみたいに落ちてしまって、残るのは本音、出世と金というのが出てきます。

清水　結局、最後はお金ってことになっちゃうんですね。

瀬木　最高裁判事まで上がれば給料もすばらしいのですが、その上、最近は、昔と違って平気で天下りをする人が多くなりましたね。民間企業への天下りは、本当に節操がなくて、恥ずべきことだと思います。まあ、そういう意味で、いろいろな意味での成功がある。権力もあり、お金も入る。どんどんそっちのほうへ向かってゆく。これが日本のキャリアシステムの一番大きな問題の一つです。

要するに、外から規制されてそうなるのに加えて、裁判官の内面にも、実は、そういう動機があるんです。裁判官の想像力みたいなものの働き方が重要でして、さっきもお話ししたように、本質的なところをみれば、裁判は、裁判官の人格とか思想に、外からの情報や刺激が加わって、それが反映して出てくる結論です。情報の中には証拠も入りますし、外からの圧迫とか、意見とか、世論も入ります。だからこそ「想像力」や「自立心」が大切なんです。

清水　日本の裁判官の皆さんの「想像する力」は十分でしょうか。

瀬木　これはダメですね（笑）。残念ながら、多くの裁判官は、きわめて想像力に乏しいです。

僕自身は、裁判官の仕事を経ずに最初から学者になっていたら、一般書も研究書も、これまで書いてきたものよりも力や価値のあるものが書けたかどうか、疑問かもしれないという気はするんです。多くの裁判をやったことで、非常に想像力がきたえられた面がありますし、物事を大づかみに高い視点からみる力というのも、裁判をやる中で身につけてきたところがあります。

最後のころは本当に裁判官をやめたいと思っていましたけど、でも、やめられたということを前提にすれば、裁判官をやったことは、決して、自分にとってマイナスではなかった（もし転職できなかったとしたらと思うと、ぞっとはしますが）。それは、一つ一つの事件にちゃんと取り組んでいくと、すごく想像力を酷使しなければいけないからなんです。でも、一方、全くそれをしないですますこともできる。

その典型が、トルストイの短編『イヴァン・イリイチの死』に出てくるエリート裁判官です。すべてを流れるようにスムーズに処理して、事件の本質には決してかかわらない。「ただ、どんどんスマートに処理するだけ」とトルストイは彼を批評するんですが、これは、日本のエリート裁判官のやり方そのものです。要するに、個人や民主主義、自由主義の基盤が弱い近代社会の裁判官のあり方として、ロシアのそれと日本のそれは、時代は違えど、非常に近い。

清水　処理というところを、具体的にわかりやすくうかがいたいんですけど。たとえば刑事裁判でいえば懲役とかそういったものが、過去の判例で決まっていくという意味でしょうか。自動販売機型とか言われたりしますが。

瀬木　はい、そうですね。日本は、後に詳しくお話しするように、判例法の国ではないので、裁判官が良心と法律に従ってよく考えればいいにもかかわらず、実際には、最高裁判例に従い、下級審判例の大勢に従う、それらに事大主義的に従うという傾向が、非常に強いのです。

清水　事実を法に当てはめるというやつですね。

瀬木　要するに、先例墨守で、なるべく自分が傷付かないように、目立たないように、さっさと処理する。

　本来、裁判官というのは、自分の考えをきちんともっていて、それに従って裁判をすべきものです。権力にも迎合しないし、世論にも安易には迎合しないというのが、あるべき姿なのです。ところが、日本の裁判官は、まず権力、それから時の世論ということになるので、たとえば、日本という国がどんどん悪くなっていくような場合、日本の裁判官には、そういうものに対する歯止めとなる力がきわめて乏しく、それは、ごくごく一部の裁判官にしか期待できない、ということになるのです。そこは、本当に、日本のキャリアシステムの大きな問題です。

第2章 裁判所の仕組み

裁判官に庶民の心がわかるのか

清水　いろいろ話をうかがってきて、どうやら裁判官や裁判所は、われわれが思っているものとは違うようだということが分かってきました。そこをさらに掘り下げていきたいと思います。
　たとえば庶民感覚みたいなものについては、どうお考えでしょうか。庶民の生活にかかわる細かい裁判などもあると思うんですけれども、庶民やその生活とかをどうとらえていらっしゃいますか。

瀬木　そうですね。ここでも一つ注意すべきことは、日本では全体にそうなんですけれども、権力者が、自分の型どおりの庶民性を非常に強調するというところがあります。政治家なんかでもそうですし、最高裁判事でもそうですけど、新聞の欄に人物紹介みたいなコラムがあると、そこで、必ず、いかに庶民的な人かということが強調されるんです。

清水　これはマスコミ側の問題でもありますが、質素な暮らしとか、家族を大切にしているなんてイメージが、よく書かれていますよね。

瀬木　そうです。僕は、「マスメディアがこういうことを書くのは提灯記事ですよ」と批判しているんです。つまり、ここに落とし穴がありまして、その人が「庶民的なことが好きかどうか」ということと、「庶民の心がわかっているかどうか」ということとは、実は、全く別の事柄なのです。むしろ、日本の権力者は、自分の庶民性を非常に強調するけど、実は庶民のことなんかちっともわかっていないし、何とも思っていない、というのが多い。これは、アメリカでもそうです。つまり、大衆社会における権力者の典型的な特徴なのです。

清水　なるほど。個人の嗜好と、他人への理解は別なんですね。

瀬木　僕がみてきたところから判断しても、やたらに庶民性を強調するような人に限って庶民のことなんか何とも思っていないということが多いです。

『家裁の人』（毛利甚八作・魚戸おさむ画、小学館）という漫画があって、これは左翼系の裁判官とか弁護士からも結構支持されて、「自分こそ家裁の人だ」と自称したり、あるいは他薦されるような人が全国で何人も出たりしたんですけど、この漫画も、僕は、実は、非常に抵抗があります。つまり、基本思想が、家父長的干渉主義・温情主義なんです。

　主人公の桑田判事は、非常に優秀で、お父さんも高裁長官から最高裁判事になるなど、えらい人なのに、家裁とか地方の支部を希望して、少年事件で少年を更生させる。場合によってはその少年のところへ自分から出向いて行ったりして正す、というストーリーなんです。裁判官が、法廷以外の場所で当事者と直接接触してこれを正すというのは、非常に大岡越前的なパターナリズムです。パターナリズムというのはまあ学問用語ですが、さっきも言ったとおり、家父長的干渉主義・温情主義という意味ですね。

清水　温情的な判決とか聞くと、確かに庶民は感動しがちです。

瀬木　桑田判事の言うことを聞いてよくなる少年はいいわけです。で、漫画の中ではみんなよくなります。顔まで変わっちゃう（笑）。だけど、もしよくならなかったら、それはどうなるかということなんです。

清水　執行猶予が付いてすぐに再犯する被告もいますからね。

瀬木　それもありますが、問題は、桑田判事の前では、少年たちには、「更生しない自由」さえないということなんです。これは、ある意味、裏返しの、ソフトなファシズムです。つまり、これを裏返して、「私が更生させられないような者は生きる資格なし」みたいなことになれば、それは、もう、ファシズムですからね。人間の思想についてのこういう考察は、僕は、欧米では普通だと思うんだけど、日本ではなぜか少数派の先鋭な意見になるんですね。

遠山の金さんみたいに、隣の人がお奉行だよというのは、実は、近代の裁判から一番遠い形です。だから『家栽の人』の桑田判事というのは、いわば大岡越前守とか、遠山の金さん、あるいは水戸黄門等の、洗練された現代版ですね。漫画ですから、そういう型を楽しむということはあっていいと思うし、僕も、否定まではしません。でも、それが無条件にいいと思ってしまうと、落とし穴があって、権力者たちに利用されますよ、思う壺《つぼ》ですよ、ということはいえると思います。

清水　たしかにそうですね。

瀬木　さらに、もう一ついえば、自分こそ『家栽の人』の桑田判事だと思っているけど、実際は全然そうではないというタイプ。これが、裁判官には非常に多い。これはこわいですよ。

清水　よく判決の後にひとこと付け加えるような裁判官がいたりしますよね。これからはお母さんを大事に、つつましく暮らしてくださいね、みたいな。

瀬木　そうそう、それです。よくありますね。

清水　温情には見えるけれど、ああいうものも同じところにつながってきますね。

瀬木　そのとおりですね。特にこれは刑事系の裁判官の特徴で、そうした言葉を付け加えたり、いわゆる「善悪」「勧善懲悪」の視点から、お説教的なことを付け加える人がいます。それで更生するという面が絶対ないとまではいいませんが、自己満足の場合が多いし、本来、裁判官の役割を逸脱したことです。ところが、それを、日本のマスメディアは割合喜んでしまうところがあって。

清水　本来の司法のあり方や刑事訴訟法の意味をきちんと理解できていない記者も多いです。

瀬木　有名な死刑制度合憲判決（最高裁一九四八年〔昭和二三年〕三月一二日判決）なんかも、「一人の生命は、全地球よりも重い」という言葉が有名ですけど、結論はそれとは逆になっています。それに、常識的に考えても、我々の生命が我々にとっていかに貴重なものであるとしても、それが地球上の全生命体を支える地球という惑星それ自体の価値を超えるなどという命題は、おかしいです。たとえば、地球のほかの地域では人間の生命が毎秒毎秒ひき臼にかけられるように消えていっている（たとえば数秒に一人が餓死している）わけですしね。この判決の内容と照らし合わせても、欺《ぎ》瞞《まん》的な表現だと思います。そういう非常に前近代的な、かつ評判を取りたいというか、そういう言葉が、日本の裁判官からは、今なお出やすい。

裁判官の天下り

清水　裁判官に庶民感覚が欠如しているのではないかと思った事例として、裁判官の天下りの問題があります。たとえば3・11東日本大震災に伴って起こった福島第一原発事故以来、原子力発電所の再稼働問題が非常に議論を呼び、住民たちの訴訟も起きていますが、驚いたことに、原発メーカーの一つである東芝に天下っていた最高裁判事の方がいるといいます。これは一体どういうことなのか。前からこういうことは当たり前にあったのでしょうか。

瀬木　月刊誌「新潮45」（二〇一四年一〇月号）に詳しい記事があり、僕も取材を受けましたが、これもまた、僕の裁判官人生の後半になって起こってきたことなんです。一九九〇年代半ばくらいまでは、裁判官の民間企業への天下りなどは皆無で、最高裁判事は、やめたら、弁護士をするか、あるいは、国の委員会の委員長等の、中立無色な、いわゆる名誉職的なものに就くことしかなかったんです。弁護士をやっていた人は弁護士に戻りますが、裁判官をやっていた人の場合には、「最高裁判事までやってから弁護士になって法廷に出たら後輩たちに迷惑がかかるから」といって、みんなやらなかった。これは、僕も直接聞いたことがありますけど、真っ当な考え方だと思うんです。昔の最高裁判事には、少なくともその程度の良識はありました。金銭的にも、すでに十分以上のものを得ているわけですし。

清水　多分多くの人のイメージはそうでしょう。まさか国民との間に訴訟を抱える可能性がある企業に天下っているとは思わないです。

瀬木　昔の日本の裁判官、ことに民事系は、良くも悪しくも職人だったんです。職人というのは、視野は狭いけど、ていねいに一生懸命仕事をするというところはあるわけで、そういう職人的な考え方から出てくるのが、今のような倫理観です。

僕の知っている範囲でも、まだ最高裁判事が事務総局系ばかりで占められなかったころのことですが、最高裁判事をやめてから民事の調停委員になった方が二人いて、最高裁判事までやった人に今さら東京地裁に調停委員できてもらっても困るということで、最初はやめてくれないかという話だったらしいのですが、そのお二人は、どうしても裁判の現場に近いところでもうちょっと働きたいと、調停委員をされたんです。

これも今考えてみると、ある意味美しい話で、非常に裁判というものが好きで、現場に近いところで、ごく普通の人たちと一緒に仕事をしたいというのは、立派なことですよね。事務総局畑の裁判官からはまず出てこない発想です。

清水　なるほど。そういう裁判官もおられたんですね。私のイメージどおりですが、現場では「きてもらっては困る」となるんですか。驚きました。

瀬木　まあ、調停部では、あまりえらい人がこられるとやりにくいというのはあるかもしれませんね。

ところが、僕の裁判官人生の後半で、何かが変わってしまって、監査役、理事等の形で民間企業にゆく人がどんどん出てきた。まさに「天下り」ですね。そういう大きい会社の中には、さっきの原発を造っている会社のように、当然、訴訟がらみのことが出てくる場合がありうるわけです。そうすると、ごく普通の一般市民から見れば、あそこには何か背後関係があって、つまり、「裁判になったときににらみがきくから、ああいう人を迎えているんじゃないか」となるのは、当然のことですよね。

清水　ええ、そうです。実際にどこまで影響力があるかは別として「そう見られてしまうよ」ということなんですが。

瀬木　「李下《りか》に冠《かんむり》を正さず」ということで、やってはいけないことだと思います。「あんなに給料をもらってきて、さらに、天下りまでしてお金をもらうのか？」と当然思われるわけで、法曹全体の評判を落とす行為です。僕は、裁判官人生の前半でみた最高裁判事たちを含め、『絶望の裁判所』の中でかなり批判しましたが、少なくとも、そのころの最高裁判事たちには、考え方に筋を通すという部分はまだあったと思うんです。

清水　裁判官をそんなに長くやってこられて、十分良識ある方であろうと思うわけです。普通に考えれば。

瀬木　十分に良識があるかどうかということについては、僕は、『絶望の裁判所』にも記したとおり、明確に留保したいですが（笑）。

清水　そうですか。我々の感覚でいくとそうなんですけど。しかしそういう方が原発関連企業にいけば、そういう目でみられるということは当然わかっているわけですよね、ご本人は。

瀬木　原発に限らず、航空産業とか、銀行だってそうですよね。必ず、広い意味での司法との関連が出てくる。大きい会社は、ある意味でみんなそうですから。「当然わかっている」かどうかについては、僕は、疑問だと思います。本当にわかっていれば、しないはずです。

清水　批判を承知で行くのであれば、そうとう条件がいいんだろうなとしか思えません。

瀬木　もちろん、条件もいいだろうとは思います。監査役とか、社外取締役というのは、それほど働かなくても、高収入が得られますからね。ただ、ここでやはり疑問に思ってしまうのは、普通の人々は、最高裁判事までやれば、法律について万能だというふうに思われるかもしれないけど、日本の最高裁判事というのは、弁護士枠や行政官枠などいろいろな「枠」があっての寄せ集め所帯だということです。弁護士の枠だと、昔は、ほとんど事件を担当せずに法律事務所を経営している、弁護士会のボス的な人たちがなることも多かった。いわゆる一般的な知的能力も、法的能力も、きわめて高いとは限らないんです。また、たとえば、民事系の法律のことなどほとんどわからないような人たちも、なっているわけです。

清水　それもまた驚くような話です。普通は最高裁判事は最高の能力だと思いますよ。

瀬木　大変はっきりいえば、アメリカはともかく、日本の最高裁判事については、それは「神話」だと思います。自分の意見まで調査官に書かせる人とか、審議のときに、最初に発言を求められたのに、「私は多数意見に従います」と言った人とか、そういう人までいるんです。

これも苦い事実であり、ことに、福島第一原発事故後の日本人は、苦い真実を聞くことについての耐性が弱くなっていますから、そんなことは信じたくないと思うかもしれないですが、僕自身が、最高裁調査官時代にも、また先輩たちからも、見たり聞いたりしていた事実です。……いや、清水さんとお話ししていると、黙っていようと思っていたことまで、どんどん話させられちゃうな（笑）。

清水　それこそがジャーナリストの役割ですから（笑）。もっと聞かせて下さい。

瀬木　でも、日本の最高裁判事って、客観的にみて、そんなものですよ。アメリカのように、法的素養・能力や経歴について厳しい客観的審査があるわけでは全くないので。

たとえば、僕の専門である民事訴訟法でも、その基本についてわかっていない、誤解しているのではないかと思われるような最高裁判決、まあ、それは、結論よりはむしろ判決の中の表現に多いのですが、それは結構ありますし、行政法等ほかの分野の学者たちも、実は、そういうことはよく言っています。「この記述、おかしいんじゃないか？」と。最高裁調査官がわかっていないと、そのまま、どの教科書にも書いてないような理屈が最高裁判決に出てしまうことがある。まことに残念ながら、それが、日本の最高裁判決の水準なんです。これは、僕自身、学者になって多くの判決を注意深く読み直してから、つくづく残念に思った事柄です。

また、視野とか良識などの面からいっても、「日本の最高裁判事は、他の先進諸国の最高裁判事と比べてどうなんだろうか？」というところは大きいです。権謀術数《けんぼうじゅっすう》という意味では非常に抜け目がない人たちかもしれないけど、それ以外の人間としての側面がどうかというのは、相当に疑いがあるところです。

そうすると、どうしてそういう人を、七〇歳も過ぎてから、企業は、高収入を保証して入れるのか、「企業にはどういうメリットがあるんですか？」という疑問を感じてしまいますね。

清水　そうですね。僕は裁判官の給与がある程度恵まれていても、そこが問題とは思わないんです。

瀬木　ちゃんと仕事をすればね。それが条件です。裁判官の独立と良心のために高い給料をもらっているのですから。

清水　そうです。生活に困窮して変な方向にいってしまって、適正な判断ができなくなる。こっちのほうが問題なわけであって、少なくとも人並みにはもらって、安定した生活の中できちんと判断してもらいたいとは思います。

瀬木　それは、全くそのとおりです。

清水　その上に天下りをやられると、その考えが崩壊するんですよね。

瀬木　そうですね。退職金まででもう十分じゃないかと。

清水　そう思いますよ。退職後にたくさんのお金が入ってくる可能性があると考えたら非常に俗物的になって適正な判断ができなくなる。やがて私もどこかに天下って、そこからいい給料がもらえるんだよ、なんて思って日々、訴訟指揮を執っていったときにどうなるんだろうとか。

瀬木　天下ることを考えている最高裁判事だったら、どういう判断をするかということですね。大企業については公正な判断ができるんだろうかと。

清水　そうです。自分が天下りしそうな企業について公正な判断ができるんだろうか。のちのち自分に利害が発生するようなことについては、ものすごく慎重になって頂きたいと思います。

瀬木　そうですね。弁護士はできるわけですからね。まだやりたいんだったら弁護士をやればいいんです。

裁判官の給与体系

清水　どうやら庶民感覚といっても、形だけのものが多そうですね。たとえば庶民が一〇万円のお金を詐欺で盗られて裁判を起こしたとして、その一〇万円の重みみたいなものを裁判官はわかるのでしょうか。そろそろ裁判官の給与というところについて具体的に教えてほしいのですが。

瀬木　清水さん、またまた、日本のジャーナリストの「通常の良識」を踏み越えた質問ですね（笑）。昔の同僚たちに恨まれるかもしれませんが、これも日本の裁判官制度、裁判官のあり方を考える上で重要な基礎事実ですから、「市民の代表」としての清水さんにお答えしましょう。

清水　ぜひお願いします。

瀬木　これも、本当に語られたことがない事柄ですが、裁判官になったばかりのころはそんなに高くないんです。今の貨幣価値の感覚でいくと、年俸で五〇〇万円前後というところじゃないですかね。裁判官になって一〇年間は判事補で、それから判事になるのですが、その判事になる前後に大きく上がって、一〇〇〇万円くらいに達するんです。二〇年を過ぎると、出世レベルが上のほうのグループでは、二〇〇〇万円にそろそろ手が届くという感じになってきて、その後はそれ以上です。ですから、六五歳でやめるときには、家と土地があって、そのほかに資産が、退職金を含めておおむね一億円くらいはあるという感じでしょうね。若くして裁判官になった人なら。これには、たとえばまずまずの収入の弁護士と比べて、裁判官たちが、あまりぜいたくをしない、遊ばないということもありますが。だから、貯金は多めです。

清水　なるほど順調に進んでいけばかなりの高給だし、老後は安泰ですね。

瀬木　今は年金はごくわずか、年二〇〇万円くらいになってしまいましたけど、貯金があるから、まあ、老後は安泰なんです。

裁判官を少し早めに六三歳ころまでにやめて、公証人になる人もいます。また、六五歳で簡裁判事になって、給料は極端に変わらないままで七〇歳まで勤めるというのもあります。公証人のほうが金銭的には大きいでしょうね。公証人を七〇歳までやると、さらに四〇〇〇万くらいは上乗せで資産になるでしょう。また、これは地域によるのかもしれませんが、公証人としての年金も一定期間つくという話もあります。これは、楽で実入りがよくて、老後の職業として、理想的ですね（笑）。公証人は、元検察官のほうが、数は多いのかもしれません。

いずれにせよ、そういう意味では、日本の裁判官はかなり高給なんです。たとえばアメリカの州の裁判官よりはずっと高い。まあ、これは、アメリカの州の裁判官は、一生暮らしてゆける程度のお金を貯めてしまった弁護士がなることが多い、つまり、名誉職的な職業だ、という背景もありますが。

清水　こう聞くと、いかに庶民感覚を語られても受け入れられなくなりますね。

瀬木　そうでしょう。だから、自称庶民の裁判官なんて疑うべきなのですよ。ただ、僕がよく思っていたのは、ある意味、お金で自分の自由を売っているような感じなんです。ことに、自分がやめる前の七、八年間くらいは強くそう思うようになっていました。三三年間やったので金銭的にはよくなってきていたけど、もうそれに替えられないという感じがしました。

清水　でもこれだけの年収があると、やはり当然守るべきものが多くなっていくというか、なかなか失いたくないですよね。

瀬木　そうですね。大筋最高裁の望むとおりにやっていれば、僕みたいに、そこを「収容所」のように感じたりしないですむでしょうしね。

清水　高給が悪いと言っているのではないですが、一方で僅かなお金のために犯罪を犯してしまう人もいるという現実があって、それを日々裁いていくときに、犯罪者の感覚とか、被害者の感覚とか、なかなかわかりづらくなるんじゃないかという気がします。

瀬木　わかりづらいです。というより、全然わかってない人が多い。これは、キャリアシステムという、学生からすぐに裁判官になる制度の一番大きな問題の一つ。学生からすぐに裁判官になると、今お話があったような人たちの気持ちを想像することは、本当に、非常に難しいんです。僕自身、いろいろ裁判官として疑問を感じる転機を経るにつれて、だんだんわかるようになっていきましたが、最初のころは、わかった、わかったと口では言っていても、そしてそれなりにきちんとした裁判をしていても、その気持ちが、本当にわかっていたとは思わないですね。たとえば、本裁判の前に、仮差押えという、仮に被告の財産を押さえておく手続があって、そのためにはとりあえず債権者（本裁判の原告）に担保を積ませる。あとから返ってくるのが普通ですが、たとえば一〇〇万円の担保を積まないといけないと決めるときに、その一〇〇万円というのが、当事者にとっては血のにじむような金額でありうるということが、全然わからないんですね。

若い医者でも、生意気で横柄な、無神経な人がいるでしょう。でも、医者の場合は、ずっと現場で患者と直接対面しますから、だめな人でない限りは、少しずつわかっていく部分が多い。ところが、裁判官は、相当に良心的な人でも、「一〇〇万円。いいですね」って言っちゃうわけです。そして、それがなおらないで、むしろ悪くなっていきやすい。ことに、常に法廷で上席にいる刑事系の裁判官はそうです。

ましてや、最高裁事務総局のいう方向に従って、どんどん出世している人なんて、そんなものは全く何とも思っていない。だからこそ、国民を、当事者を、踏みにじるような判決が出てくるんだと思うんです。

なぜ裁判官をやめようと思ったのか

清水　先ほど話に出た瀬木さんの転機について聞かせてください。長く裁判官をやられていて、なぜおやめになり、新しい道を歩まれようとしたのか。何かきっかけはあったんでしょうか。
瀬木　ごく簡単にいいますと、最初のきっかけの一つは、アメリカ留学です。最初は東京地裁に判事補として就任したのですが、留学試験に合格して、シアトルのワシントン大学に留学しました。

アメリカ人のフェアネス（＝公正さ）とか、フランクさに驚きましたし、日本に比べると嫉妬やコンプレックスが少なくて、どうしてこんなに違うんだろうと思いました。

といっても、これは、日本人がよくイメージするエスタブリッシュメント、大統領を始めとする支配層のアメリカではなくて、草の根のアメリカ、自由主義のアメリカです。アメリカは何かにつけて極端で、ひどい部分は本当にひどいので。僕が今言っているのは、いいほうの部分です。

それから、アメリカ的な制度の厚み。制度をつくる人たちが、少なくとも州レベルなどでは、正義感とか社会をよくしたいという思いを基本にしているのをみて、それに動かされました。日本の官僚みたいに、自己の権益みたいなことだけでやらないのは、どうしてだろうと。

そして、留学から帰ってきて数年後、最高裁事務総局の民事局の局付になったときに、アメリカとのあまりの違いに愕然《がくぜん》としました。事務総局のあり方が、それこそ昔の日本の陸軍みたいな感じで、山本七平が書いているような陸軍の不条理な形とあまり変わらない。こういうところが裁判官を統制していて、これでいいんだろうかと思いました。

清水　その後はどう動かれたんですか。

瀬木　東京地裁、大阪高裁、那覇地裁沖縄支部の裁判長を経て、今度は最高裁判所調査官になったんです。アメリカにはロークラークという人たちがいて、ロースクールを優秀な成績で出た学生が、たとえば連邦や州の最高裁判事に付いて、いろいろなリサーチをやる。つまり、ベテランの知識や知恵と、大学を出てきたばかりの若者の知識や知恵とがうまく組み合わさっていい判決をするという制度になっているのです。これは、実にアメリカ民主主義的。しかし、日本の場合は全然違って、最高裁調査官制度は、決裁がある官僚機構です。首席、上席、ヒラの調査官という序列の中で決裁を通らなければ、報告書が出せない。そういう制度の中で、圧迫を感じ、疑問を感じるうち、うつになったわけです。もちろんそこには僕の個人的な育ち方の問題もあったと思いますが、それを話すと長くなるので、ここでは省きます。それで、病院へ。

清水　制度の中で追い込まれた感じでしょうか。会社員でも多いですけれど。

瀬木　僕の場合は、神経症的な部分、要するに生き方の問題という部分も大きかったので、職場を離れたらすぐなおってしまったんですけど、そのときに思ったのが、人生の単純さということでした。出世とか、お金とか、いろいろなことがありますけど、結局のところ、人生というのは、ロウソクがともって、しばらく輝いて、やがて、燃え尽きる、ただそれだけの単純なことなのだと、ふっと気付きました。実際問題としては、人間の人生というのは、そういうシンプルなものなのではないか。要するに、言葉と意識をもつ動物の一生ということにすぎない。『絶望の裁判所』にも書きましたが、「自分は、どうして、ただそれだけのことを、こんなに難しくしているんだろう」と、本当に強く思いました。

清水　そこが一番大きな転機となったわけですね。

瀬木　はい、そうですね。留学、二回の最高裁勤務と、その中間にあった哲学者・思想家鶴見俊輔《つるみしゅんすけ》さんとの接触、その鶴見さんから執筆を勧められたこと、そしてうつ。それから次第に研究や執筆に没頭するようになって、かなり無理もして、そうする中でだんだん組織の中で浮いていった。それでも上のほうに理解者がいるうちはまだよかったけれど、二〇〇〇年代に入るとそういう人も徐々にいなくなってしまって、いよいよ自分の居場所がなくなって、最後は、全体主義的共産主義国家で亡命待ちしている知識人みたいな感じになりました。程度の違いはあれ、感覚的には、まさにそういう感じだったと思います。

　だから、三つの大学からお話があったんですけど、最後の明治大学の話があったときは、東京の有力私学で、基本的に自由な雰囲気の大学だし、家から通えるし、働ける期間も比較的長めということで、いいお話だったので、即座にお受けしました。

　以上が僕の裁判官としての精神史です。若いころはいわゆるエリートコースに乗っていたじゃないかという人もいますが、そのころから、いつも、何か深刻なズレを感じていました。それがどんどん大きくなっていったということです。

清水　お話の中で、よく裁判所システムと軍隊を比較されますよね。

瀬木　大学に移ってずっと考えてきたところでは、似ていますね。『黒い巨塔 最高裁判所』（講談社）の中で具体的に書いているとおり、ある意味、エリートサラリーマンよりももっと精神的に苛酷な世界なんですよ。

清水　なぜ、そういう世界になるのですか？

瀬木　裁判官を厳しく統制しておきたいからでしょうね。

　少しアメリカの裁判所の話をしますと、たとえば、一票の価値裁判では、一票の価値原則を貫かなければならないとして、専門家の助言を得て、選挙区割りまで自分たちで考えて、提示してしまう。こういうとき、アメリカでは、「アミカス・キュリエ（amicus curiae　裁判所の友）」という制度があって、何かと専門家の助言を得ることができるんです。裁判というのは、そんなことまでできる。これで議会の勢力図が変わってしまうわけです。

　もう一つ有名なのは教育関係の裁判があって、黒人と白人の学生を分離した上で平等ということでやっていたのを、そんなのだめだと。分離したって不平等なんだから、一緒の学校に通わせろということを裁判所が判決で決めて、実現させるように監督する。これで教育制度が根本から変わる。もちろん、一方ではきしみも起こりますけど、極端な場合、そういうことも裁判というのはできるわけです。

アメリカはその典型ですが、欧米先進国一般で、「裁判所は、権力ではあるが、市民・国民の立場からほかの権力を監視する権力チェック機関。だから、尊重する」というのは、常識だと思います。日本みたいに、「裁判官に、原発のことやエネルギー政策のことなどわかるのか」などといったことを、「自称知識人」が口にして、平気ですましていられるというのは、ありえないですね。アメリカだったら、たちどころに厳しい批判を受けるでしょう。

だからこそ、権力のほうは、みえない形ではありますが、軍隊同様に、必死で統制するわけです。裁判官が本当に良心に従って裁判をし始めたら、あらゆるところで権力の「統治と支配」の根幹が揺らぎますからね。

清水　なるほど、先ほども話題になった「統治と支配」ですね。

瀬木　たとえば、危険性があると認定された原発は稼働できない。一人一票の原則が実現されれば、国会の勢力図が完全に変わってしまう。空港の夜間飛行差止めも同様です。本当に、社会のあり方が根本から変わってしまうんです。それが、裁判というものの民主的な力。もちろん、判断は公正中立にしなければいけませんが。

それくらい大きな力を潜在的にはもっているからこそ、裁判官は、本当に、十重二十重《とえはたえ》に厳しく統制されているわけです。

清水　われわれが本来もっているイメージというのは、三権は分立していて、司法は非常に独立性が高い仕事であるというものです。けれど軍隊というのは完全なタテ社会ですから、まったく真逆の感じがして、驚くしかないんですけども。

瀬木　そうです。本来あるべき姿とは真逆です。しかし、少なくとも、最高裁事務総局は、きわめて軍隊、その参謀本部、あるいは全体主義的共産主義国家の中央官庁に近い組織です。

清水　しかもそれが、最高裁長官をトップとする強大な権力によって統制されていると。

裁判官の反社会的行為

清水　ここで少し話題を変えて、裁判官が起こしてしまう反社会的行為についてお聞きしたいと思います。いろいろな裁判官がいる中で、残念ながら、ときに法を自ら犯してしまうような方もいるみたいなのですが。

瀬木　ええ。反社会的行為ですね。

清水　なぜそういったことが起こりうるのか、なかなかわかりづらくて。日頃法廷に手錠腰縄で連れてこられる犯罪者を直接目にし、ときには諭しながら判決を出していく。反社会的行為や犯罪を犯したらどうなるか、何を言われるか一番わかってるはずの方たちが、なんでこんなことになっていくのか不思議なんですけども（笑）。

瀬木　裁判官の不祥事は、近年増えているんです。戦後長い間ほとんどなかったんです（もっとも、もみ消されたものがあった可能性はあります）が、ある時期、つまり総理の犯罪といわれるロッキード事件の捜査中に起きた、裁判官による三木武夫首相への偽電話事件など、一九七〇年代後半からそういうものが出始めて、ことに、二〇〇一年以降、性的非行にかかわるもので、退官に至ったものが一〇件あるんです。

清水　現在までで一〇件。

瀬木　二〇〇一年からの一六年間で一〇件です。

清水　これはみんな刑事事件化しているということですか。どんな例がありますかね。

瀬木　まず、二〇〇一年に、妻のストーカー事件もみ消し活動の疑いというもの。戒告で退官です。それから地裁所長の電車内における痴漢の疑い、起訴猶予で退官。それから児童買春、これは大きく報道されましたが罷免。出会い系サイトで知り合った女性にSM的な内容のメールを勤務時間中に送信、退官です。

清水　すべて裁判官ですか。

瀬木　はい、そうです。それから女性裁判所職員に対するストーカー行為、罷免です。バス内で痴漢、これは準強制わいせつ罪で有罪判決なんですが、任期満了のため罷免は免れました。電車内で女性のスカート内盗撮、罷免。酒に酔って、女性修習生の頬に無理矢理キス、戒告と退官。それからトイレ内の盗撮、罰金、懲戒免職。再びスカート内盗撮、罰金、辞職。最後のものは二〇一六年です。以上、法務省に出向していた人もいますが、元は裁判官ですね。

　ということで、裁判官が少しずつ増えて、統計によると二〇〇一年には約二二〇〇名、二〇一四年には約二九〇〇名という中で一〇件あるということは、その間にある程度人の入れ替わりがあったことを考慮しても、何と、約三〇〇人に一人が、性的非行が表に出て処分されたということですね。

清水　これは事件化した、つまり表面化したものだけですよね。

瀬木　そうです。だから、これの半分、あるいは同数がもみ消されているとしたら、これが一・五倍とか二倍になるわけで、裁判官二〇〇人とか一五〇人に一人になってしまう。

三〇〇人に一人だとしても、僕は、たとえばヨーロッパの民主主義の成熟した小国だったら、これだけで「裁判官制度の根本的改革が必要」という議論になると思います。小国のほうが動きが早いですからね。英米、フランス、ドイツでも、相当の危機意識のある議論になると思いますね。

清水　裁判官の採用方法にも問題があるんでしょうか？　それとも採用後の疲弊《ひへい》ですか。

瀬木　うーん、難しい問題で、さらに今後考えたいですが、本来はという議論をすれば、裁判官になった時点でそういうことをしそうな人は、少ないはずです。そうでないとしたら、採用のあり方がおかしいですね。その可能性もないとは言えませんが、いずれにせよ、二〇〇〇年ごろ以降、最高裁の統制が強まるにつれて一気に性的非行が増えているというのは、どう考えても、因果関係を認めざるをえない。清水さんどう思われますか？　ちょっと考えて頂きたいんですけど、一生に一度裁判所に行く。その裁判官が、少なくとも約三〇〇分の一の確率で、性的非行をやるかもしれない人だと考えたら（笑）。

清水　なんだか法服の色が怪しい感じに見えてきました。

瀬木　これは性的非行とは違いますが、僕も、裁判官時代に、陰で中傷されたり、密告的なことをされたりということがありました。これをしたのも裁判官。今でも、インターネットで、匿名で、僕の書くものに対して集中的に中傷、人格攻撃的な書き込みをしているような人物がいますが、一部左翼系法律家のほか、裁判官の可能性も高いです。そういう人に、一生に一度裁判所に行って、裁判をされたいかということです。清水さん、どうですか、これ？

清水　まあその前に被告になりたくないんですけど（笑）。この痴漢とか盗撮したような裁判官ですが、その人がこれまで書いた判決の中にも、痴漢とか、盗撮に関するものもあるんじゃないでしょうか。そのときどんなことをその人が書いているのか、おそらくは「卑劣で自分勝手で断じて許されない行為……」とか書いているのでしょうけど、そちらを読んでみたい気持ちがあります。

瀬木　でも僕は、実は非行についても、個々の裁判官をくそみそにいうことはしたくないんです。したことはよくないですが、でも、この人たち、その後どんなふうに暮らしているんだろうと、そんなことも何度か考えました。というのは、人間というのはすごく弱いものなので。裁判官を長くやっているとよくわかるんですけど、人間は本当に言葉をしゃべれる動物にすぎなくて、環境が悪いと、それだけで誤ったことをしてしまいやすいんです。

清水　実際に発覚した事件が一〇件もある。それからおそらく発覚していないものもある。あるいは潜在的なものとして、別に何も起きなかったけれども、ムラムラした、寸前までいった、みたいな人たちもいるでしょう。これはどんな人にでもあると思うんです。

瀬木　まあ、それが人間だということだと思います。芸術なんて、ある意味では人間のそういう側面を昇華して描いているわけであって。

清水　瀬木さん御自身の体験の中で、何かの誘惑を受けて、ああ、危ないと感じたご記憶とかあったりしますか。

瀬木　日本の裁判官というのは、外からは守られていますので、あまりそういうことはなかったですが、一つ思うのは、裁判官をやっていると、完全に閉じた世界の中にいるので、一般的な規範意識みたいなものが薄れてしまうところはあるように思うんです。かつ、表現が難しいのですが、裁判所というのは、現実感が薄い。一種の精神的収容所なので、ものが見えにくくなりますね。大学へ移ってくると、たとえばハラスメントでも、ガイドラインがあったり、申告する場所があったり、それで処分とかの形も決まっていて、いけないことであるという意識がかなり浸透しているんです。大企業でも一応今はあると思うんです。でも、裁判所は、そういうものがないわけです。

清水　やはり今更やりにくいんでしょうか。裁判官の教育なんて。

瀬木　司法研修所が裁判官の教育もすることになっているんですが、実に、そこでも、以前にセクハラがありました。一九七六年に複数の教官や事務局長が、女性修習生に対し、「女性は法律家、裁判官にふさわしくない」という差別発言をして、国会でも問題になって、厳重注意処分を受けたんです。そのときの言葉がどういうものかというと、いくつもあるのでまとめてしまいますが、「裁判官や弁護士になろうなどとは思わず、よい奥さんになることが一番の幸せです。日本民族の血を受け継ぎ、よい子を生むことこそ重要だとは思いませんか。修習を終えたら家庭に入って、研修所で学んだことなど腐らせてしまうのが、女の幸福というものですよ」と、こんな内容。複数の教官が、こんなことを言ったんです。

清水　一〇〇点満点のセクハラ、完全な差別発言ですね。

瀬木　実に、何というか、明快ですね。まるで映画のセリフみたいでしょう。しかも、そばで聞いていた事務局長が、「教官はこのようなことまで教えてくれるからありがたいですね」と相槌を打ったんです。

清水　今の内容は、どうやって外に露呈していったんでしょうか。
瀬木　これは、おそらく、内部告発でしょう。女性修習生たちから、左翼系の法律家組織とか、マスコミとか、そういうところに漏れたのではないかと思います。
　ところが、もっと後でもあるんです。一九九〇年代末ごろでも、青法協弁護士学者合同部会が書いているものの中で、「教官が、女性修習生の差している傘の中に入り、手を握り、肩を抱き、抗議してもなかなかやめなかった」という事例。それから、状況があいまいなので『絶望の裁判所』には書きませんでしたが、女性修習生に「ホテルに行こう。部屋を取ってあるよ」みたいなことを言った。それが冗談なのか、本気なのか、そこは正確には読み取れないので、本に書くのは控えましたが、でも、明らかな冗談であれば、こんな形で取り上げられないんじゃないかと思うんです。
清水　これ、研修所の話ですよね。
瀬木　そうです。司法研修所という教育機関で、つまり、一番やってはいけないところで、しかも、前にも大問題になったのに、まだやっているわけです。これ、大学だったら大変ですよ。こういうことが起こるのは、やはり、外から隔絶しているために、普通の倫理観がなくなってしまっている可能性が高いと思います。
清水　当たり前のことをあえてうかがいますけど、犯罪を犯した裁判官は、法服を着て法廷の壇上にいた方が、腰縄をつけて下に引っ張られてきた、ということになるわけですよね。
瀬木　まあ、でも、腰縄がついているかどうかは……。逮捕、勾留されなければつきませんので。
清水　少なくとも被告として今度は下に回った。
瀬木　被告人になったことは間違いない。そして、たとえば児童買春なんかのときには、新聞は大きく一面で取り上げましたけど、日本のマスメディアは、結局、個々の裁判官の問題として終わりにしてしまうんです。そして、すぐに忘れてしまう。でも、そうではなくて、そういうことの背後にどういう構造的な問題があるかをこそ掘り下げるべきであって、個々の人を鞭打ってみてもあまり意味はないと思うんです。

清水　実際、研修所でもパワハラ、セクハラが起きているわけですから。

瀬木　こっちのほうは教育機関ですからね。そういう意味では、弁解の余地がないですね。

清水　残念ながら、そういうところで研修を受けるという構造になってしまっているとしたら、個々の責任というよりは……。

瀬木　システム、制度の問題ですよ。

清水　本来それだけ厳しく、檻の中で管理されていたはずなのに、やはりこういうことは起きてしまう。

瀬木　むしろ、「厳しく、檻の中で管理されている」からこそ起きるんです。これは、日本の旧軍隊のことを考えて頂くとわかると思うんです。否定する人もいますけど、日本軍が海外で暴行、略奪等をやったということは、たくさんの異なった国民や立場からの証言がありますから、まず間違いないと思いますけど、では、なぜ、日本の中ではおとなしい臣民だった人が、外へ出てそういうことをやったのか。これは、丸山眞男が書いているとおり、抑圧されたものが一気にそこで吹き出すわけです。日本の中では普通のちゃんとした人なのに、それが、外へ行くとそういうことをやってしまう。これが日本軍の大きな欠点だったわけですけど、お話ししてきた裁判官の行為も、それに似ていないかということなんです。非常に強く統制されているがために、気がゆるんだときにとんでもないことをやる。

裁判官が統制される三つの理由

清水　統制されているがゆえに、おかしくなってしまうと。今聞いていて、とても衝撃なんですよね。これは一般的な考え方だと思いますが、裁判官の皆さんというのは独立してものを考えられ、きちんと判断できるというふうに我々は信じています。それがなぜ統制されてしまうのか。そこがなかなかわからないんです。

瀬木　なぜそうなっているかということですね。裁判官は、独立してるんだから、組織や人事のことなんて気にしないで、やるべき裁判をすればいいじゃないかというのは、まったくそのとおりで、それが真理です。ただ、それがそうならないように、日本の制度は非常によくできている。それには大きく三つの要素があります。

清水　三つですね、順番にうかがえますか？

瀬木　一つは、裁判官の世界が、閉ざされて隔離された小世界だということです。「精神的な収容所」です。外の世界から隔離されているので、価値観というものがおかしくなってきます。

清水　隔離された内部に長くいると、そのおかしさがみえなくなるのでしょうか。

瀬木　たとえば、僕が大学に移って、一般書の執筆をして、編集者とか、ほかの著者とか、あるいはジャーナリストと接するようになって、学生たちとも人間として接するようになって、そうすると、視野がすごく広くなる。その視野の違いは、たとえていえば、一六ミリのモノクロ映画から七〇ミリのカラー映画になったくらい、変わった感じがしました。裁判官時代から、専門書以外に筆名の書物も書いていて、ある程度は外との付き合いもあった僕でも、それくらい違ってくるわけです。

清水　精神的な収容所という部分なんですが、たとえば官舎にいて、物理的にも仕切られている。裁判所の中もそうですよね。そういったことですか。精神的な収容所というのは。

瀬木　そうですね。裁判官だと、外の世界との本当の意味での接触というのは全くなくて。たとえば、大学教員だと、学生に教える、小論文の指導をする。すると、「すごくよくわかるようになりました」とか「先生に教えてもらえて本当によかったです」とか言われる。ただ、その時、それだけのことかもしれないけど、本当にうれしいんです。でも、裁判官の場合にはそれがなくて、いくら一生懸命いい判決を書いても、マスコミは、大きな事件とか、おもしろい事件しか取り上げないし、日本の学者の多くは実務の感覚がほとんどありませんから、判決を見極める目は、わずかな人しかもっていない。かつ、原告の喜ぶ顔も見ないわけです。だから、裁判官って本当に孤独なんですよ。

清水　確かに良くも悪しくも評価されることが少ない職業かもしれないですね。そういう意味での孤立感とか。

瀬木　そういう中で、がんばっていい判決をしたとしても、それが、高裁や最高裁で取り消されたりする。それも、場合によっては、ちょっと信じられないような理屈で取り消される。そういうことからくる無力感。隔離された小世界の中で、それに耐えられるかということです。それが第一の問題です。

清水　なるほど。隔離のイメージが少しわかってきました。で、二つ目というのは。

瀬木　第二が、裁判官は期を中心として切り分けられて、競争させられる集団であるということです。高さ五〇センチくらいの巨大なキュビスムのミルフィーユと言いましたが、そうした、相撲の番付表をもしのぐ細かなヒエラルキーで分断される集団で、基本的な上下は期によって決まっているわけです。ある組織について「一期違えば家来も同然」というようなことがいわれたことがありますが、裁判官は、そこまでではないけど、やはり、基本的に期の上下で考える世界です。

清水　これは司法試験を通ったときの期ですよね。

瀬木　そうです。司法試験を何期で通っているか。

清水　よく弁護士さんも期で言いますよね。

瀬木　でも、弁護士の間では、期はそれほど関係ないんです。

清水　挨拶代わりみたいなものですか。

瀬木　せいぜいね。だけど、裁判官の場合には、口のきき方からして、やはり上の人と下の人では違うというところがある世界なんです。「役人」の世界だから。

清水　つまり先に司法試験を通った人のほうがえらいみたいなところがあるわけですか。

瀬木　そうです。日本の裁判官というのは、裁判官というよりは、「法服を着た役人」であり、「裁判をやっている官僚」なんです。だから、そういう上下意識みたいなものは、僕自身も正直あった。後輩で非常に無礼な人がいたりすると、やはり腹立ちましたね。こうした組織では、たとえば、自分より明らかに能力の低い者が自分よりも上にいくとか、あるいは後輩に先を越されるといった事態が、非常に屈辱的なことになるのです。

清水　このあたりも俗っぽい感じがするのですが、サラリーマン社会でも多いとは思います。とはいえやはりヒエラルキーの強さは格段上なのでしょうか。

瀬木　「それでもいいじゃないか」という価値観をもちうるのは、よほど個が強い人だけでしょうね。程度が違うといえば違うんですけど、たとえば旧ソ連とか昔の中国で、「あの人は自由主義者でがんばっている」と外の世界で評価されたとしても、中で徹底的に痛め付けられていれば、それでももちこたえられる人はあまりいない。それと同じようなことなんですよ。ごく普通の学者、あるいは記者なんて、絶対すぐにそうなります。

日本人というのは、僕のみたところ、まあこれは僕自身をも含めていうんですが、残念ながら、個が非常に弱いです。ここが、アメリカ人との違いです。アメリカでも、基本的には、上のほうでは悪いことをやっていたりする、それもものすごく悪かったりするんですけど、それでも、社会全体をみると捨てたもんじゃないと思うのは、一人で孤立しても正義のためにがんばれる人が、かなりいるんです。自由主義者の層も厚い。そこは、日本との大きな違い。

そこは、三四年前にアメリカに客員研究員として行ったときにも思いましたし、アメリカの支配層は確かに悪くなってきているけど、まだ、それに抵抗しようという人々の動きとか、あるいは、それを保障する制度とかは、あるようにも思うのです。まもなく、もう一度アメリカに研究に出かけるので、法制度も含め、そういう部分をよくみてきたいと思っています。

清水　そこを何とか突破しようという裁判官が出てくることはないんですか。

瀬木　これも一つの大きな問題でして、裁判官になる人たちが元々どういう人たちかということが関係しています。僕がなった当時は、裁判官というのは、やはり、司法全体の中でのエリートで、えらいという感じがあって、僕自身も、表では認識しないけど、潜在的なところでは、そういうエリートの中で上にいきたいという気持ちが、最初のころはあったと思うんです。これは、ほとんどの裁判官がそうで、左翼系の裁判官でもこれをきちんと克服できている人は少なかった。より正確にいえば、閉ざされた社会の中での抑圧された自己承認欲求。これは、説明が非常に難しいのですが、『黒い巨塔』の中で詳細に描いたつもりです。

清水　勤勉、高学歴な方たちですから、もちろん競争意識は強いと思いますが、強い個というものは持っていないのでしょうか？

瀬木　そうですね。ブルーパージといって、青法協系の裁判官が圧迫されて、大量転向させられたことがあるのです。アメリカのレッドパージをもじって、こっちは「青」だからブルーパージといった。そのときに、青法協裁判官の中のエリート、つまり局付をやっている人たちについては、上のほうが、ことに徹底的に転向させたわけです。「これから出世コースに乗せるから」ということで転向させる。で、実際に転向して圧迫する側に回った人が一定程度いるし、その中から、最高裁長官、最高裁判事、高裁長官等になった人もいます。

最後まで抵抗した人は、エリートグループで二人だけだったんです。最後には、脱会せよという業務命令まで出たんです。その人たちは、あまり上まではいきませんでした。筋を通したわけです。この人たちは、尊敬に値します。でも、青法協から転向して統制する側に回り、その中でもきわめて問題の大きな裁判官になったという人も、かなりいるのです。転向するだけならそれは一つの選択ですが、そこでとどまれないで、反対の極にいってしまうわけです。鶴見俊輔等のいう「左派の転向問題」の一つの典型例ですね。

清水　なるほど。象徴的なエピソードですね。隔離された社会の中で、今度は競わせる。これで二つうかがいましたが、では三番目はどういうものでしょうか。

瀬木　三番目は、任地がすごく広いということですね。これが非常にうまいところで、世界的にみても、本来、裁判官がこんなに動くということは、まずないんです。

清水　つまり異動ということですね。裁判官になれば北海道から沖縄までですね。どこへ行くかわからないんでしょうけど、たとえば北海道だと、地裁の支部みたいのがありますよね。

瀬木　どこでも支部はあります。

清水　あくまでイメージですが、根室とか、稚内とか、そういうところにもあるんでしょうか。

瀬木　細かいことは今わかりませんが、どの地方でも、誰も名前を知らないような小さな田舎の支部もあります。

清水　裁判官が留まるエリアみたいなのはないんですね。

瀬木　エリアがなくて、全国なんです。東京から動くことが一番少ない純粋事務総局系の人だと一回くらいしか出ないんです。一般的なエリートで数回というところです。僕は浜松、大阪のあと、沖縄の一回がくっついて三回でした。ごく普通の裁判官だと、もっと動く。でも、今は、四〇代くらいになると、基本的な地方は決めて、そこからはたまにしか動かさないというふうには、なってきていますけどね。

清水　では逆にどんどん動かされる人はどういう裁判官なのでしょうか。

瀬木　たとえば、判事補で、「統治と支配」の根幹にふれるような裁判をした人だと、やめるまで地方の小さな支部を転々と飛ばされたようなケースもあるんです。そういう露骨な場合もあります。

それから、東京地裁の裁判長クラスまで上がっていても、そういう裁判をすると、とりあえず東京高裁の右陪席にしてから、遠くへ飛ばすということがある。もっと上に行ってもそういうことがあって、最高裁の長官候補だった裁判官が、やはり「統治と支配」の根幹にふれるようなある事件で反対意見を書いたために、最高裁長官から、あんたは後継者から外すと言われて、それでガックリきちゃったという例まであるんです。

何だか、話しているだけで思い出して息苦しくなってくるんですが（笑）。

清水　異動、出世によるコントロールが実際あるということですね。判決と出世を天秤にかけられたら独立なんて維持できませんが。

瀬木　一番上のレベルまで、いわば、地位を引っかけた統制がある。地方というのは本当にどこへ飛ばされるかわからないし、それも一回ではすまないんです。上から嫌われた裁判官だと、かなり優秀でも、全国八高裁のうちの一つを除いた七高裁を全部回ったという人もいる。ましてや、根本的に最高裁事務総局からバツを付けられてしまった人は、どうなるかわからないわけです。

そして、どうなるかわからないというのは、実際にそうなる以上にこわいわけです。極端な場合には、東京を本拠にしている人を東京管内へ帰さないということもありえますからね。これはあとで話すことになると思いますが、大飯《おおい》原発3、4号機の運転差止め判決を出した樋口英明裁判長は、地裁から外され、家裁に異動になりました。

清水　一つめの、隔離された世界。二つめの、競争させる集団。そんな構造が作り上げられていて、そこに入って融合できていれば幸せでもある。しかし、そこから外れるというのが三番目。要するに懲罰に近いような形の異動の話ですよね。

瀬木　そうですね。ごく簡単にいうとそういうことなんです。でも、今話したことは、そのごく簡単な見取図で、もっと根本的な問題もあるんです。たとえば、裁判官の服務規律というのは、「官吏服務紀律」という一八八七年（明治二〇年）の勅令なんです（表記も、「規律」でなく「紀律」）。

清水　そんなに古いものなんですか。

瀬木　戦後、本来なら特別職の国家公務員の服務規律を作らなければいけなかったのですが、とりあえず、この官吏服務紀律で間に合わせるということにしたんですね。官吏服務紀律自体は失効していますが、ある法律で、「官吏服務紀律の規定の例による」とされている。特別職の国家公務員は、行政官僚だと、本当にわずか。警察を例に挙げれば、県警本部長でも、特別職ではなくて指定職なんです。だから、上のほうのごく一部、特殊なものですね。ところが、裁判官は、なりたての小僧さん、なりたての判事補から官吏服務紀律なんです。

清水　扱いがスーパーキャリア組ですね。

瀬木　この官吏服務紀律というのは、休職の規定がない。病気になって、これが肉体的なものであれ、精神的なものであれ、ある程度の期間で復帰の見込みが立たなければ、やめるしかないんです。休職の制度はないんだから。それから、年次有給休暇についても制度はなくて、高裁長官申し合わせというのによっているんです。

清水　そうすると、当然ながら上をみていかなければならなくなりますね。休みをもらうのにも。

瀬木　そういう、信じられないような服務規律で、これがたとえば県警本部長クラス以上ということになれば、あなたはえらいんだからしょうがないということはあるかもしれない。会社でいえば役員レベルですからね。ところが、裁判所の場合は、本当になりたての小僧さんからこれなんですよ。

清水　新入社員が休むのに会社役員の許可がいるということですか。

瀬木　というか、新入社員の服務規律が会社役員並みで、労働者の労働法上の権利が何も保障されていないということです。前近代的な服務規律なんです。大正ですらなくて、明治二〇年なんですから。約一三〇年前の天皇の勅令です。そういう服務規律を基本とした上で、一〇年に一度、再任で落とすわけです。

清水　再任制度も問題が多いと聞きますね。

瀬木　裁判所という枠組みの中では、先ほどお話ししたような三つの事柄を中心に、際限のないラットレースの出世競争をさせるわけです。そして、完璧な上命下服、上意下達システムができあがって、要するに、表の制度をみただけではわからないけど、裏は、非常にはっきりとしたヒエラルキー、かつ収容所的な構造になってしまっているわけです。

清水　ここまで裁判官が管理されているとは思いませんでした。

瀬木　裁判所というものは、表からみたときには当然独立している形を作らなければならないけど、一方、裏では、権力としては、統制、管理しないときわめて都合が悪いですからね。だから、できる限り牙を抜いておきたいわけです。

清水　本来なら、権力監視を含めての三権分立だと思うのですが、現実は政治の力を受けているということになりますね。

瀬木　だからこそ、こういうふうに目にみえない統制システムが戦前から引き継がれ、かつ戦後もそれが強化、洗練されてきた。そして、二〇〇〇年代に至ってこれが完成したと僕はみているんです。司法制度改革もそのために悪用された面が大きい。僕が若かったころにはまだ結構隙間もあったし、「生涯一裁判官でもいいや」という気風もあったんですね。矢口洪一《やぐちこういち》氏という、非常に有力で、かつ統制のシステムを強めた長官がいますが、その長官の時代でさえ、面従腹背の人も結構いたんです。

清水 二〇〇〇年代以降はどう変わっていったのでしょうか。

瀬木 ちょっと言葉は悪いですが、所長クラスが我先に最高裁に尻尾を振るというような状況になってしまった。たとえば、矢口氏は、少なくとも、能力主義という人事の根幹には手をつけなかったんです。情実的な人事があっても、それは上のほうで、判事補など下のほうまではやらなかった。そこにはまだ一定の良識があったんです。閉じた組織でそれを下までやってしまったら、いっぺんに腐敗してしまいますから。これが、多くの共産主義国家が腐敗していった一つの原因です。ところが、二〇〇〇年代以降の上の人たちは、それをやったわけです。

清水 たとえば、どんな人事が行われるようになったんでしょうか。

瀬木 組織の気風に従う人かどうかをみている、といわれています。非常に優秀な人が局付になれない一方で、どうしてこんな人がという人が局付になる。あるいは、新任ですら、どうしてこの人がなれないのかと思うような人がだめだといわれ、どうしてこんな人がなるのかと思うような人が採用される。僕の知る限りでも、たとえば、民事裁判修習では各裁判官が優秀と認めたのに、刑事裁判修習で種々質問をして裁判長から嫌われた司法修習生が教官から任官はだめだといわれた例がありました。また、これは個人の名誉にかかわるので詳細はいえませんが、親が裁判所に対して批判的な人物であることが災いして任官できなかったのではないかと思われるような例もありました。

やはり優秀な人です。かつては、任官でそこまでのことはなかったと思います。それが当然ではないかと思いますが、もっと客観的な評価をしていました。そういうふうに、統制のシステムがだんだん腐敗してきて、相当にひどいところまできてしまったというのが、二〇〇〇年代ころ以降の状況でした。

裁判官を追いつめる新たな再任制度

清水　先ほど出た裁判官の再任制度についてうかがいます。本来は裁判官の能力をチェックするために必要な仕組みだったはずだと思うんですけど、この再任システムの問題というのがどこにあるのか、教えてください。

瀬木　司法制度改革は、裁判所の焼け太りみたいなところが相当にありまして、悪用された面が大きいのです。その一つの典型が、この再任制度です。前はこれを最高裁が直接やっていたので、実際上は再任拒否はできなかったんです。ところが、「下級裁判所裁判官指名諮問委員会」という制度をつくりまして、この委員会が判断することになったんです。

清水　するとどんな問題が起こったんですか?

瀬木　ここへ出される報告書というのは、裁判官の評価権者である地家裁所長や高裁長官が出す「非公開の報告書」なんです。この人は問題があるからといって、委員会がその審議の対象にする人を「重点審議者」というのですが、その重点審議者を選択するための主な情報がこの非公開報告書なんです。しかも、再任不適格と判断された裁判官には、法学でよくいう「告知、聴聞の機会がない」んです。つまり、「あなたはこういう点が問題ですから再任拒否が考えられていますが、何か言い分がありますか」ということを尋ねられ、また、質問・反論する機会がない。「不服申立ての制度」もないんです。本当に信じられない前近代的な制度です。この制度のこうした問題については、僕以外にも、たとえば、『司法官僚――裁判所の権力者たち』（新藤宗幸、岩波新書）が、より早い時点で指摘しています。ほかにも同趣旨の意見はいくつも学者や実務家から聞いており、決して僕だけの個人的見解というわけではありません。

清水　つまり一方的に不適格という烙印が押される可能性があるということでしょうか。

瀬木　判断基準は非常に抽象的ですし、審議の内容も公開されないわけです。うがった見方をすると、人事局が諸般の情報からこの人はどうかと考える人がいて、評価権者である所長や高裁長官に微妙なサインを送ったとします。電話一本でできますからね、簡単に。それだけで、裁判所当局は、みずから手を汚すことなく、特定の裁判官の再任を、事実上拒否することまで可能になりうる制度なんです。実際にそれをやっているかどうかということはわかりませんので、そこは言いませんが、それが可能な制度であることは間違いないです。評価権者と人事局の間で不透明なフィードバックがあって何となく拒否の方向に決まっていく、といったことなら、これはもう十分にありえますね。

清水　もしそうした工作が行なわれれば、上部機関が望まない判決を書く裁判官を排除することも可能になりますよね。

瀬木　この制度の採用後、再任を拒否される裁判官の数は、年に四、五名という、非常に大きなものになっているんです。それまではほぼゼロでした。従業員が二〇〇〇人台の会社で、毎年四、五名ずつ理由も告げられずにクビになっていたら、全体がすごく萎縮する。そう思われませんか？

清水　当然そうなるでしょうね。ぞっとします。

瀬木　また、委員会に提出されるデータからして再任が危ぶまれるような裁判官については、事前に「肩叩き」が行われるのが通例なんです。そして、これをやられると、ほとんどの裁判官は、意気消沈して任期満了前に退官してしまいます。任期満了退官ですと、再任拒否にあったのではないかということで、弁護士事務所への新たな就職などに差し支える可能性があるからです。したがって、実質的な再任拒否者の数は、公表されている数よりもかなり多いとみなければならないのです。

清水　サラリーマンが解雇ではなく自主退職を強いられるのと似たような感覚でしょうか。

瀬木　再任を拒否される裁判官は、確かに、能力不十分である場合が多いでしょう。しかし、そんなことをいえば、残念ながら、ある意味能力不足の裁判官はかなりの数いるわけです。これは、もちろん、イデオロギーを問いません。たとえば、左翼系の裁判官にも何かと評判の悪かった人はいます。また、その中から本当に能力の低い人々が排除されているのかどうかも、わからない。拒否の理由すら告げないわけですからね。要するに、その中で評価権者や裁判所当局に嫌われた人々が見せしめ的に拒否されている可能性が高い。

　さらに、こうした制度のあり方からすると、その中に、実際には、能力的には問題がないが、当局の意向に沿わない、あるいはその流れに合わない、組織に合わないような裁判官のデータを、そっとすべり込ませられるということが十分に可能になる。

　したがって、裁判官全体に大きな萎縮効果が及ぶわけです。ことに、能力に自信のない裁判官たちは、ひたすら上ばかりをうかがうヒラメになって保身を図ることになりやすい。

清水　実際にそういうことは起きているのでしょうか。

瀬木　僕が知っている限りでも、能力的には高かった、あるいは問題がなかったのに再任拒否されたという例が、複数あるんです。その理由は、はっきりいってよくわかりません。ごく一般的にいえば、評価権者から嫌われているとまずいとはいわれています。それ以上のことは「闇」です。また、これについても、個人の名誉がかかってくるので、詳しいことは、たとえ推測でも言えないのです。

清水　裁判官をやめさせるわけなのに、その理由がわからないんですね。

瀬木　理由もわからない。不服申立てもできない。民間なら解雇でも裁判で争えますが、裁判官の場合には、どのような裁判をすればいいかも不明だし、たとえやっても勝てっこなく、かえって恥をかくだけだから、誰もやらない。

本当に任期一〇年が原則の制度ならともかく、日本の場合は、再任が当然、事実上終身雇用という形で採用してきたシステムなので、途中で再任拒否されると、弁護士事務所への就職すら難しくなります。結局、弁護士もできないでいる人もいます。でも、彼らの多くは、僕のみてきたところでは、最初から弁護士をやっていれば、それなりに食べていけたはずの人々です。

こういう、最低限の告知、聴聞すらない全体主義国家的なシステムが、こともあろうに二一世紀になってから作られたことについて、一部の左派法律家が協力し、あるいはこれを肯定する発言をしたのは、よくないことだと思います。これについては、僕の知っている、一般的には左派へのシンパシーが強いある高名な知識人も、「左翼がすべきことではないです」とおっしゃっていました。

なお、先にふれた『法服の王国』には、この制度について、「まともに判決を書けず、簡単な仕事しか任せられない裁判官たちが存在していることは、裁判所内では公然の秘密」、「今まで事務総局がブラックボックスでやってきた再任や採用が劇的に透明化された」、「平成の司法制度改革、恐るべし」（この後の地の文に、「平成の司法制度改革着々進行中」的な記述が続きます）などという、目を疑うようなむき出しの記述や会話が出てきます。しかし、こうした記述には大きな疑問を感じます。以前に、知人の弁護士からも、同趣旨の意見を聞いたことがあります。

清水　恐ろしい仕組みですね。

瀬木　人事についてては、もう一つ、人事評価の二重帳簿システムというのがあります。裁判官が自分の評価について公開してくれと求める制度があるんです。日本の鉄壁の裁判官システムにおいてあえて公開を求めるような裁判官は、当然、かなり不遇な裁判官であるわけですが、公開を求めると、割合いい評価しか出てこないんです。これは非常におかしなことで、おそらく、公開するための表の評価とは別に、最高裁事務総局の人事局に絶対極秘の個人別評価書面があるんです。つまり二重帳簿です。

清水　人事局は今まで裁判官の人たちがやってきたさまざまな仕事、たとえば判決の内容、あるいは無罪判決、または個人的な問題も含めて、全部把握しているということですか。

瀬木　はい。これは、僕は、事務総局系の人を含め何人もの裁判官から聞いていますし、人事局に勤めたことのある書記官からも聞いたので、まず間違いないと思います。そういう、「裁判所当局からみての功罪」をちゃんと一つの表にまとめたものがあるといわれています。

清水　うわー……。警察にそういうものがあるというのは聞いていますが、裁判官もなんですね。管理が徹底していますね。

瀬木　そして、人事は、主としてはそれに従って行われる。この書面は絶対極秘です。だから、見ることができるのは、人事局の局長とか任用課長だけに限定されているはずです。任用課長というのは、判事補の人事を扱います。判事以上になると、人事局長と高裁長官、それから高裁事務局長なんかもからんでやることが多いです。その一番の大元《おおもと》になっているのが、そういう書面ではないかといわれています。だけど、これが存在すること自体を、最高裁は絶対認めないと思いますね。

個人の問題か制度の問題か

清水　お話をうかがっていると、日本の裁判制度というか、裁判所には、いくつもの大きな問題があるという感じがします。今も働いている現役の裁判官たちは、こうした問題についてどう考えているのでしょうか。

瀬木　制度の問題が一番大きいですが、個々の裁判官の側にも、自己規制とか、権力志向とか、上昇志向とか、そういう問題はあります。制度の問題を一とすれば、こっちは、少しだけ後れて二といったところでしょうか。そして、良心派、良識的な裁判官がある程度いても、制度の問題を超えること、構造的な問題を解決することは、きわめて困難だということです。そうした裁判官たちは、自分の孤塁《こるい》を守るのが精一杯であって、上のほうにいって改革をするということはおよそありえないですから。良心的な人や自分の考えをもつ人が孤立しやすいシステムですからね。

僕の本について、「でも、いい裁判官もいる」という意見は、弁護士からも割合出るんです。けれども、僕だって、そんなことは百も承知。そんなことをいえば、ナチス時代のドイツにだって、スターリン時代のソ連にだって、太平洋戦争時代の日本にだって、いい人は絶対いましたよ。当然のことです。でも、彼らは、みずからの良心に従って行動することができなかった。なぜか。そこには構造的な問題があったし、彼らの数も限られていたからです。

清水　個人ではどうにもならない問題というのは確かにありますね。

瀬木　それから、記者やジャーナリストに時々あるのは、「しかし、こういういい判決もある」というもの。これも全く同じことです。最低限、「全体をみる目」と「構造的視点」をもって語ってほしいと思います。

清水　多くのジャーナリストに欠けている部分かもしれません。

瀬木　「ある命題や仮説を立てるには、それをサポートできる根拠となる事実をきちんとそろえ、それらを統合して客観的推論を行う必要がある」、「全体の構造を見据えた上で相当に確実な根拠のある一つの見方を提示する」というのは、社会科学のイロハだと思うんですが、日本では、記者やジャーナリスト、あるいは一般的に知識人といわれるような人々にさえ、そういう基本を理解していない人がいるんです。それは、本当に困ったことだと思っています。

清水　先ほど良心的な裁判官は上に行けないという話がありましたが、このあたりも警察組織に似ている感じがします。市民のためにがんばるおまわりさんは出世できないとか。裁判所も同じ境遇なのでしょうか。

瀬木　今のキャリアシステムの下では、多数派の裁判官の精神的な荒廃、能力的な低下が、徐々に進行しているということです。

日本の裁判所と世界の裁判所

清水　お話の中で日本の裁判所とアメリカの裁判所の違いというのがたびたび出てきますが、日本の裁判所というのは、世界の裁判所と比べたときに、どう違うのでしょうか？　かなり特殊な世界だと考えた方がいい？

瀬木　まず、法律の体系を大きく二つにわけると、大陸法系と英米法系があります。大陸法系国といわれるドイツやフランスでは、法律の条文があって、これを学者や裁判官が解釈する。日本は基本的にこちらを輸入しました。一方、イギリスやアメリカの場合には、判例法といいまして、裁判官が作る判例が、基本的な「法」なんです。もちろん制定法もありますが、それは補足的で、基本的には、「裁判官が法をつくる」。だから、社会の中での裁判官の格付けは高い。イギリスやアメリカでは、国民が権力と対決する場所というのは、常に裁判所だったんです。そこでだんだん法が作られて、イギリスだと、王様といえども法に従わざるをえなくなる。これは、世界史のイギリスの部分で、高校生でも勉強しますね。残念ながら、先生もその意味を十分に理解していないので、みんな、忘れてしまうわけですが（笑）。

清水　国会議員を裁く法律も国会で決定するというやり方では、政権に都合のいい法律しかできない。

瀬木　日本のように行政官が多くの法案を作るというやり方では、行政に都合のいい法律しかできてきません。

そして、日本では、よく、「裁判の結論というのはムラがなくて、均一でなければいけない」みたいなことを、これはメディアもいうんですけど、アメリカの考え方だと、裁判官によって結論が違うのは当たり前。結論が違っていろいろ議論も出る中で、非常に民主的な判決や先進的な判決も出てくるし、間違った判決は、上訴で正せばいい、という考え方なんです。

清水　英米では新しい判例が法になっていくわけですね。日本は逆に過去の判例ばかり気にしているようです。判事、検察官、弁護士、みんなが過去の判例探しをやっていたりする。

瀬木　もちろん、英米でも過去の判例は重要ですが、でも、アメリカの判例は、近年ちょっと怪しくなってきたとはいえ、基本的には民主的で未来志向です。ヨーロッパでも、だんだん英米法的な思想や志向も取り入れるようになって、国民参加の参審制なんかをやるようになってきています。また、たとえば、オランダ、ベルギーのような小国では、弁護士経験者から裁判官を任用する英米的な法曹一元制度も、それぞれ八割、五割という大きな割合で取り入れて、民主化を図っているんです（「オランダ・ベルギーにおける弁護士任官調査最終報告書」日弁連裁判官制度改革・地域司法計画推進本部）。

清水　弁護士経験者から八割ですか。それは驚きです。

瀬木　このように、イギリス、アメリカが、ことにアメリカが、司法という面ではより民主主義的ですが、今では、世界中がそういう方向へ進みつつある。その中で日本だけが、これまでもお話ししたとおり、逆行しているんです。裁判・司法制度の基本が古い上に、逆行している。国連で、「日本の刑事司法は中世並みである」とアフリカの委員から批判されたことがありますが、それは、先進国の中で逆行しているというレベルではなくて、もはや、世界水準でみても逆行している、ということなんです。そうでなければ、そこまで強いことは言わない。

清水　日本の刑事裁判は、ドイツなどのまねをして作られたという経緯を聞いたことがありますが。

瀬木　戦前の刑事訴訟法の基本はそうですね。戦後はアメリカの影響が強くなりましたが、実際の制度は、似て非なるものです。一般的に、日本の法は、大体基本はドイツ、あるいはフランス。そして、戦後になってアメリカの影響も大きい、というところです。

清水　一〇〇年くらい不変だったと聞いたことがありますが。

瀬木　いや、旧刑事訴訟法ができたのは大正で、それまではフランス法系だったので、一度大きく変わっているはずです。

いずれにしても、現在の日本の問題の一つがそこにあって、日本の法や制度全般についていえることですが、戦前に受け継いだドイツやフランスの制度を元にして、それをだんだんいじって改良しているうちに、ガラパゴス的進化をして、世界標準からだんだん外れたものになりつつある、というところがあります。刑事では、戦後に刑事訴訟法をアメリカ的に作り直したんですけど、それを換骨奪胎してしまって、結局は、アメリカ的な刑事司法とは全く違った形になっているんです。

清水　そのガラパゴス的な進化の延長線上に、今の裁判所があり、裁判官がいるという形ですね。

瀬木　ガラパゴス的な制度というのは、行政とか法学も含めてそうですね。ある意味では、公法的な制度全体も、法学も、ガラパゴス的ではないかといわれています。これは僕だけの意見ではなくて、先進的な学者はよくそういうと思います。

清水　日本国内とか、政府の話を聞いていると、日本は先進的というようなことをよくいいますけど、一つひとつ見ていくと、長く止まったままになっているものが多いんですね。

瀬木　政府もそうですし、最近はテレビも日本をほめるようなことばかりいっている。でも、『ニッポンの裁判』を通してお読み頂ければおわかりと思いますが、本当にこれで近代民主国家の水準に達しているのかというような裁判が平然と行われ、マスメディアもそれを放置している、あるいは、そもそも批判するだけの見識や知識をもっていない、というのが、残念ながら、事実です。人権や社会的価値にかかわる裁判の内容をみる限り、残念ながら、そういわざるをえない。

でも、それは裁判所だけかと思っていたら、学者になってさまざまな分野の人の話を聞くと、行政もそうだし、立法もそうだし、東大を中心とする官学もそうだし、マスメディアにもそういう傾向がある。もう、これは、日本の制度全体がそうなのではないかという気がするんです。前にも言ったことですが、確かに、広い意味でのテクノロジーや職人仕事やアートは一級、自然科学のノーベル賞も多いですし、国民性も、勤勉で礼儀正しいことは確か。けれども、一方、社会的・法的リテラシーはまだ十分とはいえず、民主主義や自由主義の基盤も脆弱。それが事実だと思うし、実際、欧米の知識人や自由主義者たちの評価もそうでしょう。つまり、一級の部分とそうでない部分があると。でも、それは恥ずかしいことではない。一級の部分もあるのですから、そうでない部分も直視して、さまざまな意味で尊敬される国になってゆくべきではないかと思うのです。すべての面で一級の国などないわけですし。

清水　結局は明治時代からあまり変化していないということでしょうか。

瀬木　そうですね。ある意味、基本はそれほど変わっていないともいえると思います。明治時代には、それまでの蓄積があって、それは、確かに非常に高いものだった。法制度を整備するためにヨーロッパの大学に送られた人々が、トップに近い成績まで取っている。今だって、そんな人はまずいないわけですから、明治日本の底力は、確かにすごかったんです。それで、日本は、当時の他の開発途上国に先駆けて、いち早く富国強兵で制度を整えたんですけど、法的制度は、外向けに整備した面も強くて、やはり内容が薄かった。そして、今や、古いものがかえって足かせになってきている。

清水　で、気付くと中国や韓国に抜かれてしまいそうという。

瀬木　韓国は、昔からいろいろな側面で日本をフォローしていまして、とにかく日本に追い付きたい、追い越したいというのが、悲願なわけです。しかし、日本にならっていた裁判官制度については、非民主的であり、かつ腐敗してきているということから、近年、これをいっぺんに法曹一元制度に切り替えました。

清水　ずいぶんと思い切りがいいですね。日本ほど硬直化が進んでいないのか。

瀬木　韓国は、良くも悪しくも大きく振れる国ですね。でも、司法については、確かに進化が速いです。三四年前、僕がアメリカに留学した当時には、まだ、韓国の学者とか学生が、日本の教科書をそのまま使って勉強しているような状態だったんです。大きな後れを取っていた。韓国のインテリには、実は、日本語ができる人が多かったですから。今でも、日本の教科書は読まれていますし、僕のものなんかもある程度読まれていると聞いています。法科大学院についても、日本の問題をみた上で、そこに学んで、それよりは成功させた。法科大学院の受験でも英語を重視したり、国際性のある大きな弁護士事務所を整備したり、着々と日本に追い付き、追い越そうとしている。

清水　日本に追い付こうとしてたのに、よくみたら日本は失敗していたんですね（笑）。

瀬木　留学時代にも思いましたが、韓国の執念は、本当にすごいと思います。『絶望の裁判所』以降の僕の本も、出ると間もなく翻訳されて。それは、うれしいというよりも、やや空恐ろしい気がしましたね。本当によくみている。ぴったり後を付けながら隙あらば追い越そうとしているという感じです。日本の制度をこのままでやっていくと、これから何十年かして、日本の司法が韓国の法曹界に見下されるような日が来かねないと思うんです。

第3章

裁判とは何か

民事裁判とは何か

清水　これまで裁判官と裁判所についてうかがってきましたが、ここからは裁判そのものについて基本的なことを整理していきたいと思います。今更ですが、まず裁判を大きく分けると、民事訴訟と刑事訴訟に分かれます。刑事訴訟は、刑事訴訟法に則って犯罪などを裁く。こちらは比較的わかりやすいと思うんです。もう一方の民事がどういうものなのか、意外にわかっていない人が多いと思うんですね。民事訴訟にはどういうものがあるのか、具体例もふまえてお聞かせください。

瀬木　日本とかヨーロッパでは、広い意味での民事をまず大きく「民事」と「行政」に分けます。アメリカではあまりそういう分け方はしません。日本やヨーロッパでいう民事訴訟というのは、私《し》人《じん》間の事件なんです。個人対個人。内容的には損害賠償、つまりお金というのが一番多い。土地の明渡しとか、登記関係の請求とか、各種の差止めみたいなのもあります。たとえば、建築工事を止めてもらうとか、通行妨害をやめてもらうとか。

清水　そうですね。それが多くの人が何となく想像している民事訴訟だと思います。

瀬木　それから、行政訴訟というのは、いわば私人と権力の関係です。国とか地方公共団体等の権力との関係を律するのが行政訴訟で、これは、訴訟としては民事グループの中に入るんだけど、手続も、行政事件訴訟法によるので、少し違う部分が出てくる。

清水　具体的にはどんな風に違うのでしょうか。

瀬木　一般的な行政訴訟は、行政処分の取消し等を求めるようなものが普通で、損害賠償というのはあまりない。例外としては、たとえば住民訴訟の中の四号訴訟というのがあって、これは、地方自治体の代わりに住民が原告となり、違法行為をした公務員に、地方自治体に対して損害賠償を払わせる訴訟です。それから国家賠償も損害賠償請求ですが、これも行政訴訟の中に含めます。

清水　では、一旦まとめると民事訴訟は個人対個人。行政訴訟は個人と国等の権力との訴訟ということでいいですね。

瀬木　そうです。沖縄の基地関係の事件を始めとして、このごろは行政訴訟が話題になることが結構多くなってきていますね。

それから、憲法訴訟という言葉がありますが、これは、行政であることもあり、民事であることもあり、要するに憲法上の論点が争点になっているような訴訟を憲法訴訟と呼んでいる。これは、法律上、憲法訴訟という特殊なものがあるわけではないです。

清水　圧倒的に普通の民事裁判が多いと思いますけども、どれぐらいの比率になりますかね。

瀬木　東京地裁で考えてみるとわかりやすいと思うんですが、今五一の民事部があって、行政訴訟をやっているのは、そのうちで四部です。これは東京だから部が多いのであって、地方であれば、もっと割合は少ない。行政訴訟の件数は限られています。これは、本当に勝てないので、起こす人が少ないということもあります。

清水　民事訴訟では、どういった形で決着がつくケースが多いのでしょうか。

瀬木　戦後、割合はおおむね一定していています。近年は一時消費者金融の過払金返還請求訴訟が多くて、それが全体の形に影響していたんですが、そういうものを度外視して考えると、大体、判決が半分、それ以外が半分。判決のうちで、対席判決といわれるものが全体の三割くらいですね。両方が出てきてちゃんと争った結果の判決を対席判決というんですが、それが三割。

清水　判決までいくということですね。

瀬木　はい。それから、被告のほうが実際上もう争う気がなくて出てこない。それで、すぐ終わるという事件。民事訴訟法学上の欠席判決というのは、また別の意味があるんですけど、日本で普通に欠席判決というと、これなんですね。これが二割足らず。

清水　案外多いですね。

瀬木　そうです。何だかんだいって払わないけど、訴えられれば争わないというのはよくあることです。それから、和解が三割余り。和解について重要なのは、欠席判決みたいな事件は、和解にならないで終わってしまうので、和解になる事件の多くは争いがある事件だということです。だから、争いがある事件の中で考えると、半分は和解で終わっているといえます。争いのある事件の半分が判決で、半分が和解。

清水　一度整理しますが、対席判決が三割、欠席判決が二割、和解が三割ぐらいのイメージですね。他には？

瀬木　残りの二割足らずが、取下げです。裁判を起こしたけど、もうやめちゃうという。

清水　これも結構多い感じがしますが。

瀬木　これは、実際には和解が多いんです。訴えられて、もうどうしようもないから、じゃあ、和解しましょうということで、訴訟外で和解する。それで取り下げるというのが多いので、これは、実質からいうと、和解の仲間なんです。やってみたけどもうダメだからあきらめて取り下げようというのもありますが、それはごくわずか。取下げというのは、裁判所の中でしているか外でしているかの差で、実質は和解の仲間だと思っていい。

清水　そうすると本当に争っている事件というのは全体の大体六割と思えばいいですね。処理件数というのは、やはり裁判官の方の評価に結び付くという話がありますよね。

瀬木　そうですね。平均的な裁判官はまずは件数で評価される。

ただ、僕はよく、裁判官の忙しさは、数だけみて判断してはダメだということをいうんです。ほとんど争わない事件が三〇〇件あるのと本気で争う事件が一〇件あるのとでは、一〇件のほうが重いということは、十分にありうる。そして、僕の感覚では、難しい事件の三分の二近くは、和解で終わっています。だから、和解というのは、解決の形としては、非常に重要だということです。

清水　民事裁判官としては判決文まで書いて一件処理ですよね。和解で終わっても一件？

瀬木　それは全く同じなんです。勤務評定上はね（笑）。

清水　取下げも一件？

瀬木　取下げも一件です。

清水　ならば要は早く終えたほうが、たくさん仕事をしたということになる。

瀬木　まさにそうです。おっしゃるとおりで、特に、司法制度改革で、二〇〇三年に「裁判の迅速化に関する法律」というガイドラインができて、原則として第一審は二年以内に終えるということになった。これは、もちろん、僕が裁判官になったころみたいに非常に遅いというのもよくないんですけど、やっぱり、今みたいに早く早くということだけをいうと、裁判官は、どうしても、ある程度和解を押し付けてでも、なるべく早く落としてしまおう、「処理」してしまおう、としたがりますね。

清水　処理って、原告、被告にはなんか厳しい言葉ですね。

瀬木　本当にそうでしょう。日本の裁判所は昔から「処理」という言葉を使いますが、この言葉に、その「思想」が表されていますね。当事者は、「処理」される対象。

裁判官の日常会話では、「先月は何件処理した、落とした」というものの言い方なんです。「三三件も処理した。和解で一五件も落としたぞ」といったふうにね。

清水　やはり数ですか。

瀬木　ええ。所長等の管理者も、自分の成績になるので気にします。ともかく早く早くということが強調された結果、一番大事な「適切な判断」より、早く「落とす」ことが目標になった。そのためには、和解を押し付けても、強要してでも、やってしまえ、ということになる。判決を書かなくてすみますからね。

また、判決を書く場合には、事大主義的に大勢に従う。考えなくていいですし、安全ですから。それから、コピーアンドペーストで、当事者の出した準備書面を適当に整理して、一丁上がりの判決を書く。まさに裁判官たちのいうとおり、「処理」という傾向がどんどん強くなっていて、反面、紛争の本質をみて、それに従って想像力を行使して、適正な判断を下す、そういうところが、非常に弱くなっています。人証調べの件数なども、どんどん減っています。ろくに調べもしないで裁判をするという傾向です。

清水　そのコピーアンドペーストというのは、訴状とか、起訴状みたいなものをコピペするような形でしょうか。

瀬木　主として最終準備書面ですね。民事訴訟規則が改正されて裁判官のほうで当事者に出してもらいたいものについては、「電磁文書を出してください」というふうに求めることができるんです（民事訴訟規則三条の二）。最終準備書面というのは、最後のまとめ書面ですから、自分が勝たせたいと思う側の最終準備書面を適当に整理すれば、判決は簡単にできてしまうわけです。これを「コピペ判決」というらしいんですけど（笑）。

ちなみに、僕は、当事者に電磁文書を提出させたことは、一度もありませんでした。

清水　電磁文書を求める、つまりＰＣで書かれたものならば簡単にコピペができるからですよね。手書きだと写すのが大変ですもんね（笑）。判決というより大学生の論文みたいなイメージをもってしまいます。

瀬木　若くて能力の乏しい裁判官を中心に、コピペ判決が増えている。実は、相対的な人気の低下や、学生の考える力の低下によって、裁判官の能力は下がりつつあるんです。弁護士のほうでも、そういうことを見越して、ことに若くて頼りない裁判官だと、コピペできるような最終準備書面を書いてあげる。そういうことが近年増えています。

さらに、近年の若手裁判官は、大事務所を勝たせるという傾向も強い。権力とか、力をもっているもののほうを勝たせる。国や地方公共団体はもちろん、大企業も。

昔はさすがにそういうことは考えにくかったんです。少なくとも、大事務所だから勝たせるということはなかった。

清水　報道記者でも他の人の書いたものをコピペして記事にし、問題になったりするケースがあるんですけど、まさか裁判官がコピペ判決と聞いて、正直とても驚いています。頭で考えるということを放棄していますし、著作権にもひっかかりそうです（笑）。

瀬木　これは、裁判のあり方の問題でもあって、判決書というものについて、日本では、とにかく長く、細かく書くのがいいという伝統になっていました。でも、長いからといっていい判決ということはなくて、むしろ適度な長さで的確なものがいい。これは、実は、論文等でも同じなんです。アメリカやイギリスの控訴審以上の判決では、それが普通です。でも、日本では、やたら長くて、にもかかわらずわかりにくかったり、肝心の中心的なところがほとんど書いてなかったり、事実と法律の結び付きが弱かったりという傾向が従来からあったのが、コピペ判決が増えて、いよいよそれがひどくなった。

清水　確かに判決文を読んでいると、やたらと長くて、意味がわからないものがありますね。しかも結局は起訴状に情状を付け足しただけというようなものも多い。

瀬木　そうでしょう。長いということが、むしろ、韜晦《とうかい》、ごまかしの手段になっている場合がままある。そんなことだったら、むしろ、簡単な判決でいいから、結論と根拠だけを的確に示してもらったほうが、よほどいいと思うんです。アメリカの判決には、内容の善し悪しは別として、ごまかしはあまりないんです。

「押し付け和解」が生まれる理由

瀬木　裁判で何より重要なのは、「適切・公正な判断」ということです。迅速はその次です。和解についても、裁判官の適切・公正な心証があって、それに基づいて適切な和解をするのならいいんですが、先ほど申し上げたとおり、日本では、裁判官が押し付け、強要で和解をするということが結構ある。しかも、近年、その傾向がさらに強まっているといわれているんです。

清水　処理件数を増やすために和解を強要していると考えていいわけですね。

瀬木　たとえば、インターネットで検索すると、裁判所に訴えたけれど、すごく不明瞭・不透明な形で無理やり和解で片付けられて、それが大変不満である、というような書き込みがたくさん出てきます。場合によっては、自分のほうの弁護士も裁判官と一緒になっていたような気がして、本当に自分のために考えてくれたのか、疑ってしまうと。こうした不満は、日本の和解の非常に不透明なやり方に大きな原因があります。

清水　取材していて、そういう話を聞いたことがあります。弁護士は一体誰の味方なんだと、怒っていた人もいましたね。実際、そこまで民事裁判の件数は多いのでしょうか。

瀬木　民事訴訟の数は、ある時期をピークにして激減していて、これはさっきの過払金返還訴訟がピークを過ぎて減っただけだという人もいるんですが、それ以外の事件でみても、ほぼ横ばいか、あるいは少し減っている。司法制度改革で弁護士は激増、裁判官も三割も増えたのに、そうなんです。また、僕がやめる前の四、五年を考えても、だんだん難しい事件が減ってきていた。つまり、当事者が必死で争う事件の割合が確実に減ってきている感じがしたんです。

清水　それはどんな理由があるのでしょうか？

瀬木　おそらく、裁判がだんだん信用されなくなっているのではないでしょうか。裁判なんかしても、押し付け和解か、勝っても足して二で割るような判決で、あまり意味がないから、話合いで解決してしまう。あるいは、弁護士どうしの話合いで終えてしまう。そういう例が増えているのではないかと思います。その大きな原因の一つが不透明な和解。せっかく裁判を起こしたのに、足して二で割る、あるいはそれをさらに抑え込むような形で処理する。何のために訴えを起こしたのかわからない。そういう不満が広まって、裁判なんかやっても徒労だという認識が、だんだん広がっているのではないかなと。

これは、二冊の新書に記したとおり、二〇〇〇年以降に三回行われた広範なアンケート調査の結果でも、民事訴訟利用者の満足度が二割前後ときわめて低いことからも、裏付けられると思います。

清水　それはよくわかります。この和解の不透明さというのは、日本特有のものなのでしょうか？それとも和解のやり方に違いがあるとか？

瀬木　日本特有の問題です。日本の和解は、いわゆる対席和解、双方の当事者が裁判官をまじえて話すというのではなくて、裁判官が当事者の一方ずつと和解する交互面接の和解なんです。裁判官が、まず当事者の一方と話し、それから他方と話し、また一方と話し、というふうに、交互に双方の話を聞きながら進めてゆく。しかし、英米法系の国では、裁判官が一方だけから話を聞くということは絶対にやりません。つまり、そこで相手が裁判官に何を言っているかわからないし、裁判官が何を答えたかもわからないし、他方は、そこで言われたことに反駁《はんばく》できない、反論の機会がない。

そういうことは手続保障の基本原則に反し、手続的に不透明だからよくないということで、対席の和解しかやらないんです。

清水　確かに双方が別の論点で話をしていても、裁判官から聞かされない限りわかりませんね。それで和解といわれても納得感が低そうです。

瀬木　そして、調べてみると、大陸法系のドイツやフランスでも、やはり、日本みたいな和解はしてないようなんです。そもそも、フランスでは基本的に和解がほとんどないといわれています。これは国民性ですね。

清水　そううかがうと日本の和解の不思議さが見えてきます。

瀬木　なぜ日本ではこうした一方ずつの和解をやっているかというと、実は、弁護士たちも、これに反対する人は少ないんです。対席でお互いの言い分を言い合うと、喧嘩になってしまって和解なんかできない、そう考える人が弁護士にも多いんですね。

清水　一般社会では、それを欠席裁判というような気もしますが（笑）。

瀬木　でも、一方ずつの和解をやると、裁判官は、いくらでも駆け引きができるわけです。実に巧《こう》緻《ち》な和解のテクニックがあるわけで。『ニッポンの裁判』には「和解のテクニックは騙《だま》しと脅《おど》しのテクニック？」という章を設けましたから、民事訴訟をやろうという人や訴えられた人、あるいは企業の法務部で働くような人は、裁判官の手の内を知るという意味で、ここはぜひ読んでおいて頂くといいと思います。もちろん、和解には、公正な意味での技術もありますが、それとは違う、不公正な意味での技術、つまり一種の騙し、脅しの技術があるわけです。

清水　具体的な例で教えてください。

瀬木　そうですね。たとえば、裁判官が、非常に強い態度に出て、そこに、「私の言うことを聞かなければ、負かしますよ」という言外のニュアンスを漂わせる。あるいは、「こんなにいい案を出してあげているのに、あなたはのめないのか」と恫喝《どうかつ》的にやる。あるいは、最初からこの事件は和解でやると決めてしまって、当事者の言うことはとりあえずていねいに聞くけれども、その上で、「この和解しかないですよ」と繰り返し言い聞かせて、長時間かけて懐柔して和解する。そんなふうに、いろいろなパターンがありますね。

清水　なんだか聞くほどに裁判から遠ざかっているような。

瀬木　裁判官が、きちんと心証を取り、その心証に従ってある程度の説得をするというのであれば許されますが、ある範囲を超えれば、恫喝ですよね。だって、裁判官は、すべてを決められるわけですから。

清水　瀬木さんが見聞きした中で、これは特にひどいというものはありますか。

瀬木　最近の例を一つ挙げてみますと、ある事務総局系のエリート裁判官が、和解の話が思うように進まないので激高してしまって、「和解する気がないんですね、もう知らないから！」と言って、記録を机に叩き付けて退席してしまったそうです。

清水　想像以上のひどさでした（笑）。

瀬木　結局、裁判所で和解できないので、当事者は、しょうがなくて、判決後に訴訟外で和解の話合いを続けたということです。この裁判官は、別の事件でも、最後の詰めの段階で当事者本人が妥協を渋っていたら、「裁判所はもうこれ以上和解をあっせんする気はない！　払うの、払わないの？　払わないならもう知らないからね！」というふうに当事者本人をどなりつけて、「払います」

と言わせたというんです。これも、やはり、普通の人だったら本当に肝をつぶしてしまうと思うんです。裁判官から、それもベテランの裁判官からそんなふうにどなりつけられたら。
清水　言われた原告や被告、弁護士たちはどんな反応でしょうか。
瀬木　弁護士たちも、双方が、あんな和解のやり方は絶対おかしいと言っているわけです。非常に問題が大きい。この例は事務総局系のエリート裁判官ですが、上昇志向の強い人ほどこうした恫喝的な和解をしがちであるというのもあります。内省力に乏しい裁判官の思い込み、自信の強さも、押し付け和解の原因になります。
清水　しかし裁判の数は減っているんですよね。
瀬木　はい、減っているんです。数の上では、ある時期をピークとして相当減っている。だから、裁判官たちはかなりゆとりができてきているはずなんですよ。「日本の裁判官は世界的にみても多忙」というのも、なぜか、左翼系を中心に多くの法律家が、またジャーナリストがいいたがることですが、実をいうと「神話」だと思います。高度専門職としては普通の忙しさですし、かつ事件数減少、裁判官三割増ですから、そんなに極端に多忙とはいえないはずです。一方、そんな状況なのに、手間のかかる人証調べなどはやらなくなってきている。
　一つ例を挙げると、もう二六年も前ですが、大阪高裁にいたとき、年末に用事で刑事部の裁判官室を訪ねたら、陪席裁判官が一人で年賀状を書いていたことがありました。さすがに少しあわてでましたけどね。刑事の暇なところはものすごく暇だと、昔からいわれています。
　また、僕の初任時代などは、ある大都市に全然仕事をしない裁判長が数人いて、その部に配属された判事補は一年にいくつかくらいしか判決を書かなかったという例もあります（笑）。こっちは民事。

　これらが極端な例だとしても、明らかに、「日本の裁判官の多忙は誇張されすぎ」です。精神的な執務環境はあまりよくないかもしれませんが、それには制度の問題も大きいし、また、僕からみると、仕事の仕方の役人的な非効率性、無意味な宴会や会合が多すぎる、といった問題もありました。いつまでも役所に居残っている行政官僚たちと同じような問題です。

清水　日本もアメリカみたいな訴訟社会になるのでは、という話が一時期あったので、てっきり訴訟が増え、忙しくなっているのかと思っていたんですが。

瀬木　全然、そうはなっていないんです。なぜ司法制度改革をやったのか、何のために弁護士を激増させたのか。裁判官を三割も増やしたのか。それは当然、訴訟が増える、ことに民事訴訟が増えるということを前提にしていたんです。ところが、実際には、全然そうなっていない。一体何のために司法制度改革をやったのかという根本的なところが問われているんです。

清水　やはり訴訟が増えるという前提だったんですね。和解の無理強いは、制度全体にも悪影響を及ぼしていると。

瀬木　元有力な裁判官で現在も有名な弁護士の方から聞いたことがあるのですが、高裁で無理無体な和解をしなさいと言われたと。その方は、第一審の判決は明らかに間違っていると思うのだけれども、裁判官は、「和解しましょう。原判決を取り消す気はありません」と、それしか言わない。最高裁は法律審ですから事実関係で争っても取り上げてくれないので、仕方がないから和解した、ということがあったそうです。そんなふうに、元有力な裁判官であっても、裁判官が強く出れば、ある場合には和解せざるをえない。これがごく普通の弁護士なら、当然そうなるわけです。

清水　元裁判官でも和解をはねつけられないんですか。それは相当なものですね。

瀬木　裁判官は、強く出ようと思えばいくらでも強く出られる立場ですからね。こうした不透明な和解をいつまでもやっていていいのか。僕は、非常に疑問を感じます。裁判官がきちんとやれば、実際には、対席でもできるはずです。

清水　対席にして揉めてしまうと和解が減るというリスクを恐れているのでしょうか。

瀬木　確かに、対席にすれば、和解率はある程度減ります。裁判官が言っていることがまるわかりですし、相手方の言っていることもわかるわけですから。でも、その減る分というのは、おそらく、適正に減るのです。対席でできないような和解なら、当事者もちゃんと納得させられないわけだから、きちんと判決したほうが、公正でいいんです。

ほかの国でできていることが日本でなぜできないのか。できないとしたら、そういう努力を法律家がしていないからじゃないかと思うんです。裁判官の都合、また、場合によっては弁護士の都合で和解をしているのではないか。日本の和解は、そういわれても仕方がないところがある。

清水　なるほど。和解の数が減ることは、本来はプラスのはずだと。

瀬木　最近の裁判官の問題として強く指摘されるのが、まず、判決を書きたがらないこととその質の問題。若くて能力のない裁判官に典型的なように、コピーアンドペースト判決みたいな判決が多く、ちゃんと紛争の本質を考えて、重要な争点についてきちんと判断している判決が少ない。そして、もう一つが、これと連動して、必要以上に和解をしたがること。記録も十分に読まず、争点もきちんと整理せず、証拠もまだ十分に見ていない。それなのに早く和解をしたがる。自分の心証がまだはっきりしていないような段階でも和解をしたがる。

清水　判決を書きたくないことと、和解の強要はわかりやすい構図ですね。
瀬木　はい。たとえばこうしたことから、民事訴訟件数、また全体の民事事件件数の減少、そして、争いのある、骨のある事件の割合の減少といった事態が起きていると思います。そして、民事訴訟を経験した人の裁判に対する満足度も二割前後ときわめて低い。そういう結果になっているのだと思いますね。

一〇〇万円の印紙はなぜ必要なのか

清水　少し話は逸れますが、民事裁判で気になることがあります。民事で訴状を出すときには原告が印紙を貼りますよね。これが結構高額だったりします。
瀬木　はい、そうですね。
清水　あれは訴訟額というか、請求額に比例するんでしたね。
瀬木　大筋はそうですね。細かいことは、「民事訴訟費用等に関する法律」というので決まっているんですけど、大筋は、訴訟の対象の金額が大きくなれば、大きくなりますね。
清水　中には一〇〇万円ぐらいの印紙とかかっていうのもある。
瀬木　一〇〇万円くらいは、大きな事件なら、そこそこあると思います。
清水　この印紙の意味や存在というのが、裁判と無縁の人にはよくわからないのですが、一体何のために必要なのでしょうか。
瀬木　これは、訴訟を利用することについての手数料という趣旨ですね。

清水　我々が訴訟を起こしたいと思ったときに、裁判所は国のものですから、公務員の皆さんがやっているわけですね。

瀬木　そのとおりです。

清水　それ以外に費用がかかるという、その考え方をうかがいたいんです。

瀬木　裁判というのは、たとえば民事訴訟というのは、一つのサービスであるというふうに考えることもできます。一般的なサービス業のサービスとは違いますが、英語でいう広い意味での公的なサービスであると。公務員というのはパブリックサーバントですね。そういう点からみると、ほかの人が使わないサービスを求めるのですから、その費用の一部を手数料として負担してもらう。これは、どこの国でもあると思います。ただ、国によって高いか低いかの違いはあると思います。もっとも、もちろん、その手数料で、裁判官や書記官の給料とか、裁判所の費用が全部まかなえるわけでは全くないですが。

清水　たとえば一〇万円ぐらい印紙を貼り、それで裁判をやりますよね。その原告が勝ちましたという場合は、その請求の中に裁判費用というのを入れているものなんでしょうか？

瀬木　訴訟費用については、勝った割合と負けた割合に応じて負担するというのが普通です。だから、全部勝てば、相手が全部負担しますし、金額で七割勝った場合には、相手が七割、自分も三割負担することになります。だから、勝てば手数料分も被告から取り立てられる。

ここで大きな問題は、弁護士に払う費用です。これは、国に払う費用ではありませんが、普通に当事者が負担する訴訟費用の中では際立って大きいわけです。そして、日本では、自分の弁護士費用は、勝ち負けにかかわらず自分のほうで払うという原則になっているんです。これは、国際的にみると、割合少ない。勝ったほうは、相手から自分の弁護士費用の相当部分も取り立てられるという制度を基本にしている国が多いんですね。

清水　日本は勝っても負けても結局は金がかかりますね。

瀬木　そうですね。学者たちは、基本は、敗訴者負担にすべきだといっており、僕もそう思います。それでは不当という場合には、いろいろ調整すればいい。たとえば、民事訴訟には、自分の名誉のためにやる、勝つことが重要で、勝っても金額は小さいという訴訟は、かなりあります。でも、勝っても一〇〇万円しか入らない訴訟で、弁護士さんの報酬に二〇〇万円かかってしまえば、金銭的には完全にマイナスになってしまう。これは不当ではないかと学者は昔からいっているんですけど、弁護士会が強く反対していて、なかなか、日本では、そういう方向へ進まないですね。自分の利害もかかわる問題になると、弁護士、弁護士会も動きが鈍くなりがちなことは、さっきの和解もそうですが、よくあります。

清水　とすると、たとえば詐欺にあったりして、金銭的に非常に厳しい状況に追いやられた人がいたとします。それで、裁判をして少しでも取り返したいのに、その裁判費用がないから裁判はできない、というようなこともありうるわけですね。

瀬木　費用については、訴訟上の救助とか、法律扶助といった制度もあります。負ければ最終的には払わなくちゃいけないんですけど、とりあえずは払わないですむという制度ですね。ただ、この制度は未発達で、恵まれない利用者にとってあまり親切な制度ではないです。これは、日本のさまざまな制度全般についていえることですが。

清水　裁判に訴える人は、恵まれない人も多いような気がするんですけど。

瀬木　そうですね。たとえばヨーロッパだと、貧困であれば訴訟費用は払わなくてよいとか、あるいは、訴訟の種類によっては勝ち負けにかかわらず負担しなくてよいとか、さまざまな調整の制度があるのです。こういう部分では、ヨーロッパは、民主主義の歴史が長いので、進んでいる。今後は、日本でも、そういうことを考えていかなくてはいけないですね。

民事裁判官と刑事裁判官はどこで分かれるか

清水　瀬木さんは長らく民事系裁判官としてやってこられたわけですが、この民事系と刑事系というのは、どこで分かれるのでしょうか。また自分で選択する余地はあるのでしょうか。

瀬木　昔は、いわゆるエリートの部分では、民事系、刑事系が截然《せつぜん》と分かれていたんです。最初の配属の段階で、東京とか大阪あたりに一番成績のいい人が行く。希望もありますが、おおむね成績順に大きな裁判所から並べていった。それで、たとえば東京なんかだと、最初入ったのが民事か刑事かで、民事系か刑事系かが決まってしまうわけです。昔は、それでもう動かなかったんです。いわゆるエリート層については。

清水　最初の割り振りで決まってしまうと。人数的にはどういう割合なんでしょうか？

瀬木　裁判といえば普通の人が思い浮かべるのは刑事だと思います。戦後は社会が不安定で刑事事件が非常に多かったですし、アメリカ占領時代からしばらくは公安事件が重要だったので、刑事のほうが有力でした。最後の山が学生運動事件です。でも、だんだん社会が安定するにつれて、刑事事件は減っていく。日本は犯罪も殺人も世界で一番少ないほうの国ですから、ある時期から、民事系が圧倒的になりました。僕が裁判官になったのが一九七九年ですが、もうそのころには、民事優勢の方向が固まっていました。

清水　バランスは大きく民事にかたよっていったとして、その後の割り振りはどうなっていったんですか。

瀬木　新任の人の希望をある程度聞く時期もあったんですが、そうすると民事系の希望が圧倒的に多くて、希望が通らずに刑事になった人から非常に不満が出たりして、希望を聞くこともやめました。二〇〇〇年代の裁判員制度導入によって刑事系がしばらくの間権力を握りましたが、それも一時のことだと思います。

清水　数が少ない刑事系が権力を握ったんですか。

瀬木　これについては後でお話ししますが、裁判員制度というのは、刑事系トップの人たちが、これに賛成することによって、強烈な巻き返しを図ったわけです。それ以降、それまでずっと民事系できた優秀な人を突然刑事系に変えてしまうというような人事もありました。また、刑事系が優遇されるという事態もありました。

清水　裁判員裁判の知られざる姿という感じですが。

瀬木　まあ刑事系の支配がいつまでも続くとは思わないし、もう終わりかけていると思いますが、しかし、その時期に裁判所が一気に悪くなったことは、間違いないですね。

　刑事系というようなセクションは、本来は作らないほうがいい。要するに伝統的にそうなっていたからというだけのことであって。昔は、公安事件等審理の難しい事件が多かったから一定数必要だったかもしれないですが、現時点では、専門化した刑事裁判官というのは、かえって害のほうが大きいかもしれませんね。少なくとも多数は必要ない。たとえば僕がみたアメリカの州裁判所では、刑事は持ち回りでやっていました。日本よりもずっと犯罪は多いにもかかわらず。

清水 現在、新任の裁判官は、最初から民事系・刑事系に分かれているのでしょうか。

瀬木 現在は、配属希望は聞いていないと思うので、最高裁人事局で異動人員を適宜割り振って、あとは、その裁判所の中で所長とかが決めている傾向が強いと思いますけどね。

清水 民事系から刑事系へ動いたり、その逆というのはないのでしょうか。

瀬木 昔よりは今のほうが動いています。僕らのころは本当に動かなくて、たとえば、僕は、刑事と家裁は八カ月しかやっていないんです。留学から帰ってきたのが、向こうの学期との関係で六月だったので、中途半端な時期に、増員を求めていた地方の裁判所に入りました。そのときに民事に入る場所がなかったので、八カ月だけ刑事、家裁をやった(笑)。あとは全部民事なんです。

こういうことが、昔はごく普通だったんです。刑事系もしかりです。刑事系の人は刑事しかやらない。そういうあり方というのは、特に刑事系の専門化に弊害が大きい。検察官もそうですね。キャリアシステムで一体型の大きな組織になることによって、いろいろ弊害が出てくる。

清水 では海外の裁判所はどんな感じでしょうか。

瀬木 僕がアメリカでみて、ああ、これはこのほうがいいなと思ったのは、検察官がいわば中間ポストなんです。弁護士の中から、やりたい人が、比較的若い、元気のある時期に一定期間やるということが結構多くて。だから、僕の知っている限りでも、非常に正義感をもって社会正義のためにやっているというタイプの人が何人もいて、そういう人がやるから、仕事も適切なんです。起訴も適切だし、量刑の要求も適切だし、いろんな意味でいい。だから、アメリカでは取引をやっているというでしょ、司法取引。

清水　ええ。

瀬木　ああいうことは、検察官の正義感が前提として存在するから機能するのであって、日本みたいなタコツボ型ムラ社会で刑事に司法取引を安易に取り入れると、非常にダーティーなことになりやすいと思います。二〇一六年五月に改正刑事訴訟法が成立し、日本でも司法取引をやることに決まったのですが（二〇一八年六月までに実施）、これによって冤罪が増える危険性もありますね。よく監視してゆく必要があります。

まあ、警察だけはしょうがないですが、法律家の場合、刑事は、あまり専門化しないほうがいい。弁護士も、刑事専門の弁護士というのは、確かに立派な人もいるけれど、政治家、暴力団との関係が深いというような意味で、ダーティーな人も多いし、ちょっと常識、コモンセンスを欠くんじゃないかという人もいますね。

刑事裁判とは何か

清水　さて、ここからは刑事裁判についてお聞かせください。

瀬木　刑事裁判というのは非常にわかりやすくて、これはまさにモーセの十戒の時代から、人間としてしてはいけないことがあり、それを犯すと罰せられた。だから、おそらく、刑事裁判の起源は、すごく古いはずです。要するに、人間の集団がやってはいけないことを決めて、それを犯した人を裁くことが始まった時点で、刑事裁判は始まっている。こちらは非常にわかりやすいんです。だから、平均的な日本人は、民事のことには弱くても、刑事のことはまあわかる。

清水　裁くという考え方は二つあると思うんです。一つは復讐ですね。被害者の復讐感情から裁くという考え方。もう一つは社会全体のため。犯罪を犯すとこういうふうに裁かれるんだよという懲罰的な見せしめスタイル。この二つがあると思うんですよ。

瀬木　ありますね。

清水　当初はどんな目的だったんでしょうか。

瀬木　中世、ないし近代の始まりあたりのところでみますと、一つあるのは、私的な復讐、仇討ですね。これを許すかどうかという問題があると思うんです。それから、並行して、刑罰に復讐的な要素をどれくらい含ませるかということがあります。

清水　復讐の要素が強かったわけですね。

瀬木　これは日本でもそうだし、ヨーロッパでもそうですけど、私的な復讐を刑罰と並んで容認していたような国、時代もあります。たとえばイタリアなんかでも、昔の小説を読みますと、敵討《かたきう》ちは許していたのではないかと思います。日本でも、江戸時代は、武士としては、敵討ちをするのがすばらしいことであり、それを制度のほうでも許す、というようなことになっていました。

清水　なるほど。

瀬木　それがやがて禁止され、近代刑法になってから時間が経つにつれて、復讐という要素を裁判から排除していって、刑事裁判というのは、復讐ではなくて、犯罪にふさわしい罰を与えることだという考え方がまず確立した。これを「応報刑論」といいます。そのあと、だんだん「予防」のほうに刑罰の根拠を置く考え方も、強くなってきた。「目的刑論」といいます。簡単にいえば、今では、基本的にこの二つ、つまり応報および予防ということが、刑罰の根拠だというふうにされています。
清水　予防というのは、刑法で裁くことによって社会的にそれを知らしめて、二度と起きないようにする、再発防止をする、ということでしょうか。
瀬木　目的刑論には、一般予防論と特別予防論があります。一般予防論は、「刑罰の威嚇効果により一般人が犯罪におちいることを防止する」というもの、特別予防論は、「刑罰により犯罪者が再び犯罪におちいることを防止する」というものです。なお、教育刑論は目的刑論の一種であり、犯罪者の教育に重点を置きます。
　よりわかりやすくいいますと、一般予防というのは、犯罪に刑罰を科することによって、世間一般の人がああいうことをすると罰せられるんだと知ることで、犯罪が抑制されるということです。特別予防というのは、その犯罪者自体を収容して、隔離して、一定の教育をしたり、仕事をさせる。欧米なんかだと、そこで大学に準じた勉強ができるようなところもあるんですけど、そういうことで、教育して、ベターな人間にするということですね。この両方があるといわれています。
清水　なるほど。実際の予防、教育の結果はどうなんでしょうか。さまざまだとは思いますが。
瀬木　実際問題としては、僕の経験からしても、少年の場合には、少年院でよくなる子もいますけど、大人になってしまうと、ことに犯罪を繰り返しているような人の場合、刑罰によって改善されるということは、まず期待しにくい。だから、僕自身は、主としては応報が刑罰の根拠だと思っています。つまり、犯罪にかなっただけの報いを与えるということ。これは復讐とは違うんだということをわかって頂きたいんですけど。

清水　復讐は当事者間のイメージですから、司法が入るとそうは思わないでしょうね。

瀬木　はい。もう一つは一般予防。つまり、犯罪を罰することで、そうした犯罪がその後起こってくることを抑制する。この二つが現代における刑罰の大きな根拠ではないかと思います。それに付随して、これはできればそうあってほしいということですけど、その犯罪者自体の矯正、教育も、ある程度は含まれている。そんなところだと思います。

清水　では現実的な問題として、被害者救済という考えは刑事訴訟の中に入っているのでしょうか。それともいないのでしょうか。刑事事件にかかわる民事賠償請求なども多いですが。

瀬木　刑事訴訟というより、刑法の問題ですね。つまり刑罰の目的とは何かということですけど、広くいえば応報の中に被害者の救済も含めてはいるんだろうと思うんですが、おっしゃるとおり、近代の刑法理論というのは、被害者に対する視点が薄かったですね。あんまりそういうことを考えてこなかった。

清水　最近まで刑事裁判では被害者の遺族などは発言機会もほとんどなかった。

瀬木　被害者のほうの救済もちゃんとしなきゃいけないということがいわれるようになってきたのは、欧米でも、戦後かなり時間が経ってからじゃないですかね。日本では、ごく最近、やっとそういうことがいわれるようになったという印象です。

清水　傍聴席に被害者、関係者の席が設けられるようになった。こういうのもそういうことですね。

瀬木　そういうことの現れですね。それから、刑事手続に付随して、民事の損害賠償の決定がある程度簡単にもらえるようにしたという法律（「犯罪被害者等の権利利益の保護を図るための刑事手続に付随する措置に関する法律」）もありますので、以前に比べると、被害者が置いてけぼりということは、なくなってはきているわけです。

清水　私は、とても大事なことだと思います。

瀬木　そうですね。刑事司法は、これまでは、まずは国家の視点からのものであり、被害者の視点が欠けていました。

刑事系裁判官と裁判員制度の関係

清水　私たちが想像する刑事系裁判というと、殺人事件などが思い浮かびますが、実際にはどういう裁判が多いのでしょうか？

瀬木　ごく普通の刑事事件というのは、たとえば覚醒剤《かくせいざい》事件や交通事件ですね。朝から晩まで覚醒剤事件や交通事件で、一日一〇件以上やって、みんな型通りに認める。あるいは、争うにしても、大体は型がある。認める事件だったら、情状証人が出ておおむね同じようなことを言う。どうしても、新鮮味には乏しいわけです。

清水　確かに裁判所に行って公判予定を見ると、覚醒剤取締法違反ばかりずらーっと並んでいることもありますね。言葉は悪いですけど、傍聴していても面白くないから席はいつもガラガラです。

瀬木　刑事裁判が裁判官に人気のないもう一つの要素として、日本では、検察が起訴の権限を独占していて、圧倒的な力をもっている。検察が起訴する事件をセレクトする。そして、検察は、起訴した事件については、無罪になるのを異常に嫌がる。しかも、刑事系の裁判官と検察官というのは、東京のような大きな裁判所ほど関係が深くて、裁判官は、検察官がいうことを基本的に受け入れてしまう。一応、審査だけはするみたいな形です。少なくとも、最初から秤《はかり》の針が検察官のほうに振れている人が相当に多い。だから、裁判官というのは、表面上は立てられているけれども、実権は検察官が握っているようなところがあるわけです。これは日本の刑事司法の特徴として、海外の学者、専門家の間でも有名です。

清水　やはり刑事裁判は、検察主導で進んで行くイメージがあります。被告側もドラマのような白熱した無罪争いは滅多になくて、情状酌量を求めるものがほとんどですね。

瀬木　そうですね。そういう裁判は、言葉は悪いですが、おもしろくないですから、裁判官からも人気がない。さらに、日本は非常に犯罪の少ない国で、ことに殺人等の重大事案は減っている。それで、刑事系の人気は長いこと本当に落ち込んで、数も少なくなっていたというところで、裁判員制度導入の話があった。裁判員制度を導入するかどうかが問題になっていた時に、刑事系の有力な裁判官たち、そのとき一番上のほうにいた裁判官たちが、裁判員制度導入に賛成の方向へと、ある時期にがらっと態度を変えたんです。

清水　先ほどの話ですね。ぜひお聞きしたいところです。

瀬木　基本的には、日本の裁判官、特に刑事系の裁判官は、素人が入ってくるようなことには拒絶反応を示していた。それが、ある時期にがらっと変わった。それはなぜかというと、裁判員制度を導入すると、国民の司法参加ということで、そこにスポットライトが当たりますね。当然、刑事系裁判官というものも重視されて、刑事系が増員されたり、優秀な裁判官を取ったりできる。それから、何よりも、刑事系トップの裁判官たちが、出世コースの決定権、そのヘゲモニーを握ることができるということがあった。

清水　うーん、一部の裁判官が脚光を浴びるために、裁判員として国民が仕事を休んでまでして使われるというなら、それはたまらない制度ですよ。驚きます。

瀬木　実際に、裁判員制度導入前後、大体二〇〇〇年ごろから、刑事系の裁判官が事務総局等の重要ポストのかなりの部分を占めるという人事がなされるようになっているんです。実際の刑事系エリートは、一期六〇から七〇人の中でせいぜい二、三人、場合によっては一人くらいしかいないのに、刑事系が重要ポストのかなりの部分を占め、最高裁長官も二人続けて刑事から出た。竹﨑博允《たけさきひろのぶ》前長官なんかは、高裁長官から、ほかの一四人の先輩最高裁判事をすっ飛ばして、一気に最高裁長官になるという、非常に異例の形の出世をしました。このように、裁判員制度というのは、いわば、刑事系裁判官によって裁判所内部の権力争いに利用されたという面があるんです。

清水　裁判員制度導入の際は、さまざまな意見が出たり、危惧もされて、かなり話題になったわけですが、こんな別次元の話は初めて聞きました（笑）。

瀬木　僕は、裁判員制度の導入理由のうち、国民の司法参加はいいと思うんですよ。ところが、実際には、制度設計が本当におかしくて、制度がゆがんだものになってしまっている。それは、刑事系トップの裁判官たちが、権益確保のために、また、一時的にではあっても権力を奪取するために、これを利用したからです。その結果、刑事系裁判官の権益を守るために都合のいいような形に制度がねじ曲げられてしまっています。

清水　これはなかなか外の人間にはわかりづらいですね。たとえば一四人すっ飛ばして長官になった例などはこれまでになかった？

瀬木　きわめて異例であり、キャリアシステム出身の裁判官としては初めてですね。

清水　それは誰が決めるんですか。
瀬木　最高裁の長官は、憲法上、制度上は、内閣が指名して天皇が任命するのですが、実際には、基本的に、現長官が次の長官を選んでいます。内閣はそれを尊重するというのが原則ですね。それを破ってしまったのが、裁判所の統制を最初に強めた石田和外《かずと》氏が一九六九年に長官になったときです。とはいえ、一般的にも、政治の世界のお眼鏡にかなうような人を長官に選ぶという傾向は、もちろんありますけど。
清水　ここでまた政治の関与がちらつくんですね。

民事系裁判官からみた刑事系裁判官の特徴

清水　民事裁判と刑事裁判の違いはわかりましたが、裁判官はどうでしょうか。それぞれに違いがありますか？
瀬木　同じ裁判官といっても、民事系と刑事系では随分違いますね。まあ、僕自身が民事系に属していたので、いくぶんひいき目にみるということはあるかもしれませんが、一九九〇年代くらいまでは民事系のほうが、「裁判官らしい構え」というのを基本的にはもっていたなと思います。刑事系のほうが、予断が多く客観性や公正さに問題が大きい人が多いという気はしました。
清水　圧倒的な有罪判決率という現実がありますが、やはり結論ありきの状況がずっと続いているわけですよね。
瀬木　はい、はじめに結論ありきで、警察、検察というのは、事件を一定の方向からしかみないわけです。検察は、証拠によって一定のふるいはかけるでしょうけど、その後はやはり有罪一辺倒でしかみない。しかし、刑事裁判というのは、本来は、それとは違った観点から、「本当にそうなのか」という目でみなければいけない。それがまさに刑事裁判官、アメリカでは陪審員の役割です。

清水　普通の人々もそう思っていますよ。裁判で事実が明らかになると。

瀬木　ところが、日本の刑事裁判官は違うんですよ。「本当にそうなのか」ではなくて、「多分そうだろう」とみてしまう。もっといえば、残念ですが、刑事裁判官にとっては、被告人は、「奴ら」、「あいつら」であり、「どうしようもない奴らで、嘘つきで、やってるに決まってる」と、こういうふうに思考が進んでいくタイプの人が多いわけですね。

清水　奴ら、あいつら。そういう言葉が本当に出たりするんですか。

瀬木　「奴ら」、「あいつら」という言い方は、民事系の僕でも何回も聞いていますし、「嘘つき」というのも聞いたことはあります。

清水　ちょっと衝撃ですね。それはどういう場で出てくるのでしょうか。

瀬木　まあ、雑談ですよね。雑談の中で、ぽろっと出てくる。

清水　それは裁判官どうしの雑談ということですか。

瀬木　僕が裁判官だったころの同世代は、民事系と刑事系で截然と分かれていてあまり話す機会がなかったんですが、それでも、若いころにはある程度会いますし、ベテランになってからでも、同期の集まりなどでちょっと話す機会はありますよね。たとえばそういうときの会話で、刑事系の裁判官が、「奴ら、あいつら、嘘つき」みたいな言葉を使うのを聞いたことはありますし、実際しばしばそういうことを言う人がいるという話を、ほかの裁判官たちから聞いたこともあります。

清水　雑談の中で被告をそう呼ぶ。つまりそれは、最初から答えが出てしまっているわけじゃないですか。

瀬木　そうですね。刑事裁判でも、難しい事案はそうした思い込みのはたらく度合いが強くなりやすいですね。民事でも、「統治と支配」の根幹にふれるような事案、あるいは社会的な価値に大きくかかわる、これは僕が自分の本で使っている言葉ですが、「価値関係訴訟」などはそうです。日本型キャリアシステムの裁判官は、そういう思い込みをしやすい。だから、行政、憲法、それから刑事でも冤罪が争われる事件や再審関係なんかでは、そういう色が強く付いてくる場合が多いわけです。一方、ごく普通の純粋民事は、比較的そういう色が付きにくいわけです。

清水　なるほど。裁判官が何を考えているのかが、わかるような気がします。

瀬木　ただ、刑事裁判官のために一言弁解的な説明をしておくと、刑事裁判官として毎日毎日同じような事件をたくさんやっていると、中には、嘘をついている事案というのも結構あるわけです。つまり、証拠上ありえないような弁解をする事案が。刑事の単独法廷で、毎日同じような罪名で、朝から晩まで交通事件や覚醒剤事件等を型通りにやっていると、その中に明々白々な嘘をつく人はいるわけです。特に、覚醒剤事件なんかは出てきますよね。それで、長くそういうことを繰り返すうちに、だんだん、被告人、被疑者イコール「奴ら」、「あいつら」であり、「嘘つき」であるというふうに、どうしても考えるようになりやすい。

清水　警察なんて、容疑者に向かって「野郎」とか「てめえ」とか怒鳴るわけですし、マスコミだって似たようなものかもしれません。しかしさすがに裁判官には、国民は公平さを期待すると思いますよ。

瀬木　はい。刑事系でも、一定割合、一般的には良心的、良識的な裁判官はいます。ところが、そういう人でも、学生運動なんかに関しては、もう問答無用で「よくない」という考えをもっている場合がある（笑）。これはどうしてかというと、やはり、法廷での経験からそうなっているんです。「とにかく彼らにはまともな話など通じない」ということが前提になってしまっているんです。

清水　このあたりも警察組織に似てますよね。「左翼は危険」で決まりという感じで。

瀬木　そういう意味では、刑事系ばかりで経験を積むことがはたしてプラスなのかというところがある。民事系の場合には、確かに、難しい事件を審理するには、経験を積めば積むほどいいんだけど、刑事系の場合には、専門でやっていると、どうしても予断をもちやすくなる。だからこそ、アメリカでも、民事はプロの裁判官がいい、ことに難しい事件ではいいというのが割合一般的な考え方ですが、刑事については、素人の陪審がいいという人が、知識人をも含めて、非常に多いですね。これは、根拠があると思うんです。おそらく、刑事は、普通の人が何の思い込みもなくスッとみたほうが、そして、裁判官からは公開の法廷でアドバイスだけを受け、有罪無罪の結論は陪審員だけで考えたほうが、正しい結論が出やすいんだと思います。まあ、日本では、ここまで言い切る元裁判官は少ないのかと思いますが、僕はそう思いますね。

『不思議の国のアリス』と裁判

清水　瀬木さん御自身、民事をやっていて、庶民の気持ちがわかったような気がしたとか、逆に、後で思えばわかってなかったとか、そういうことはありますか。

瀬木　それは、前にも少しふれましたが、ありますよね。日本の裁判官は、本当に、僕はこの言葉自体は好きではないのですが、「上から目線」の傾向が強くて、普通の人の普通の価値観や考え方がわかっていないんです。僕の場合も、うつとの闘病、執筆・研究、ことに執筆というのは、人の気持ちがわからないと書けませんから、そういう経験の中で、初めて、先のようなことがわかるようになった。

そして、元裁判官の学者として本当に強く思うのは、やはり、日本の法律の仕組みや制度が、近代的な法律の形だけは受け継いでいるけど、それは、普通の市民、庶民、ことにいわゆる知識人ではないような人々にとっては非常になじみにくい、わかりにくいものだということです。これは、法的、制度的リテラシーの問題でもあるのですが。

たとえば、ルイス・キャロルの『不思議の国のアリス』という、誰でも御存知の童話があるんですけど、この『不思議の国のアリス』に、裁判のことが二回、しかもかなり高度な話が出てくるということを、清水さん、御存知ですか?

清水　いや、僕は読んだことがないですね。名前しか知りません。

瀬木　まず、鳥や獣が集まってするコーカスレースの後の、ネズミのお話。犬がネズミをつかまえて、おまえを裁判して有罪にしてやると言うんですね。そうすると、ネズミが答えて、「でも、裁判官も陪審員もいないじゃないですか」と反論するんです。すると、犬が、「判事も陪審も俺がやる。すべて一人で裁いて、おまえを死刑にしてやる」と言うんです。これが、まさにありえないナンセンスな、シュールレアリスティックな裁判として語られていることに注意してください。この童話は、元々そういう童話ですからね。でも、これって、「検事が全部決めてしまって、判事も裁判員もあんまり関係ない」というふうにみれば、まさに日本の刑事裁判を揶揄《やゆ》しているようにもとれるでしょう?

清水　日本の刑事裁判にたとえるとすると、裁判官と検察官が一緒に、その物語の中の犬になってしまっているというふうに思ってしまってていいわけですね。

瀬木　そんな感じですね。僕は、「検察官が判事と陪審を兼ねてしまう」ととりましたが、清水さんは、「検察官と刑事裁判官が一緒に犬になって、俺たちが有罪だといえば有罪なんだ、と言う」ととるわけですね。何だか、刑事裁判に関する清水さんの苦い認識と体験が反映した解釈ですね(笑)。

それからもう一つは、クライマックスが、何と裁判なんですよ。「誰がタルトを盗んだのか?」という章名があって、ハートの女王のタルトを盗んだのは誰か、という裁判なんですけど、ここで、まず、「アリスはこれまで法廷に入ったことはありませんでしたが、本からの知識でそこにいるものの名はほぼ全部知っていたのでうれしくなりました」という記述があるんです。「あれが判事だわ。大きなかつらをかぶっているから。そしてあれが陪審員席で、あの一二の生き物は陪審員たち(jurors)だと思うわ」とアリスが言うんですけど、アリスはこの陪審員という正確な言葉を知っていたのが非常に得意で、自分くらいの年ではその正確な意味を知っている者は少ないだろうと思って、得意になって繰り返してみたと。「しかし実際には、子供の言葉なら陪審の人たち(jury-men)でも十分だったのです」という記述が続くんですね。

もっとあとのほうをみていくと、たとえば、裁判所侮辱になったテンジクネズミが「制圧された」、つまり「拍手したので拘束された」というのが出てきて、そこで、役人たちがその騒いだテンジクネズミを袋に放り込むのを見て、アリスが、「ああ、裁判所侮辱による拘束ってああいうことなのね。初めてわかったわ」と思うところとか、アリスを不思議の国に導いた白ウサギが、王様に、「この証人は陛下が反対尋問をし（cross- examine）なければいけませんよ」と言うと、王様が「しなければならないなら、しょうがないからやるか」と答えるところとかがある。

清水　ずいぶん裁判の話ばかりなんですね。タイトルからは考えられない。

瀬木　はい。それから、最後に、裁判長をやっているハートの王様は面倒な裁判を早く終えたいものだから、「早く陪審員に評決させよ、評決させよ」と言う。と、女王が、「いや。刑の言渡し（sentence）が先、評決（verdict）は後じゃ」と言うわけです。もちろん、本来は、陪審員が「評決」で有罪無罪を決めて、裁判官がそれに基づいて刑の言渡しをやるのですが、女王は、これをひっくり返して、ナンセンスなことを言う。すると、アリスが、「先に言渡しをするなんてばかげてるわ」と言って、それでトランプをひっくり返して、そこで目が覚める。

清水　今までうかがった話に置き換えると、ものすごく当てはまるものがある。

瀬木　この童話がいつ出版されたかというと、一八六五年、日本では、まだ江戸時代なんです。明治時代の直前ごろに書かれているんだけど、そのころのイギリスの上流の小学校低学年の女の子は、明らかに、今の話くらいの裁判に関する知識があった、あるいは少なくとも理解できたんです。『不思議の国のアリス』は、キャロルが、知人の娘であるアリスのために書いたもので、アリスは、キャロルの一番のお気に入りでしたから、もちろん、賢い少女だったのだろうと思いますけど、それにしても、今の日本で、この童話の中のアリス程度の知識がある子供というのは、小学校高学年でも少ないでしょう。まあ、中学生ですよね。だから、皆、子供のころにこの童話は読んでいても、裁判の部分は忘れちゃう。感覚がないから。

つまり、そこが、日本の近代の「厚みの不足」ということなんです。日本の子供がアリス並みの法的リテラシーを獲得するには、まだ何十年もかかるでしょう。そうすると、イギリスとの開きは、ある意味では、ざっと一八〇ないし二〇〇年かということにもなるわけです、少なくともそういう部分では。

清水　日本だったらお白州で、市中引き回し、はりつけ、獄門という時代ですよね。

瀬木　まさに大岡越前、遠山の金さんの時代に、もう、イギリスでは、裁判官というものは国民を代表して裁判をやり、その裁判によって法が作られていくということ、そして、裁判は適正な手続に従ってやらなくてはいけなくて、当然のことながら、まず陪審の評決があってから裁判官がそれに基づいて刑を言い渡すんだということが、上流階級の子供なら、わかっていた。キャロルは、実は、教育的な童話も書いているのですが、『不思議の国のアリス』では、子供たちを教育するつもりは全然なかったと思います。でも、実は、こういう童話によっても、子供たちは自然に教育されるわけです。「裁判というのはそういうものなんだ、筋を通さなければいけないんだ」と。だから、ナンセンスな童話だけど、押さえるべきところはちゃんと押さえているわけです。

清水　そういった時代から裁判があって、しかも時代に合わせて変革していくというのがヨーロッパの裁判の歴史なんですね。

瀬木　そうですね。イギリスでは、裁判の歴史は、ある意味、人々が王権に対して少しずつ権利を獲得してゆく過程そのものですからね。

『ニッポンの裁判』の感想として一定あったのが、「制度の話に比べると裁判の話はやや難しい」

というものでした。まあ、『ニッポンの裁判』の分析は、実際、かなりハイレベルなものではあるのです。「判決の、表には現れていない秘められた論理を、実証的に読み解く」ということですから。だから、法に慣れていない日本人にはやや難しい。でも、実際、そういう裁判によって、社会も、人々の生活も、律されていることは明らかなんです。その意味では、「裁判批判・分析」は「司法制度批判・分析」以上に重要ですから。そのことは、誰かが分析し、語らなければならないと思ったのです。日本の学者、法律家には、普通の市民の言葉で語れる人はもちろん、他分野の知識人と共通の言葉をもつ人も多くはない。リベラルアーツや社会科学一般の素養のある人もハイレベル弁護士の一部くらいで、多くはない。そういう状況で、自分にできることはしたいと思いました。

第4章
刑事司法の闇

足利事件――冤罪はなぜ生まれるか

清水　私はこれまで事件取材をするなかで、警察や検察、そして刑事裁判というものに多くの疑問を抱いてきました。なぜ冤罪が生まれるのか、どうして真実が明らかにされないままなのか。ここでは私が取材してきた事件を題材にして、刑事司法の問題点についてうかがいたいと思います。「足利事件」について、瀬木さんは御承知だと思いますが、まず簡単に概要をお話しします。一九九〇年に栃木県足利市でパチンコ店から誘拐された四歳の女の子が、殺害され、遺体で見つかった。それから一年半後に菅家《すがや》利和《としかず》さんが逮捕されるんです。

瀬木　性的なこともからんでいるんですよね。

清水　そうです。いたずらをしたと。任意同行されて一三時間以上経過したところで、菅家さんは犯行を自白したとされていました。のちに否定されるのですがDNA型鑑定による物証もあり、自供と物証という有力な証拠がそろっていた。菅家さんは第六回の公判で、自白は強要されたものだったとして、全面否認に転じるのですが、結局、有罪判決が下ります。無期懲役でした。

瀬木　これについては、そんなやってもいない重大事件を一三時間で自白するなんてことがあるのかと、学者でもみんなそう言うんですよ。「えっ、なんで一三時間で自白するの？」って。でも、実際に弁護士に会う機会も滅多にない中で、密室に閉じ込められて、一三時間、耳元でどなられると、本当に感覚が麻痺してしまうんです。普通の精神状態じゃなくなってしまうので、神経の細い人だと、それだけで、ありえないような重罪について認めてしまうことも起こりうる。重い犯罪ほど警察の恫喝も激しくなりますから、そういう意味では大変こわいんです。

こうした「人質司法」をやっているかぎり、冤罪は決してなくならないと思います。

清水　その菅家さんなんですけども、追い込まれて、追い込まれて、もうどうしようもない、この人たちに「知らないです」と言い続けても、結局、聞いてもらえないことはもうわかった。いくらやってもダメなんだから、これはもうあとは裁判で、裁判官ならばわかってくれるだろうと考えてしまった。菅家さんの言葉を借りると、裁判が始まったら、何も言わなくても、裁判官が無実を見抜いてくれる。大岡越前みたいな人が出てきて、私が座っていたら、なんでそんな嘘を自供したんだと、全部、見抜いてくれる。そういうふうに彼は信じていたんですよね。

瀬木　そういう例は、ほかにもありますね。日本人が裁判、裁判官、司法に対してもっている古い、根の深い幻想から、そういうことは起こりやすい。

清水　それぐらい裁判官を神さまみたいに思っていたんですけども、実際は、自供したから菅家さんは供述調書を取られているわけですね。それを裁判官は見て、ならばなぜ自供したんだという話になります。第六回公判以降、やってないんですと目の前にいる菅家さんが裁判官に言っても、結局、全然、聞いてもらえなかった。このへんが普通の人には非常にわかりづらいんですよね。

瀬木　ここは日本の刑事裁判官がおかしいんです。刑事訴訟法上は、調書よりも法廷での供述のほうが重要だという成り立ちになっているんですが、日本の刑事裁判官の特性で、警察や検察のつくった供述調書を非常に重視しがちです。法廷にきてから一生懸命弁解しても、ちっとも聞いてもらえないで有罪になったという例が、冤罪のケースでは、ほぼすべてといっていいくらいです。

清水　裁判官の目前にいる被告の言葉より、過去に被告が一度口にしたことを紙にした資料の方が重視されるわけですよね。

瀬木　これも、世界・欧米標準を大きく外れていますね。ここには、「自白偏重」ということが一つあるんです。日本みたいに、とにかく自白させてから起訴するというのは、欧米標準ではあまりない。直接証拠が絶対的に重要で、自白というのはそんなに重視しないし、また、日本みたいな人質司法ではないですから、弁護士立会いの下でしか被疑者を調べられない。日本の自白偏重、自白を取るための人質司法の許容は、実に異例であって、だから、「中世並み」といわれるわけです。

清水　容疑者が弁護士と接見する前に、とにかく「落とせ」って感じですね。

瀬木　そうです。自白をあまりにも偏重しすぎるんです。これは韓国も実はそうだったんだなってよくわかるのが、『殺人の追憶』（ポン・ジュノ監督、二〇〇三年）という映画です。この映画、刑事たちが主人公で、快楽殺人の連続殺人犯を追っているわけですけど、映画の前半では、ずっと拷問をやっているんです。それを、刑事のほうの視点から描いている。そこでの拷問の描き方、これが、ややユーモラスに描いているんです。そこはちょっと疑問を感じるんですけど、でも、おそらく、あそこには、韓国の人たちのある種の痛みがあるんだろうと思うんですよ。

　自分たちは軍政を許し、軍政下でこういう拷問を許していたと。そのことに対する複雑な思いが、この『殺人の追憶』からは伝わってきます。だから、韓国では、民主化した後、司法についても、ああいうことはもうやめなきゃいけないという意見が強く出てきているのではないかと思います。それが映画にも反映していると。

でも、たとえば、日本では、そういうことを真正面から取り上げること自体がないじゃないですか。そんなところにも、やっぱり、日本と韓国の、自由に対する切実さの、意識の程度の違いがありますよ。みずから血を流して民主化をやったということの意味は、やはり大きい。

起訴権の独占の弊害

清水　こうした自白偏重、人質司法が冤罪を生むと。冤罪というものはやはり、けっこう数があるものとみたほうがいいのでしょうか。

瀬木　僕は、割合的にみても、かなりあると思っています。

清水　そもそも日本は無罪判決が少なくて、有罪ばかりになると言われています。それはなぜでしょうか。刑事裁判の九九％以上が……。

瀬木　九九・九％です。

清水　といわれてますね。九九・九％有罪判決が下ると。つまり起訴されたら、有罪になってしまうという現状があるんですけども。

瀬木　まず有罪ですね。

清水　これが、どういうシステムでこうなっているのかということを、まずうかがいたいんですが。

瀬木　まず第一に、日本では、検察が起訴について絶対的な権力をもって独占してしまっているということです。たとえば、英米法系の国々では、大陪審、予備審問といった制度がありまして、大陪審では、一般の人がそれを監視するんです。日本にも検察審査会というのがありますけど、これは、起訴する方向でしか働かないし、権力も小さいです。アメリカの場合には、検察官の起訴が適正かどうかをみて、起訴しようとしているけど不適切だとして大陪審がはねつけることもよくあるんですね。そういうふうに起訴を監視する何らかの仕組みが、普通、欧米ではあります。

清水　日本の場合はそういった監視システムがないと。

瀬木　はい。起訴については、検察が独占してしまっている。かつ、日本では検察官もキャリアシステムをとっていますから、個人ではなく組織として動く。しかも、裁判所と違うところは、裁判官は「やめてしまえばただの人」と昔からいわれていて、最高裁長官でも、やめてしまうと、権力や影響力を失う場合が多いんです。だけど検察の場合は、「検事総長なんてまだ決定権をもたない小僧っ子」というくらい、ＯＢの力が強いといわれています。そのＯＢたちの一番上のほうは、もちろん政治の奥の院とつながっているでしょう。国策捜査なんていうものが行われる一つの根本的な原因は、こういう検察の体質、一体性、それから根元で権力の大元とつながっていることにあると思います。

清水　またも権力、政治とのつながりが浮上してきましたね。このあたりも大変に興味深いのでまた後ほどうかがいたいのですが、ここではとりあえず起訴の独占について続けましょう。

瀬木　検察が起訴権を独占していることの、冤罪とは反対方向の弊害として、ちょっと立証が難しいような事件は、絶対起訴しない、ということもあるんです。そうすると、一方で、強姦とか、あるいは横領なんかで、被害者泣き寝入りということが、すごく出てくるんです。

清水　事件を取材していると本当によく出てきますね。それどころか「これは検察官が起訴しないぞ」という雰囲気が先にみえてくると、警察も捜査しなかったりします。もしも有罪判決が出なかったら一大事だ、という感じがします。

瀬木　僕からみると、何というか、異常な感覚ですよね。検察万能、全能が前提のシステムで。まあ、これは、日本では僕の感覚のほうが例外なのかもしれませんが。

一方、起訴すると、今度は、検察官は、もう、異常に有罪にこだわります。これまた、本当に、ちょっと異常じゃないかというレベルです。たとえば、令状請求一つ却下しただけで、大変なことになる。令状請求について却下しようかどうか考えて後輩の検察官に電話したことがあるんです。そうしたら、正気を失ったようなものすごい口調で反論してきた。要するに、僕は割合却下をするほうの裁判官だったので、却下されるんじゃないかという恐怖感からなんですね。

清水　それは捜査令状ですか。

瀬木　勾留状です。

清水　勾留令状でそんなに激しく反論してくるんですね。

瀬木　勾留請求一つで、そういうふうに、正気を失った、わめきたてるような感じで反論してくる。ましてや無罪となったら、もう大変なわけですよ。大きく出世にかかわるわけです。

清水　今、おっしゃった検察官がわめくように連絡してくるときの言葉は、どういう感じなのでしょうか。たとえば裁判官が上位でそれにお伺いをする、つまり「ここはなんとかしていただけませんでしょうか」みたいなものなのか、それとも上から「なんでこれが出ないんですか」という感じで来るのか。

瀬木　後者のほうですね。
清水　後者のほう？
瀬木　ええ。これがまさに裁判官や検察官によくある、実にいやらしいところの一つなんです。上の人には非常にていねいなんですが、下の人とか、あまり接する機会のない人には、非常に乱暴な、無礼な言葉遣いをする人が多いんです。
清水　そういう検察官から見た場合、無罪判決を書く裁判官というのは、どういう存在なんでしょうか。
瀬木　まさに仇敵みたいなものでしょうね。そして、無罪判決が多い裁判官は、出世上も不利になりやすい。無罪判決を何十件も書いて、かつ、割合中核的なところで仕事をしていらっしゃった裁判官もありますが、それはあくまで例外です。
清水　起訴したら有罪、令状却下しようとすれば大騒ぎ。まさに結論ありきの世界ですね。
瀬木　そうなんです。そして、実は、一番してはいけないことになっているらしいのが、再審の開始なんです。再審の開始でも、DNA型鑑定が間違っていたとか、真犯人が出てきたとか、そういう場合は明白だからいいんです。しかし、証拠の総合的な評価みたいなことで、再審を開始したとしますね。そうすると、その裁判官の将来に非常に影響する。これは、先輩の有力な裁判官に聞いたことですから、間違いないと思います。
清水　ということは、再審の弁護団が証拠開示請求などやっていますよね。それを真に受けると……。
瀬木　証拠開示は、最近の刑事訴訟法改正で、以前に比べるとかなりやるようになりましたから、それはまた別のことです。

清水　ただ、開示させたことによって新しい証拠がわかってしまい、結果、再審を開くような経緯になった場合は、裁判官の将来に影響を与えるということになりませんか。

瀬木　要するに問題は結論ですね。先ほどの例のような明々白々の場合を除き、再審開始決定をすれば、その裁判官の将来に影響が出る可能性が相当に高いということです。こうした報復は、常にそうですが、いつどうなるかわからないところが恐ろしいわけです。でも、まずは間違いなく、ある段階で響いてきます。

清水　それは平たく言うと、異動であるとか、そういうことですね。

瀬木　そのとおりです。異動と昇進ですね。

清水　響くのは確かだが、実態は闇の中でよくわからないと。

瀬木　そうです。刑事には、民事に比べても、非常に権力的で、かつ深い「闇」の部分があると思います。良心的な民事系裁判官は、皆そう言っていました。

清水　司法全体をみたときに、再審をやるということについて、どういうふうに受け止められているんでしょうか。

瀬木　検察は、一番イヤですよ。いっぺん固まってしまったものを、ひっくり返すわけですから。たとえば、袴田事件の場合、裁判官が非常に勇敢で身柄を釈放しましたけど、死刑が確定していた人を解放するわけですから、検察としては、まさに顔に泥を塗られるということになりますね。刑事裁判官たちもそれに近い。刑事裁判官と検察というのは、日本の場合には、多少強い言葉を使えば、中核のほうでは一体に近いようなところさえあるんです。だから、当然、再審は、裁判所としてもいやがる。

清水　検察側は一回固めたものを崩されるわけですからよくわかるんですけど、裁判所としても、一度下した判決ということですよね。

瀬木　ええ、検察ほどではないとしても、同じですね。最高裁までいって確定したものを、またくつがえすわけですから。

清水　つまり先輩裁判官たちが一度下した判決が間違っているかもしれないと、まず認めるわけですね。それが再審ですよね。そして判決となれば、やっぱり間違っていましたと言うわけですね。

瀬木　そうです。まず再審開始決定があって、そのあとで再審理が行われ、その結果、判決が出ます。しかし、日本では、再審が開始されると間違いなく無罪になるので、結局、再審開始決定のほうが広く報道される。逆にいえば、絶対無罪という心証がないと、再審開始すらしてもらえないということです。たとえ良心的な裁判官の場合であっても。

清水　やっぱり裁判所としてはやりたくないということですね。

瀬木　ごく一部の良心的な裁判官の場合を除けば、全体としては、そうですね。でも、これまた非常に日本的なことであって、自分たちの面子のことばかり考えていて、冤罪で苦しむ人たちのことなど何とも思っていないということになると思います。

　でも、一時、それでも裁判所が比較的果敢に再審を認めた時代もあったんです。

清水　一九八〇年代に重大事案をやっていましたよね。免田《めんだ》事件などの確定死刑判決の再審開始ですね。

瀬木　そうですね。八〇年代に、四大死刑冤罪事件というのがあって、再審で無罪になった。でも、あの時代をピークとして、また悪くなってきて、最近は「再審冬の時代だ」と専門家の弁護士たちは言っています。ＤＮＡ型鑑定が間違っていたとか、真犯人が出たとか、そういう明々白々な事案以外では、ほぼ再審を認めなくなってきたといわれているんです。非常に恐ろしいことです。

清水　その意図というのは、結局、裁判所が間違うはずないんだという思い込みなのでしょうか。それとも、単にプライドとか。

瀬木　両方でしょうね。まさに、刑事裁判官の中の権力的な人たちというのは、自分のやった裁判は絶対間違ってないという思いが非常に強いですし。それから面子のようなものですね。さらに、秩序維持、社会防衛というような観点でのゆがんだ感覚もあるでしょう。

清水　とはいえ、検察官が起訴したものは九九・九％有罪とするんだ、という考えで裁判を進行していったら、どこかで冤罪が起きてしまうのではないでしょうか。人間だったら誤りはあるでしょう。

瀬木　先ほどお話ししたように、四〇年近くの裁判官生活の中で、約三〇件の無罪を確定させた裁判官もいるんです。一方、ほかの刑事系の裁判官は無罪はほとんどなし、ということなんですね。

でも、ある裁判官のところにだけ無罪事件が集まったということは、きわめて考えにくいじゃないですか。要するに、本来なら、おそらくほかの人たちにも三〇件くらいはあるんですよ。少なめにみて一人二〇とか一五だって、相当な数です。

清水　三〇件、無罪判決を出した裁判官がいるんですか。

瀬木　いますね。木谷明《きたにあきら》さんといって、『ニッポンの裁判』の刑事裁判の章についても査読をし、意見も述べてくださった方です（法政大学法科大学院教授を経て現弁護士）。この方は、無罪をたくさん出して、例外的に冷遇されなかった方だという感じがします。判決の完成度が高かったということもあるんだと思います。

清水　私も冤罪事件の取材は何度かやってきたんですけれども、正直、そんなに数はないだろうなと勝手に思っていました。

瀬木　いや、おそらく、たくさんありますよ。日本の刑事判決を読んでいるとそう感じます。確かに、重罪では、比較的厚い捜査をする場合が多いでしょうから、割合としては少ないかもしれないですが。ただ、重罪ではなくても、非常にシリアスな冤罪がありますね。その一つの典型が痴漢冤罪です。

清水　確かに痴漢冤罪の話はよく聞きますね。間違えられないように満員電車の中ではいつも両手でつり革につかまっているとか。

瀬木　はい。痴漢冤罪は非常にシリアスで、社会的地位も失いますから、みんな必死で争う。証拠も薄いことが多いから、冤罪が問題になりやすいですし、比較的無罪も出やすい。でも、それ以外の小さな事件でも、実際には冤罪だというのは、たくさんあると思うんです。

清水　私ですらまだ裁判所への期待が高すぎるんですね。

瀬木　それからもう一つ、団藤重光《だんどうしげみつ》という元東大の教授がいました。考え方としては正統的な保守系の学者ですが、この方が『死刑廃止論』（有斐閣）という本を出しているんです。そして、団藤氏がこれを書くようになったきっかけ、一番大きな理由は、明治時代以来、無罪でありながら、処刑された死刑囚が非常にたくさんいるんじゃないかと思うようになった、ということのようなんです。

戦後の刑事裁判でもこんなにひどいわけですから、戦前の裁判がいかにひどかったか。その中で死刑になった人には、無罪という例がおそらくかなりあった。

北関東連続幼女誘拐殺人事件——誤っていたDNA型鑑定

瀬木　今度は僕のほうからおたずねしたいんですけど、清水さんが『殺人犯はそこにいる——隠蔽《いんぺい》された北関東連続幼女誘拐殺人事件』（新潮文庫）という本の中で、問題にされていることとして、北関東連続幼女誘拐殺人事件の実際の犯人であると思われる人に手が付かない状態にあるというのがあります。

清水　漫画の「ルパン三世」に似た男ですね。私たちはルパンと呼んでいました。

瀬木　ええ、そのルパンに警察が手を付けない状態になっている。そのあたりについて、ちょっとお話を。

清水　まず順番にお話ししたいと思うんですけど、栃木と群馬の県境で幼女の誘拐・殺人事件が複数起きていました。先ほどの菅家さんがつかまった足利事件もその一つです。全部で五件ですが、最終的にはこれらは別個の事件として処理されたり、未解決事件となっていたりした。しかし調べていくと、実は足利事件で逮捕された菅家さんは当初、連続事件の犯人としてみられていたんです。ところが菅家さんが連続事件の犯人だとすると、逮捕された後にも群馬で幼女の誘拐事件が起きているというのが納得できない。

瀬木　ありえないですね。

清水　ということで、更に調べていったら、足利事件が発生した日に現場の近くで、幼女を連れた怪しい男の存在が浮上してきた。その男が連続事件の犯人の条件を満たしていたんです。
瀬木　本のテーマですね。
清水　そう。それがルパンという男です。その流れで、菅家さんの当時の捜査状況を調べていくとどうやら冤罪の可能性が高い。ならば犯人はルパンで、菅家さんは違うんじゃないのかと仮説を立てたんです。
瀬木　まさに経験主義的な仮説の立て方ですよね。
清水　菅家さんは、現場に残されていた犯人の精液とDNA型が一致したとされ、それが物証になっていた。ただし当時のDNA型鑑定はまだ初期のもので危うげな感じがしていました。だから最新の方法でDNAの再鑑定をすべきだという報道を続けたのです。実際に再鑑定が実施されたらやはりそうで、菅家さんは犯人ではなかったことが明らかになった。
瀬木　ここが一番衝撃的なところですね。
清水　一方で、ルパンという男のほうのDNA型は完全に一致していたという状態です。普通に考えて、このルパンが少なくとも足利事件に関わっているということは明白なわけです。
瀬木　公訴時効の問題で、確か一つの事件だけはまだ時効にかかってなくて、捜査しようと思えばできると書かれていましたよね。それはどの事件ですか。
清水　菅家さんが逮捕された後に起きている、群馬県の横山ゆかりちゃん事件です。彼女はいまだに行方不明なんです。ですから、事件容疑もはっきりしていないわけです。万一ですが、他の事件同様に殺人だったとしても現在は時効がない。どこかに監禁しているとしたら、もちろん犯罪行為が連続しているという状況になるので、これも時効がないという考えでいいと思うんです。

瀬木　殺人罪については、最近、公訴時効がなくなったこととの関係ですね。

清水　そうです。連続事件の犯人の条件を満たす男、ルパンがいるわけですから、時効になった四件も含めて捜査をしていけば、横山ゆかりちゃん事件も解決につながるかもしれないという考えです。

瀬木　にもかかわらず、警察が動かないというのは、どういうことなんでしょうか？

清水　警察や検察の考え方としては、足利事件はすでに一五年が経過してしまって、これは時効制度が改正される前に時効期間が経過してしまっているから捜査はもうできない。終わっているんだという考え方で、タッチしようとしないわけです。

瀬木　それはそれでわかります。

清水　それで、横山ゆかりちゃん事件の捜査はやっているんだと。それがルパンという男の犯行かどうかわからないと、こういうことのようです。これが一応表向きの理由なんですけども。

もともと菅家さんが逮捕された理由というのは、科学警察研究所のDNA型鑑定が一致したということと、そこから追い込まれて自供させられたからです。ならば普通に考えたら、当時のMCT118というDNA型鑑定が間違っていたということになるはずです。ところが菅家さんが釈放された後も、まだ当時の鑑定は正しかったんだというのが検察、警察の言い分なんです。

これは何をいっているかというと、当時の鑑定方法は、たとえていえば、ざるの目が粗かったと。その一つの目の中に菅家さんも真犯人も入っていた。しかし現在のSTRという鑑定方法はこの目が細かくなったから識別ができるようになったんだと。だから当時のMCT118型鑑定も間違っていなかったけど、絞り込み切れなかったから、こういう不幸が起きたんだ。こういう馬鹿げた言い分というか、言い訳になっているんです。
しかしルパンという男は最新の鑑定方法であるＳＴＲの三三種類の鑑定結果が完全に一致してしまっているんですね。
瀬木　だとしたら、非常に精度は高いわけじゃないですか。
清水　そうなんです。これは五〇億分の一以上の確率といわれています。つまり地球上に一人といってもいいぐらいの可能性で一致しているんです。ところが最新型のＳＴＲ鑑定で全部一致しているのに、科警研の旧型のＭＣＴ118鑑定だけ型が一致しないんです。ということは何を言っているかというと、当時の鑑定が間違っていたということがこれで証明されてしまうわけです。
瀬木　それが「まずい」ということですか。
清水　そうです。これは何が起きるかというと、当時の鑑定のＭＣＴ118法というのは、これまで八件の事件の判決文の中でふれられているんです。足利事件、他の事件などですでに八件のうち二件が怪しくなっていて、今、三件目も怪しくなってきている。そうすると科警研の当時の鑑定、全部ダメじゃんという話になる可能性が高い。
瀬木　科学裁判の神話が崩壊してしまうということですね。また、鑑定が決め手になっているほかの事件も冤罪の可能性が高いと。
清水　問題は、その八件のなかの一つである飯塚事件です。この事件では、すでに死刑が執行されてしまっているのです。実際に飯塚事件は再審請求がされており、第一審では棄却されているのですが、その決定のなかでＭＣＴ118を証拠から排除しているんです（福岡地裁二〇一四年〔平成二六年〕

三月三一日)。つまり死刑判決となった根拠の一つがなくなってしまったのです。

瀬木　より正確には、「DNA型鑑定には慎重に評価すべき状況が生じているが、確定記録中の全証拠と併せて総合評価した結果、確定判決における事実認定について合理的疑いは生じず、弁護人提出の新証拠には明白性が認められない」という、そういう論理の流れの決定ですね。

でも、この言い方も実にあいまいで、引っかかりますね。確かに、清水さんのおっしゃるとおり、実質上は排除しているのでしょうね。

いずれにせよ、誤っていたDNA型鑑定が重要証拠、おそらくは決め手の証拠になっていた飯塚事件で死刑が執行されてしまったというのは、僕が、『殺人犯はそこにいる』を読んで真に慄然《りつぜん》とした部分です。

清水　弁護側にとっては、あのDNA型鑑定は全部でたらめだったじゃないかという話になってくるわけですし、さらにDNA型鑑定だけに留まらず、科学警察研究所の鑑定なんて当てになるのかという、全体論に波及する可能性もあります。こうしたすべてを覚悟しないと、ルパンの逮捕はできない。

瀬木　そこは、僕は、法律家としての感覚からみると、科学警察研究所の鑑定全体の信用性に波及するという問題より、DNA型鑑定が重要な証拠として有罪になった裁判がくつがえされるような結果になるのがすごくこわいんじゃないかなと思いますけど。

清水　どういうことですか。

瀬木　つまり、古いDNA型鑑定がダメだったということになれば、それが重要な証拠になっていた裁判はすべて怪しいということになるわけですよね。ここが一番困るんじゃないかと思うんです。

ことに、飯塚事件については、死刑が執行されてしまっているわけですから。

清水　そうですね。それで飯塚事件でも、結局は、あの鑑定は現状では証拠になりえないんだということで実質上排除されたんだと思うんです。でも、それを排除すると、残る証拠はいよいよか細い情況証拠、車の目撃証言などの乏しいものしか残らない。

瀬木　足利事件の菅家さんが釈放されたのは検察によってでしたよね。

清水　検察が指揮して、釈放命令書を書いたんです。

瀬木　あれは本当に異例で、普通なら絶対にありえない。ああいうことをする一つの原因としては、DNA型鑑定の問題性が明らかになって追及されると困るというのが、強くあったのではないかと思うのですけど。

清水　当時、まさにそういう流れでしたね。さっさと終わらせて、再審をやって、無罪判決。釈放したからそれでいいだろう、実質的な審理は不要だと検察はずっと主張していた。

瀬木　そうですよね。袴田事件再審開始決定で裁判所が釈放したのは、裁判官の英断で、「この人がやっているわけはない」という判断から釈放した。でも、足利事件のように当事者である検察が釈放するというのは、面子に非常にこだわる検察の普通のあり方を考えると、本当に異例なんです。この本当に異例な出来事の背景には、科警研のDNA型鑑定が問題とされ、批判の対象になるのを避けたかった、そういうことが、ありうるということですかね？

清水　そう思っていいと思います。本当にこれが表に出ることが致命的だと考えていたと思います。

瀬木　そうですよね。

清水　瀬木さんがおっしゃるように、全体で八件の事件があり、その中に飯塚事件が含まれている。

これは法務省としても、検察としても、やはり絶対にふれられたくないという部分であり、一義的にはこっちだと思います。その先に科警研の鑑定が全部ダメになるのではないかというのはありますが、まずこっちでしょうね、順番は。おっしゃるとおりだと思います。

瀬木　冤罪について少し補足しておきますと、たとえば、清水さんや僕が冤罪に引っかかるということは、比較的起こりにくいんです。ある程度名前を知られているとか、ある程度の社会的地位があるとか、そういう人が引っかかることは比較的少ない。そういうものを何ももたない、社会的にも弱い位置にあるような人はきわめて危ないし、住所不定だったりすると、もっと危ない。

清水　住所不定、無職なんて聞くと、すぐに怪しいと感じるということでしょうか。

瀬木　そうですね。はっきりいってしまえば、日本のシステムは、そういうシステムです。予断、人質司法。そして、いったん引っかかってしまったら抜けられない。

裁判官は鑑定書をちゃんと理解しているか

清水　これは刑事でも、民事でもそうなんですけど、たとえば検察官なり、代理人などからいろいろ証拠が出てきますよね。大学教授の名前のものだったり、どこかの研究所のものだったり。

瀬木　鑑定書ですね。

清水　刑事事件だと、科学警察研究所とかから、いろいろ出てくるわけですね。科学的なもので、けっこう専門用語や難しい言葉が連続して出てきたり、さらにグラフやわかりにくい写真があったりします。そういうものについて、裁判官は実際どのくらい読んで、理解しているのかということをお聞きしたいんです。もう一つ、出てきた鑑定書の執筆者の肩書きや研究機関の名前というのは、判断に影響するのかというところですね。

瀬木　民事の場合、裁判所が採用した証拠調べとしての正規の「鑑定」に基づく鑑定書と、当事者が出してくる鑑定書とでは、信頼性に一定の差があります。それでも、医療訴訟などでは、当事者の出すものでもきちんとしているものが比較的多い。

　刑事の鑑定については、僕自身は直接読んだ経験はないですが、自然科学的なものが多いですから、医療訴訟等の場合に準じるのでしょうかね。

　そして、鑑定書についても、日本の刑事裁判は、判断の仕方が非常に恣意的です。民事は、それなりにきちんと読むのですが、刑事は、自分の判断に都合の悪いものは簡単にはねちゃうし、逆に都合のいいものは、その内容を精査しないで無批判に受け入れるという傾向をやはり感じるんです。

　それがあまりにもはなはだしいので、精神医学鑑定の意見は原則として十分に尊重すべきだという最高裁判例まで出ている有様です（二〇〇八年〔平成二〇年〕四月二五日判決）。非常に権力志向的な日本の最高裁がこういう判断をあえてするほど、ひどいわけです。

清水　やはりそうなんですね。

瀬木　何のために鑑定をするかといいますと、要するに、裁判官は一般的な世の中の普通の知識、法則、これを法律の言葉では「経験則」といい、それに従って裁判をするのですが、専門的な経験則になると、よくわからないことも出てくる。したがって、その専門的な経験則と、それの事実への当てはめの結果を聞くために、鑑定をするんです。

　だから、鑑定した以上は、まず第一にそれを尊重する。それから、その鑑定の内容を詳細に分析して、正しいかどうかもちゃんとみる。この作業が必要なのですが、民事に比べると、やはり刑事のほうが、鑑定の扱いが恣意的に感じられます。当事者提出の鑑定書についてもそうですね。

清水　刑事裁判では、検察が起訴状など、ありとあらゆるものを出してきますよね。それを無批判に受け入れているという現状がやはりあるんですか。

瀬木　日本の場合、比喩的にいえば、裁判官の前に出てくるものが、いわば、もう全部調理されて、料理になって出てきてしまうわけです。裁判員裁判であると、ことにその傾向が強くなる。アメリカの場合には、材料が出てきて、それを普通の人がみんなで、裁判官の法的な説明を聞きながら、一生懸命考えるという感じです。これは、映画を御覧になってもわかると思います。一方、日本では、加工された料理がスパッと出てきて、「これが食えないのか?」みたいな感じになりやすい(笑)。で、結果として、検察官の出すものはほとんどOKということになる。だから、「推定無罪」というのが近代刑事司法の絶対的な原則なのに、日本の刑事裁判では、ほとんどの刑事裁判官が、明らかに「推定有罪」の意識をもっています。これはこわい。

清水　起訴状と判決文って、そっくりなものが多いですよ。

瀬木　確かにそうですね。レトリックがほとんど同じですね。

陪審制と裁判員制度の違い

清水　今も日本とアメリカの裁判の違いの話が出てきましたが、日本の裁判員制度とアメリカの陪審制、これは具体的に何が違うのでしょうか?　そして、裁判員制度の導入は、刑事裁判のさまざまな問題の解決につながっているのでしょうか？

瀬木　国民の司法参加という裁判員制度の趣旨自体は正当ですが、できた制度には非常に問題が大きい。問題点は、大きく四つあります。

第一に、まず一番大きな点が、裁判員裁判の評決なんです。

アメリカの刑事陪審は全員一致です。全員一致の評決に至らないと、評決不成立で、陪審員を選び直します。もう一度トライアルをやるんです。イギリスだと、少数意見がごくわずかの場合には、評決成立にします。

ところが、日本の裁判員裁判は、過半数で決まるんですね。多数決です。裁判体は、裁判員六人と裁判官三人の九人で構成され、裁判官も裁判員も一票ですが、これでは、裁判官三名の意見が全員有罪であった場合、六名の裁判員のうち四名が、つまり裁判員の過半数が無罪意見であっても、有罪判決になっちゃいますし、死刑判決も可能なんです。これはひどい。市民の司法参加といいながら、裁判員の過半数が無罪意見でもなお死刑になりうるわけですから。本当は市民の判断なんて重視していないし、人権の重視という要請にもかなっていない、という問題があります。

清水　そうですね。

瀬木　第二に、市民の司法参加といいながら裁判官が三人も入っているのも問題です。法的な説明をするだけなら、アメリカの法廷のように一人で十分ですからね。

清水　陪審員制度では、裁判官は全く入っていないんですか。陪審員の中に。

瀬木　そうです。陪審裁判では、裁判官は公開の法廷で陪審員に法的な説明をするだけ。評決にはもちろん加わりません。陪審員は、彼らの部屋で彼らだけで評議を行う。

清水　陪審の人数は決まっているんですか。

瀬木　普通、一二人ですね。民事陪審ではもっと少ない場合もありますが、刑事では一二。

清水　裁判官が評決に入らない、つまり市民の意見が非常に重要になるんですね。三つ目は何ですか？

瀬木　第三に、一定範囲の重大事件についてすべて裁判員裁判ということになっているのですが、本人が認めている事件でも裁判員裁判をするというのは、非常に不合理です。弁護士と十分に相談した上で認めると言っているのに、裁判、審理をする。それに裁判員まで付き合わせて、量刑を決めるためだけに、長い時間拘束する。これは本当におかしい。

日本の場合、被告人が認めると言っても、人質司法をやっているので審査しないと危ないというところは一つあるかもしれませんが、基本的には、認めるというのに審理をするというのはおかしなことで、お白州裁判的な感覚のなごりではないかと思います。少なくとも、認めている事件で裁判員裁判をやるというのは、不合理きわまりないと思います。

清水　確かに、否認して争っているわけではない事件も、裁判員裁判ですね。

瀬木　つまり、量刑判断を裁判員にさせているということです。陪審は、有罪か無罪かだけを判断します。量刑については、アメリカでは裁判官が決めます。ただ、僕がみたワシントン州の例では、もう三〇年以上前ですが、実際には、日本の家庭裁判所調査官みたいな人が調査をやって、その調査に基づいて、きめ細かく量刑と具体的な処遇を決めていました。日本のようにごく簡単な主文だけではなくて、懲役何年で、被害をこれだけ弁償する、それから刑務所を出た後も社会奉仕活動を何年かやる。そういうことをやって教育的にもちゃんと一定の成果が出たらあとは免除するとか、非常に細かいんですよ。

清水　日本の判決とくらべて本当に細かいですね。

瀬木　それを、未だに、日本では、裁判官がどんぶり勘定でやっているんですけど、これもちょっとどうかという気がします。同じ事実でも、裁判官により、被告人にプラスに評価する場合とマイナスに評価する場合が出てくる。恣意的になりやすいんです。

ましてや、普通の人に量刑判断をさせるというのはよくない。ごく普通の人は、もちろんミクロ的な見方しかしませんから、初めて裁判に臨む裁判員の量刑が重くなるのは、あまりにも当然のことです。悪い人、悪いことですからね。だから、普通の人にそういうことを判断させるのは、荷が重すぎます。

清水　日頃、司法と縁もかかわりもない一般人に、どれぐらいの量刑が適当だと思いますかと聞くなんて、相当ズレてますね。

瀬木　ずれているというより、そうやって裁判員裁判の該当事件を増やし、刑事系のプレゼンスを維持するという権益確保の側面が強いのだと思います。要するに、すべて刑事系裁判官の権益、利益という観点から考え、制度をねじ曲げている。

実は、裁判所がこの量刑を統制していると書き込んだ弁護士のブログもあったんです。分布表ないしはマニュアルみたいなものが作ってあって、その範囲から出ないように統制しているという。僕も、おそらくそうだろうと思うんですが、それでも、やっぱり重くなりますよね。

そしたら、求刑の一・五倍の量刑を科した判決について、最高裁が破棄したんですよ〔二〇一四年〔平成二六年〕七月二四日判決〕。これ自体はわかるんです。重すぎるから破棄するというのはいいけど、でも、これは、元々の制度設計自体が悪いのであって、裁判員に量刑まで判断させるから、そうなるんです。だから、これは、最高裁の判例には時々ある傾向なのですが、「自分で火をつけて、自分で消している」ようなものです。

清水　量刑判断というのは、やはり難しいでしょうね。過去の判例だって無視はできないわけですが、毎日裁判をやっている裁判官と、一生に一度の裁判員では意識が全く違うでしょう。

瀬木　量刑判断というのは、前提として、マクロの目も必要です。全体を見渡す視点がないと。裁判官でさえ恣意的になりやすいので、アメリカのように、調査官がまず社会科学的な観点から生育歴等まで含めてちゃんと調べたほうがいいです。

裁判員になって初めてこれをやれば、誰だって、たとえば僕がほかの社会科学の学者になっていて初めて裁判員で裁判をしたとしても、きっと重くなると思います。目の前にひどいことをやった人がいて、その人が間違いなくやっていると証明されれば。

清水　犯行現場の写真を法廷で見たりするわけですからね。

瀬木　アメリカでは、これも、陪審員の理性的な判断を妨げる恐れがあるとして、原則的には見せられないんです。ところが、日本では割合一般的に見せているようです。

第三の点に戻ると、他方で、たとえ軽微な事件であっても、被告人が裁判員裁判でやってくれと言ったら、そうすべきです。たとえば痴漢冤罪などです。

清水　なるほど。陪審員が出した有罪、無罪を裁判所はそのまま受け入れるのでしょうか。

瀬木　アメリカの場合ですと、第一審では、陪審が有罪の評決をした場合に、裁判官が被告人の申立てに基づき無罪判決を下すことは制度的には許されていますが、実際に裁判官がそうした権限を行使することはまれだと思います。民事陪審だとこのあたりは細かな微調整の制度がありますが、やはり、実際には陪審の判断尊重が原則です。市民を参加させる以上、その判断は当面尊重するのが原則ということです。もちろん、有罪の方向で誤っている場合には、控訴審で正すことはありえます。しかし、英米では無罪になってしまったら、検察官はもう控訴できないので確定です。のみならず、検察は無罪判決に上訴できないというのが、近年は国際標準となってきており、ここでも日本の刑事司法は立ち後れています。

清水　そうなんですね。

瀬木　実際、日本の裁判では、民事でも刑事でも、地裁が一番よく、高裁や最高裁がおかしいということが、多々ありますね。それで、良心派の裁判官たちも、だんだんやる気をなくしてしまう。刑事でも、地裁無罪、高裁有罪、それで確定したが冤罪だったなどということが起こる（東電ＯＬ殺人事件）。もう忘れられた映画になりますが、冤罪を扱った『真昼の暗黒』（今井正監督、一九五六年）という作品があります。僕はそれほど感銘を受けたことはないのですが、今井監督は、左派の良心派として知られた人です。その映画の中に出てくる「まだ最高裁があるんだ！」というセリフが有名になりました。でも、実際には、「まだ高裁・最高裁があるんだ！」は、日本では、権力側の言葉なんです。

清水　笑ってしまいますが、笑えない話です。今ちょっとお話が出ましたが、アメリカでは民事も陪審員でやるのでしょうか。

瀬木　民事では陪審が使われることはさほど多くないと思います。僕がみたワシントン州の裁判所では稀有でした。が、陪審裁判の権利は保障されています。刑事では陪審が有罪、無罪を決めますが、民事だと陪審が事実問題、裁判官が法律問題と分担します。もっとも、裁判官が示した法的判断に認定した事実を当てはめるのは陪審ですから、陪審裁判では、裁判官の役割は、やはり補助的です。アメリカでも民事陪審が刑事の場合ほど評価されていないのは、やはり、民事裁判は、法的専門知識もいりますし、事実認定も刑事みたいにピンポイントの具体的な事実ではなくて、広がりのある評価的な事実をみなければいけないので、複雑な事案だと、普通の人の手に余る面が出てくるからです。

清水　そうでしょう。

瀬木　でも、刑事というのは、普通の人の普通の常識が、すごく生きる裁判なんです。そういう意味で、アメリカでいろんな人に尋ねてみましたけど、誰もが、刑事は陪審がいいよと言いますね。知識人層でも、自分が裁かれる場合には、司法とはいえやはり国家や州の人、権力の人という印象もある普通の判事よりは、民衆の代表である陪審に裁いてもらいたいと。これは一理あります。デモクラシーとコモンセンスへの信頼です。

清水　なるほど。では最後、四つ目の問題点ですが。

瀬木　第四に、順番は最後になりましたが、僕としては非常に違和感を感じるのが、裁判員に課せられている守秘義務の範囲がきわめて広く、違反した場合の刑罰が重すぎることなんです。「評議の秘密」だけならまだしも、「評議の秘密その他の職務上知り得た秘密」という非常にあいまいな条文になっています（裁判員の参加する刑事裁判に関する法律一〇八条）。この文言は、法律の素人は見過ごしてしまいがちですが、非常に包括的であいまい。たとえば、「裁判官が、『この人、ちょっと有罪かもしれませんよ』と言っていたねえ」と語るだけで犯罪になりうるということなのです。

しかも懲役刑もあるんです。僕は、学者になってからこの法律の条文を通して読んでみて、正直、自分の日を疑いましたね。

清水　重いですね。つまるところ、絶対に何も言うなと。

瀬木　そのとおりです。でも、これは、アメリカでは絶対にありえないと思います。もしアメリカで陪審員についてこんな法律を提案する政治家がいたら、その瞬間に政治生命がなくなりますよ。欧米一般の常識からしても、ありえないと思いますね。だって、一方で、市民に「参加しなさい。国民の義務です」と言いながら、「でも、ちょっとでも秘密を漏らしたら、懲役だからね」というわけですから。清水さん、この条文を見て、腹が立ちませんか？

清水　とても高圧的ですよね。

瀬木　立法というのは、常に妥協です。議論の産物なのですから、当然そういう面はある。僕は、プラグマティストでリアリストですから、そういうものだと思うし、まあ、立法準備作業に関与したことのある学者なら誰でも知っていること。ただ、その場合には、「どこで、何を、どこまで妥協するのか」はきちんと意識しておく必要がある。

だから、一定の妥協はありうるとは思うけれども、日本の立法で非常におかしいと思うのは、きわめて本質的な部分で妥協してしまうことです。たとえば、さっきの、「死刑でも多数決でいい」とか、「ちょっとでも秘密を漏らしたら、懲役だぞ」とか、こういうところは、制度の趣旨、本質をそこなう部分ですから、絶対、妥協してはいけないんです。そこまで妥協するなら、廃案にしてもう一度議論したほうがいい。粘り強く考えてゆけばいい。これもまた、欧米標準の常識だと思います。

清水　犯罪を裁くという作業の中で、新たな犯罪行為が起きる可能性がまた増える。なんだかおかしいですね。

瀬木　国会議員や弁護士も、こういうものを通してしまったのは、どういうつもりなのだろうかと。

清水　裁判員制度にいろいろ問題があることはわかりました。これをこれからどうしていくか、というところですが。

瀬木　最低限、さっきの秘密について範囲を限定して、「評議における意見の具体的な発言者氏名、個人のプライバシー」だけを守秘義務の対象として、それから懲役もなくすということが、まず一つ。つまりアメリカ並みということですね。アメリカではそんな法律自体がないけど、常識的に、そのあたりの守秘義務はあると解されている。法律でやってもいいけど、せいぜいその範囲にすべきです。

清水　なるほど。

瀬木　それから二つ目は、さっきの過半数というのを、有罪なら、全員一致とか、あるいは九人のうち八人までとか、それくらいにすること。死刑は全員一致が適切でしょうね。三つ目として、被告人に裁判員裁判を受けるかどうかの選択権を与える。最低限、この三点は修正すべきだと思います。

　ただ、こういう統計があるんです。刑事裁判全体では九九・九％が有罪になるのですが、裁判員裁判に限ると、九九・五％なんです。つまり少ないとはいえ、無罪の割合は、裁判員裁判では五倍になるんです。ということは、アメリカ並みの陪審制にしたら、絶対に、もっと無罪が増える。そして、おそらくは、より適正な形になるということです。だから、僕は本当に国民の司法参加をいうのであれば、今のような中途半端なゆがんだ制度をやめて、陪審にまで踏み切ったほうがいいと思います。被告人が争う事件に限って陪審裁判をやればいいのです。

清水　そう思うと、再審請求審とかも、陪審員がやったほうがいいような気もするんですよね。

瀬木　そうですね。再審になると、外国でも裁判官がやっているのではないかと思いますが、大陪審的な発想を導入して、普通の人の目からみても明らかにおかしいものは再審開始決定をするという発想は、ありうるかもしれませんね。日本のように冤罪が闇に葬られている可能性が高い国では、そこまでやらないと、検察や刑事裁判官の姿勢が変わらないかもしれないと思います。

清水　要はかつての裁判が間違っていたのではないかというのを問うわけですからね。

瀬木　日本の現状や、これまでの日本の刑事裁判の実際を見ると、清水さんのおっしゃるとおり、再審についても、たとえば大陪審で、その構成員の相当部分がＯＫといったら開くとか、そんな制度にしたほうが、おそらく健全であることは間違いないです。

再審請求されるというのは、捜査・起訴機関もですが、判決を下した裁判所も、もう一回見直せ、調べろと求められていることになります。通常は、ある被告人の犯罪、つまり有罪なのか無罪なのかについて判断しているわけです。ところが、再審請求では、過去の裁判について、正しかったのか間違っていたのかを、司法の判断についても精査しなければならない。つまりは、裁判所も、第三者としての立場ではなくなるという面はありますね。社会学的にみれば。

清水　それが内部調査のようになってしまうと、あまりやりたくない、ということになるのでは。

瀬木　はい。でも、そこがこれまた日本のおかしなところで、そんなことは、間違っていれば、国家は、正すのが当然です。何回も何回も欧米標準、国際標準というのは、自分でも気が引けるんですが、でも、やっぱり、それが欧米標準の民主国家の思想だと思いますね。

桶川ストーカー殺人事件――ゆがめられた判決

瀬木　清水さんの最初の単著『桶川ストーカー殺人事件――遺言』（新潮文庫）についてさらにうかがいたいと思います。この本に描かれている事件では、本来は一番ひどいストーカー行為を働き、かつ殺人についても中心になっていた人物がいるのに、彼の兄が主犯ということになり、本人はその犯罪については犯行を行ったと認められていないということですね。そのあたりをちょっとお聞かせください。

清水　はい。二十一歳の女子大生がストーカー行為にあっていて、「私、殺されるかもしれない」と恐怖を覚え警察に相談に行くのですが、男女のトラブルには介入できないと言われてしまう。しかしそのストーカー行為の中で彼女を中傷したビラなどがまかれており、被疑者不詳の名誉毀損で告訴状を出した。それを埼玉県警は受理したわけです。殺されそうだから早く助けてくださいということを彼女は言っていたのだから、殺人未遂か何かで告訴したかったんだけど、そうはいかなかったんです。

瀬木　警察の民事不介入というのは法律家の間でも昔から有名で、おかしいといわれてきたのです。金銭関係にせよ、人間間の事柄にせよ、何か民事的な要素がからんでいると、民事だから介入しないといって取り合わないという傾向ですね。

しかし、「殺されるかもしれない」という言葉があって告訴状も出ているのに民事不介入というのは、驚くしかありませんでした。

清水　そのときは被疑者不詳なのですが、あらゆる状況から、そのストーカー行為を働いていた弟が容疑者だった。当然、警察は捜査をしていると思ったら、ほとんど何もしてなかった。それどころか実は告訴状は警察官の手で勝手に改竄《かいざん》され、捜査義務のない「被害届」にされてしまっていた。その直後にストーカーの部下に刺されて彼女は亡くなったという事件でした。

瀬木　正直、本を読んでいて、「これが本当に現代日本の出来事なのか？」と思いました。まあ、そんなことをいえば、僕が書いてきた本の内容も同じことかもしれませんが、知らない世界のことについては、やはり、問題を過小評価してしまうものだと感じました。

清水　結局主犯と考えられる弟は逃亡し、その後北海道で自殺してしまった。結果その兄と、兄弟がかかわっていた風俗店の従業員の計四人が殺人罪で逮捕されるんです。兄というのは、被害者には一度しか会ったことがなくて、殺意を抱くとはあまり考えられないですけども、最も動機のある弟は自殺してしまい、名誉毀損での書類送検だけとなった。以後、殺人事件の裁判はずっと兄と他の三人で行われていったということです。

瀬木　その裁判についても、「変だなあ」と思いました。というのは、同じようなことが民事裁判であったら、「死んだ弟が黒幕であり、兄は補助的な人物だ」といったことは、証拠にも出てきて、まともな裁判官であれば認定するからです。もちろん、死んでしまった人間の刑事裁判はできないから、彼について事細かに認定しても仕方がないという面はありますが、それでも、事案の解決に必要な範囲では、可能な限り正確な事実認定はすると思います。だって、そうしないと、全体の構図がみえないですからね。

清水　事件にかかわった人数は多いですが、それほど複雑な事件ではないんです。だから裁判の中で、今のような弟の関与が認定されて、ある程度真実が明らかになった上で、実行犯である何人かが有罪判決になるんだろうと思っていたら、ほとんど弟のことにはふれないままでした。裁判のこの構造が私にはよくわからなくて。

瀬木　民事なら、まさに今清水さんのおっしゃったとおりになると思います。それで、刑事裁判については、「兄が主犯だ」という判決になっているわけですか？

清水　そうです。ですから、兄が無期懲役ですよね。他は懲役刑ということなんです。

瀬木　僕にもよく理解できないんだけど、どうしてそうなるんでしょうかね？

清水　最初は、やはり主犯が死んでしまったら刑事事件としてはどうにもならないのかなと思っていたんですけど、なぜここまで真実というものを無視するんだろうという思いはありました。

瀬木　さっきの僕の発言を敷衍《ふえん》しますと、死んでしまった人を起訴できないのは当たり前ですが、残った人たちについての裁判において事実認定をする過程では、たとえば、主犯は死んだこの人であり、兄とかほかの人たちは共犯だが従属的、あるいは幇助犯であるという認定になっても、全然おかしくないわけですね。なぜそうならないかということ。

清水　そう思いますよね。それで刑事裁判が行なわれている頃、被害者の遺族が国家賠償請求訴訟を起こすんです。これは、あれほど助けてくださいと言って告訴状まで出していたのに改竄されて、捜査もされずに事件にまで至ってしまったことを理由とするものです。

実は殺人事件後に県警本部長が記者会見で、きちんと捜査していればこういう結果にならなかった可能性があるということを認めたんです。それもあって、警察の上部機関の県に対して賠償請求を起こした。

告訴状に書かれていたストーカー行為と、その容疑者は弟だったんですから、最初からきちんと捜査していれば、殺人事件には至らなかったという考え方になります。

瀬木 全くそのとおりで、市民のための警察とはとてもいえないですね。

清水 国家賠償請求がどうなったかというと、一応原告の勝訴なんですけども、確か五五〇万円ですよ。印紙代、弁護士費用額のようなもんです。

瀬木 事案を考えると、小さな金額ですね。そんなに低い金額になっているというのは、その死んだ弟、実際には一番の中心と思われる人物の関与が、前の刑事判決で全然ふれられていないから、そういう結果になるわけでしょうね。金額が低いところからみて、その可能性が高い。

清水 やはりそうなんでしょうね。

瀬木 もし死んだ人間が主犯だということになれば、国家賠償の問題としても大きなものになって、金額も大きいものになった可能性はありますね。もちろん、裁判官は独立して判断するわけですが、関連した事件の判決が事前にあってそれが証拠として提出されると、どうしても一定の影響は受けてしまうものですから。これは、民事の裁判どうしの間でも、一定はあります。

清水 刑事事件と民事の国賠請求、あるいは裁判所の関係が影響したのかどうか。わからないことだらけです。

瀬木 いいことかどうかはおくとして、裁判官をやっていた者の目で常識的にみれば、刑事でその人間の関与がまったくふれられていない事件について、国家賠償請求訴訟のほうで、「いや、実はこの人が主犯である。だから、警察の捜査に大きな問題があったのであって、国家賠償も大きな金額を認める」というような判決は、かなり書きにくいでしょうね。

まず初めに刑事事件で多数の証拠が検察から出て刑事判決が書かれれば、その後の民事の国家賠償請求訴訟で、原告が入手できる限られた証拠で、裁判官が、刑事判決とは全く異なる構図の判決を書くのは、これは、かなり良心的な裁判官であっても、なかなかやりにくいと思うんです。原告がよほど強力な証拠を出せればまた別ですが、それはすごく難しいですからね。

清水　これは司法の世界では常識なのでしょうか。

瀬木　先にもお話ししたことですが、裁判というのはやはり重いもので、仮処分の決定でも、慎重に審理を行った上でのものなら、同一紛争・事案の、あるいは同種の事案の、その後の裁判に、一定の影響は与える。だからこそ、原発稼働差止めの仮処分も大きな影響力をもちうるわけであって。そこはおわかりですよね。

清水　独立はしているが、影響はあるわけですね。それはわかります。

瀬木　僕からみると、要するに、問題は、最初の刑事判決が変だということだと思います。今のお話から合理的に推測できるところをまとめると、警察や検察としては、被害者から主犯であるといわれた男が本当に主犯であると裁判で明らかにされてしまうと、国家賠償の責任となる警察のミスとなり、警察に対する批判も厳しくなると。だから、そうならないような形で起訴をし、そのような判決をもらったと、こういうことですかね。つまり、検察は警察をかばい、刑事裁判官はそれを追認したと。

清水　という可能性が十分あると思うんです。さきほどの足利事件にしても、この桶川事件にしても、取材者の立場で見ていくと、一つひとつ事実がきちんと精査されているというよりは、書いた判決がどう影響を及ぼすか、という見地から判決が書かれていて、そのために後から理由を貼り付けていく。だからどこかからコントロールされているような感じがしてならないんです。

瀬木　このあたりも、民事系裁判官からみると、「刑事ってよくわからないな。闇なのかな」と感じるようなところ、その一端ですね。

いずれにせよ、今のお話を聞いて、僕がこれまで考えてきたことを裏付ける一つの事例だなと思ったのです。僕は、学者はもちろん、法律家も、また、ジャーナリストも、「政治」をやるべきではないと思うんです。要するに、可能な限り真実を追究して、人々にそれを告げればいいのであって、政治的判断から、「これは本当は違うんだけど、真実を言うと都合が悪い、具合が悪いから、とりあえずこう言っておこう」とか、そういうことを絶対にすべきではない。それは、政治家がやることなんです。ところが、日本では、法律家も学者も記者も、そういう「政治」をやりがちなんですよ。左翼系の人々もまたそれをやりがち。今のお話は、その一例でもあるという気がしました。

清水　そうですね。私と瀬木さんでは、全く違う角度から物事を見ているわけですけど、おっしゃることはよくわかります。

瀬木　つまり、学者や記者って、真実を追究する、そして人々に告げ知らせるのが仕事でしょう。対象が学問か社会的事実か、あるいはその両方かの違いはあれ。「俺にとっては右派も左派もない。あるのは真実か真実でないかということだけ」というボブ・ディランの言葉（『ボブ・ディラン全年代インタヴュー集』インフォレスト）があるけど、清水さんと僕の共通項の一つは、そこだと思うんです。だから、自分とか集団の都合なんか考えないで、真実だけ言えばいいんですよ。

清水　まったく同感です。私も事実を知りたいという気持ちだけでやってますから。

瀬木　この事案について清水さんの書かれたこと、おっしゃったことは、相当に高い信憑性《しんぴょうせい》があると思います。動機からいっても、これまでの関与の経過からいっても、この人が主犯であろうと思われる人がいるのに、その人が関与してはいないかのような形で起訴をし、裁判も進み、認定もそうなるというのは、いわばこれ、一種の「政治」です。裁判官は、基本的には検察や警察のいったことに乗ったということではありますけれども、でも、そのような裁判で本当にいいのか、という気がします。

清水　裁判で事実が明らかになると信じている人は多いんですけどね。

瀬木　もちろん、裁判が事実を明らかにできる程度には限界があるわけですが、その人が死んでしまったとしても、その人が犯罪の中心人物であって、他の人たちは従属的だったのだということが証拠からうかがわれるなら、裁判では、そのことを明らかにするのが、正義にかなったやり方です。

清水　瀬木さんのお考えでは、裁判が真実を明らかにできる程度には限界があるということなんですね。

瀬木　そうですね。基本的には、裁判というのは、あくまで、相対的な真実を、それも、証拠から明らかにするのは難しい人の内面等の事柄にはあまり立ち入らないで、民事であれば請求について判断するために、刑事であれば有罪無罪の判定をするために、限られた証拠から、必要なだけの事柄を、認定判断するものです。その意味で、すべての真実を明らかにする場所ではないし、また、裁判官は謙虚であるべきであって、自分が神のような超越的な審判者になったつもりで裁判に臨むべきでもない、これはまず一ついえます。それが、近代の裁判というものです。

清水　やはりここが理想と現実の大きな違いのようですね。

瀬木　ある意味、そうかもしれません。しかし、また、裁判というものは、できる限り真実に近付かなければならない、これもまた当然のことなんです。

ところが、今の二つのお話を聞くと、その後者のほうが、日本ではおろそかになっているのではないかという気がします。

清水　僕はわりと単純な気持ちで記者をやっていて、事実に一歩でも近付きたいと思っているだけなんです。もちろん僕が取材したものが全部真実だと言う気はありませんけど、事実を知りたいんです。桶川事件の被害者が言い残した「私が殺されたら、犯人は小松」という言葉があったんですけど、そのストーカーの小松という人物を探し、周辺を広げて取材をしていったところで、実行犯の男を見つけたんです。

順番でゆくと、あくまでそのストーカー男を取材することで実行犯を見つけた。だから非常にわかりやすい構図だったはずなんですが、実際に殺人事件の裁判が始まると、そのストーカー男は排除されて、実行犯に殺害を指示したとされるストーカーの兄だけが残った。

瀬木　これは、常識、コモンセンスからしても、不自然ですよね。

清水　一方足利事件のルパンのほうも同じで、ルパンという、容疑者の条件にピッタリの男がいる。こっちのほうが可能性が高いんじゃないのか。ということは菅家さんは冤罪ではないのかという流れで調べてみたら、やはりそうだった。でも警察、検察は、菅家さんは無罪だけど、ルパンも犯人じゃないと言うわけですよ。

瀬木　もう一度繰り返しますと、裁判ですべての真実を明らかにすることはできないというのは、それは、裁判官は神ではないから、当たり前なんです。でも、裁判というのは、その限界の中でできる限り真実に近付くべきであることも、当然なんです。

清水　真実、事実といってもいろいろあると思うんですけど、裁判の中でも事実認定という言葉がありますよね。それが本当の意味での真実かどうかはわからないけれども、この状況、この証拠から、これが事実だと考えることが自然であるというんですかね。現実にはそういった考え方なんでしょうか。

瀬木　まさにそのとおりです。裁判というのは、経験則、事物に関する一般的な知識を積み重ねて、可能な限り真実に近付くべきもの、これは、万国共通の理解です。

清水　そうですね。そのために多くの経験を重ね、研鑽《けんさん》を積んだ裁判官が事実を認定していく。私はそれでいいと思うんですよね。報道だって間違えるときはあるし、裁判だって間違うことはあるかもしれないけれども、それがわかった時点できちんと是正していく。人間がやることですから、私はこれで全然いいと思うんです。

瀬木　ところが、そこが十分に機能していない、つまり、官庁の面子とか、利害、損得、権益みたいなものが基準になって、捜査や起訴がされ、かつ裁判官もそれをそのまま追認してしまっていないかということが、残念ながらいえそうですね。

清水　そうです。それから逃げる。そういう面倒なことにかかわりたくないというのですね。それが違ったら、自分の失敗になってしまうみたいに考えるのであるなら、神に近い仕事は選んで欲しくないなと思います。

瀬木　「神に近い仕事」というところはともかく（笑）、誤りは正すのが当然ですね。検察や警察、刑事系裁判官まで全部ひっくるめて刑事司法と呼ぶことができますけれども、この刑事司法に、特に、面子にこだわる傾向がきわめて強い。そのために、足利事件の菅家さんなど冤罪の対象になった人たちの人権、それから桶川の事件では、被害者の、あるいは被害者の周囲でこわい思いをした人たちの人権が、軽視されている。

清水　そうですね。足利事件を含んだ北関東連続幼女誘拐殺人事件でいえば、間違いのない事実は、五件の事件を起こした犯人は、それがたとえ誰であるにせよ、今もつかまっていないということです。つまり放置されている。これは、捜査や司法が重大事件に対して何もできていないということになる。生み出したのは結局、冤罪だけ。菅家さんの一七年に及ぶ獄中生活だけだということになってしまうんです。だからこそ、今からだってできることはするという姿勢が、本来あるべきです。これが放置されていることに対して、僕はやはり「よし」とはできない。

瀬木　全くそのとおりですね。冤罪が一つ明らかにされたわけだから、それとセットになっている裏を調べて、そういう危険な人が放置されているとしたら何とかする。それこそ、国際標準からいったってそうですし、市民・国民本位の刑事司法であれば当然そうあるべきですよね。

清水　昔のアメリカ映画じゃないですけど、非常にアンタッチャブルな、これはなかったことにしましょう、みたいなところがあって。本当に不思議で、こんな国だったかな、と実に驚きなんです。

瀬木　「何もなかったことにするためには、何でもする」ということですかね。

清水　そういうことです。「何もしないためには、どんなことでもする」んですね。

瀬木　これは、刑事司法全体にかかわる日本の権力すべての、共通の特徴かもしれませんね。裁判所、検察、警察。すべてがそういう方向で動いていないかと。

清水　そうそう。何もしないというのは、逆に「表」ではやるんですよね。表向きの完成形はつくるんです。裁判終わった、判決下った。でも、要は新しいことや、大事なことは何もしない。そのために努力をする。

瀬木　頬被《ほおかぶ》りしているということですよね。

清水　先ほども言いましたけど、裁判官は神に近い仕事のはずなんですよ。あなたはもう生きていても更生などできませんから、死んでおわびをしなさいという判決を書く仕事なんです。僕はそれでいいと思っています。誰かがそれをやるんでしょう。死刑制度がある以上。そこから逃げている人たちが裁判官をやってはいけない。

瀬木　「死刑から逃げている」という言い方はちょっと語弊があって、「真実を明らかにすることから逃げている」と言うべきではないでしょうか。

清水　そうですね。死刑判決はもちろん下すわけですが、要するに前例に倣《なら》っていくとか、最高裁判例に倣っていくということによって、判決は下しましたけど、これは決まったことをやっているのであって、私が下しているわけではないという理屈。そうした前例主義によって、無責任になっているような気もするんです。

第5章

冤罪と死刑

飯塚事件

清水　冤罪のところで少しふれた飯塚事件についてもお話ししたいと思います。これは福岡県内で起きた事件で、小学生の女の子二人が学校へ行く途中で行方不明になり、山の中で遺体で発見されたという事件です。性的ないたずらもされていたんです。事件が起きてから二年後ぐらいだったかな、久間《くま》三千年《みちとし》さんという人が逮捕されました。

瀬木　はい。『殺人犯はそこにいる』でふれられ、「新潮45」（二〇一四年七月号）の記事で補足されている事件ですね。

清水　いくつかの情況証拠があって、たとえば、被害者が通う小学校の近くで、当時久間さんが乗っていた車に似た紺色のワゴン車が目撃された。遺体は山中から発見されたのですが、そこから三キロ離れた場所には子供たちのランドセルや傘があった。その場所にも紺色のワゴン車が停まっていたのを、車で通りかかった人が、一瞬、見たという。二つの場所で似た車が目撃されている。しかし本人はずっと否認を続けていた。

瀬木　かなり遠い情況証拠しかないということですね。

清水　遺体と遺体のすぐ近くの場所から血液が見付かりまして、これが二つの血液が混合したものであるということが警察の鑑定結果だった。そのＤＮＡ型が、容疑をかけられている久間さんのものと一致したということだったんです。これも情況証拠。それ以外は、彼が乗っていた車に尿痕があった。それから血痕があった。これが被害者の一人と、同じ血液型であったというのがあります。

瀬木　そうでしたね。あと、繊維片ですね。

清水　そうです。被害者の下着。スカートの中のパンツですね。そこに付いていた微量な繊維が、その車のシート繊維と一致したという鑑定書が出てきた。これらの証拠は一つひとつでは、どれも殺人の証拠にはなりえないものだった。判決でもそういっています。

瀬木　そういっていますね。

清水　しかしこれらの情況証拠を、総合的にみたときに十分な証拠であるという判決で、第一審は死刑判決でした。

瀬木　そうでした。

清水　控訴審でも、ほぼ同じ状況になります。最高裁も。結果的に久間さんは最後まで否認したまま死刑が執行された。問題は、執行されてから半年後に、そのＤＮＡ型鑑定に問題があったんじゃないかという疑惑が浮上する。それが足利事件の再鑑定だったわけです。

瀬木　ええ、そうですね。

清水　そこから、飯塚事件の鑑定も間違っていたのではないかということになった。いくつもの情況証拠の評価は、大体同じように書かれているんですが、重大なことは、容疑者と遺体、遺棄現場との関係を示す直接的な証拠というのは、ほぼその血液、つまりＤＮＡ型鑑定しかない。あとは繊維片があるんですけどもそれは他の車の可能性もあるわけです。

瀬木　繊維片は、決定的な証拠とはいえないでしょうね。

清水　他の車の物と合うのか、合わないのかの全部の車種の一致試験はやっていない。久間さんの車内から見付かった血痕や尿痕とかも非常に乏しいんです。車の目撃談というのも、ほんとに一瞬のものだから、殺人事件の証拠としてはこれまた弱い。

瀬木　短い時間ですからね。

清水　ですから、このＤＮＡ型鑑定が実際に果たした役割というのは大きいんです。ところが、二〇一四年の再審請求審で開始決定がされなかった。

瀬木　先ほどもふれられた再審請求棄却決定ですね。

清水　棄却されたんですが、その中で裁判長が、ＤＮＡ型鑑定は現在のところただちに証拠にはできないと言った。つまり排除です。そうすると、残ったものは脆弱な証拠だけになっているんです。少なくとも久間さんと遺体を直接に結びつける証拠は消えた。

もちろんこれに関して弁護団は、おかしいじゃないかと言って、現在、高裁で請求審をやっているんですけども、いかんせん死刑がすでに執行されているわけです。私が取材をしていくと、弁護団の言っていることが理路整然としているし、今となってしまえば、判決は相当不思議だと思うんです。

瀬木　もう一度繰り返しますと、決定中の正確な表現は、「ＭＣＴ118型鑑定については、新しい鑑定書等によって、その証明力を確定判決の当時よりも慎重に検討すべき状況に至っている」というものです。で、この決定の書き方も、再審請求棄却決定によくあるように、ことさらに難解にしている感じが強いのですが、清水さんのおっしゃるとおり、実質上は、MCT118型鑑定は排除して考える、ということなのでしょう。
すでにふれたとおり、清水さんの『殺人犯はそこにいる』を読んで、僕が一番衝撃を受けたのは、実はこの部分なんです。
要するに、飯塚事件で使われたのと同じ方法のDNA型鑑定が、足利事件で間違っていたと。その、問題があるといわれたDNA型鑑定が非常に重要な証拠になっている飯塚事件で死刑が執行されてしまったということに、本当に驚いてしまったんです。

清水　時系列でみると、二〇〇八年の一〇月一六日に「足利事件DNA再鑑定へ」との報道がされ、直後の同月二八日に飯塚事件の死刑が執行されているんですね。で、足利事件の再鑑定不一致の結果が出たのは、二〇〇九年四月で、半年後なんです。

瀬木　そういう時系列であるとすると、どうしてそんな微妙な時期にあえて死刑を執行してしまったのか、非常に疑問です。普通はしないことだと思います。足利事件の再鑑定の結果が出れば、おそらく、久間さんの死刑執行は難しくなったはずです。つまり、再審がどうなるかは別として、冤罪の可能性がある事件では、少なくとも戦後は、過去にもあまり死刑執行はしていませんので。どうしてこんな時期に執行したのか？
再鑑定の結果を見越して執行を急いだとまでは、さすがに考えたくないんですが、でも、先のような時系列からすると、その可能性も否定できないいんじゃないかという気はするんです。恐ろしいことですけど。

清水　ただ、実際に死刑を執行してしまったら、証拠を隠滅できたというよりも、逆になぜ急いで執行したのかということが問題になりますよね。もちろんＤＮＡ型鑑定が正しければこんなことにはならないわけで、正しくなかった場合のために執行してしまったとしたら、よけい大変な事態につながっていきますよね。

瀬木　本来はより大変なことになるはずなんですが、でも、実際問題として、この飯塚事件の問題、また死刑執行の問題が広く報道されたかといえば、清水さんが指摘されたくらいじゃないですか。日本だとそうなってしまう。

これは、おそらく、アメリカでも相当に問題になると思うし、ヨーロッパ先進諸国だったら、国によってはとんでもない大騒ぎになると思うんですよ。それが、日本のメディアは黙殺。気が付かないのか、それとも、知っていても黙殺するのか、それはわかりませんけれども。

本来、こんなことは、あってはならないことです。重要な証拠が信用できないかもしれない事件だということがわかっていたわけですから。これは、元裁判官、学者として、本当に衝撃を受けました。

僕も、裁判所に幻滅しながらも、それでも幻想を抱いていたのかもしれないですが、裁判官時代には、日本の司法は、かなり問題はあるものの、まあ、基本は欧米先進国レベルだろうと思っていたんです。でも、裁判官をやめて、教育以外は、研究、調査、執筆等に専念するようになって、専門書も読み、一般書も読み、判決も系統的に調べ、弁護士や記者の話も聞くにつれて、日本の司法、ことに刑事司法とそれを取り巻く状況は、欧米標準からきわめて遠いのではないかということを、だんだん思うようになってきました。その一つのきっかけが、この『殺人犯はそこにいる』に清水さんが書かれた、飯塚事件で久間さんの死刑を執行してしまったという事実です。法律家の常識として、ありえないという気がするんです。

清水　一般的な感覚であれば、取り返しがつかない死刑は、相当慎重にやらざるをえないと思うはずです。

瀬木　それが共通認識ですね。だから、これをやってしまったというのは、過失であるとすればとんでもない過失だし、故意であるとすれば、国家としては絶対してはいけないことをしたことになります。

ただ、飯塚事件判決についての僕の意見を言いますと、この事件は、たとえば『ニッポンの裁判』の中で取り上げた、冤罪が確定した事件、あるいは再審請求が通らず第二次再審請求を準備中という恵庭ＯＬ殺人事件（日本弁護士連合会人権擁護委員会「再審通信」一一二号三四頁（伊東秀子弁護士））のように、きわめて証拠薄弱な事案について無理な論理を幾重にも積み上げているという事件に比べれば、ある程度の情況証拠はあると思うんです。ただ、それらの情況証拠は、どれをみていっても、それだけで有罪の結論が出せるようなものではない。結局、被害者の遺体から、また現場付近から採取されたという血液のＤＮＡ型鑑定が信頼できないとしてそれを証拠から除けば、ほかは、砂上の楼閣《ろうかく》となる可能性があるような情況証拠ばかりなんです。だから、先の再審請求棄却決定も、全体として、すごく苦しい、あいまいな書きぶりになっている印象があります。まずは既定の結論があって、ともかく何とかそこにたどり着きたいという感じの書き方なんです。

清水　再審の対象とされている原判決もまさに総合的な評価ですから。

瀬木　はい。それらの判決（福岡地裁一九九九年〔平成一一年〕九月二九日、福岡高裁二〇〇一年〔平成一三年〕一〇月一〇日）を読むと、目撃証言を割合重視しているんですが、僕が学生時代、修習生時代に読んだアメリカの研究等でも、目撃というのは、きわめていい加減であやふやなものだというのが、もう、そのころでもかなり確立していた見解だと思うんです。一瞬では、ほとんど見えないんです。

清水　やはりそうですか。

瀬木　アメリカの大学って面白いですから、法社会学や心理学の教授が授業で実験をするんですね。たとえば、大学の講義の最中に、突然、教室に二人の男が入ってきて、喧嘩をして、また出て行く。それを学生たちに再現させると、学生たちの証言がメチャクチャに違ってくる。それくらい、いい加減なものなんです。

清水　それはすごい（笑）。実体験で知っていた方が正しい知識が身につきますからね。

瀬木　これぞアメリカですね。でも、それは、我々でも少し内省してみればわかることで、特別に注意をしていない限り、そんな細かなことまで記憶できない。自分でも映画のシーンの再現を何度かやってみて、よくわかりました。僕は、映画についてはかなり細かなところまで記憶しているほう。それでも、ショットの細部やその順序は結構あやふやなんですね。

それなのに目撃証言をかなり重視しているというところで、まず疑問をもちます。次に、久間さんの車内の尿痕、血痕については、確かに一つの情況証拠ではあるけれど、ごく微量のようですし、老人を車に乗せて失禁したことがあったとか、妻が流産をした際の出血とか、そんなことも主張はされているわけですね。だから、説明がつかないことではない。

清水　そうです。逆に総合評価でないと殺人事件の証拠にはならない、ただの失禁した跡なんですが、久間さんはあまり身に覚えがなかったらしい。

瀬木　そこで、判決は、被告人は合理的な説明をしていないというんですが、ごく普通の人の記憶なんて、きわめてあいまいなものであって、僕や清水さんでも、昨日やったことについて、突然強く追及されて、「おまえ、何時に何を食べた。そのとき、お茶を飲んだか、飲まないか」などと言われたら、わからなくなる。それを警察でどなるようにしてやられたら、ますますわからなくなるわけです。でも、裁判官たちはそういうことを理解しているのか、ということです。

清水　車の目撃証言なんですけど、目撃者は山中に停まっていた車を一瞬見て、いくつかの特徴を証言したわけです。紺色のワゴン車とかダブルタイヤだったとか窓にフィルムが貼ってあったとか。だけど目撃者は、こうも言っているんです。車には「ラインはなかった」と答えている。一瞬でも見たものを答えるのはまだわかるとしても、なかったものをなかったと、わざわざ答えているんですよ。

瀬木　それは、問うほうで情報を与えた、あるいは誘導があったと考えるのが自然でしょうね。

清水　実は久間さんのワゴン車は特別仕様車で、本来は、車体の横に赤とオレンジのラインがあったそうです。その特別仕様車を中古で買って、ラインが派手だからとはがして乗っていたんですよ。そうすると、その特徴の車は福岡県内に一台しかない。目撃した車のナンバーはわからないけれども、ダブルタイヤで紺色は、マツダのボンゴで、特別仕様車。その車にはラインがない。それは彼の車だけだから、彼が遺留品発見現場にいたんだという立証になっているんです。

瀬木　そうなんですね。

清水　でも、何の事前情報も与えられないのに、車の特徴をきかれて「ラインはなかったです」と言っているのだから、相当におかしい。これは「赤いラインはありましたか」と事前に情報を与えて聞いているとしか思えない。その時点で、すでに久間さんは捜査線上に上がっていましたから、誘導が行なわれていたと考えれば納得できる。

瀬木　そういう尋ね方自体が誘導ですよね。警察の誘導質問は、僕が見てきた供述調書の範囲でも、かなりありありましたからね。

清水　そうですね。赤いラインがありましたか、ないですか。そうきかれれば、なかったような気がする、という答えでしょう。だからこれは目撃がいかにいい加減かということなんです。ものすごく重大なことなんですよね。

瀬木　なるほどね。で、さっきの証拠評価の話を続けますと、まず、目撃というのは、今、清水さんがおっしゃったような問題ももちろんありますが、一般論として非常にいい加減なものだということが言えます。

それから、繊維についても、決定的なもの、この車の繊維に間違いないというところまではいっていませんし（そのことは判決も認めています）、さっきの尿痕と血痕についても、ほかの可能性もあるわけです。

清水　血痕は、血液型が一致したというだけなので、誰の血液かまではわからない。個人を特定できるものではないんです。

瀬木　ということになってくると、それらを総合評価しても、たとえばアメリカの陪審員裁判だったらこれで有罪は難しいんじゃないかって、僕は思いますね。ＤＮＡ型鑑定を除外した証拠では。

清水　このように証拠構造を見ていくと、やはりＤＮＡ型鑑定が重視されたと思うんですよ。特に死刑執行に踏み切る際の判断では。本人は一貫して否認して、他は車の目撃証言や尿痕、血痕、繊維片ぐらいですからね。

瀬木　実際には、判決においても、最初の第一審判決から、DNA型鑑定をそんなに重視していない、とは書いてあるんです。でも、それは、そう書いてあるだけであって、実際には、このDNA型鑑定というのをかなり重くみないと、少なくとも、法律家の常識、つまり、刑事裁判では要求される証明の程度は民事裁判よりもずっと高くなければならないという常識に照らす限り、これで有罪にできるのか非常に微妙な感じのする事案ですね。DNA型鑑定を除いてしまえば。実際にはこれを重くみて有罪にした可能性が高い。

清水　実際、そうなんです。結果として死刑が執行されてしまって。再審の準備をしていた弁護団は、まさかそんなに早いとは思っていなかったそうです。最高裁確定から二年で執行されてしまっているんです。当時、福岡拘置所には、何人かの死刑囚がいたので、ずっと先だろうというふうには思っていたという。再審請求の準備を始めていたときに、執行されてしまった。で、弁護団はそれを非常に悔やんでいますね。

瀬木　それは、全くそのとおりですね。とりあえず再審請求をやるべきでした。でも、まさかこの事案でこんなに早く執行されるとは思わなかった、というのも、そのとおりだと思います。

清水　今、再審請求の即時抗告をやっているんですけど、この執行されてしまった死刑事案の再審請求というのは、日本ではほとんど例がないんです。

瀬木　いや、例がないし、そういう再審請求について開始決定をするには、その裁判官は、もう、やめるつもりくらいの覚悟が必要になってくるかもしれないですね。『絶望の裁判所』以降の本を書く際に先輩の元裁判官たちから聞いた話によると、それが日本の刑事裁判の実情じゃないか、という気がします。そういう部分については、民事系の裁判官には想像のつかないような「闇」が広がっている印象がありましたね。

清水　飯塚事件で、もし再審開始の決定を出したとしたら、それはこの国が「間違って人を殺してしまったかもしれない」と指摘した、ということですよね。

瀬木　そのとおりです。冤罪の死刑というのは、国家による殺人になります。だから、欧米でも、昔からよく問題になってきました。

清水　万一にも再審無罪ということになれば、それが確定するわけです。そういうきっかけになるような決定を、正義のために、真実のために、やらなきゃダメじゃないかというような思考は、裁判官の皆さんはおもちでないのでしょうか。すでにふれたとおり、飯塚事件の再審請求は第一審では棄却されているのです。

瀬木　これは、残念ながら、民事でも少数派でしょうし、刑事ではさらに少ないでしょう。それが日本の現実だと思います。

民事系の裁判官についていえば、僕が裁判官だったころの前半には、まだ、そういう裁判官もある程度の割合でいたと思うんです。でも、二〇〇〇年ころ以降、裁判所全体の荒廃、最高裁事務総局の腐敗が進むにつれて、そういう裁判官も、減ってきています。

なぜ久間さんだったのか

瀬木　ところで、久間さんの事件について、少し前科、前歴のことをお尋ねしておきたいのです。

判決を読む限り、前科、前歴みたいなものにはあまりふれられていないんです（「傷害前科」という抽象的な言葉が出てくる程度）が、ここはどうなのでしょうか。

清水　取材をした範囲ですが、幼女誘拐殺人に関わるようなものは全くないですね。そしていわゆるロリコン癖のようなものは捜査でも出ていません。

瀬木　なるほど。

清水　元々市役所に勤めていた方で、運転手か何かをやっていたと聞きました。だから目立って素行が悪いという人ではない。久間さん自身は家族を大事にして、被害者と同じ年頃の子供もいて、一戸建てに住んでいた普通の方。

瀬木　そうすると、すごく不思議に思うのは、冤罪が疑われる事件は、たとえば同時期の別の微罪などの、何か小さな根拠があって疑われることが多いのに、この事件ではそれがないということです。この人の場合、一体どうして疑われたのでしょうか？

清水　実はこういうことがあったんです。彼の車と似た車が目撃されたところから捜査が始まった……ということになっているんですが、実は違っていて、飯塚事件が起きる四年程前に別の事件があったんです。久間さんの家の近くで一人の女の子が行方不明になったんです。I子ちゃん行方不明事件というそうです。行方不明になる日の午前中に久間さんの家に遊びに来ていたという話があって、それでその捜査線上にあがった一人が彼だったんです。

しかし結局何もわからず、未だにI子ちゃんは行方不明になっている。だから今回の事件にも関係があるんじゃないのか、という目で見られていた。実際にその午前中に、I子ちゃんは久間さんのお宅に来たらしいんですが、久間さんの家族の話では、久間さんの奥さんも家にいて、それから久間さんの子供もいた。息子さんが、I子ちゃんの弟さんと友達だった。だからI子ちゃんはその弟と一緒に久間さんの家に遊びに来ていたということです。

瀬木　なるほど。その女の子の弟というのは、どういう関係だとおっしゃいました？

清水　久間さんの子供と同じ幼稚園か保育園だったと聞いています。

瀬木　冤罪が疑われているほかのたくさんの例をみると、もう少し関連した何かが出てくることが多いのです。微罪があったり、あるいは恵庭ＯＬ殺人事件のようにちょっと三角関係みたいなことがあって、そういうことから捜査が入ってくることが多い。見込み捜査ですね。

　でも、この事件は、女の子が遊びに来たといっても弟と一緒に来たということなら、別にごく普通のことですから、およそ疑われる根拠にも乏しい感じがするんですよね。

清水　そうですね。飯塚事件という大変な凶悪事件が起きて、何が何でも犯人を逮捕したいときに、紺色のワゴン車がちらりと目撃された。それを持っている人間は誰だと調べると、かつて同じ地区の、同じ小学校で起きた未解決事件があった。二人の女の子と行方不明のI子ちゃんは同じ小学校なんですよ。そうすると同一犯ではないのかという見方が当然出ますよね。こういう順番だったんです。そこから先は車にはラインがあった、なかったみたいな話になっていくんです。

瀬木　そうすると、おそらく、先の目撃証言あたりが一つの根拠になって捜査が進んだんでしょうけど、先ほど申し上げたとおり、目撃証言というのは、この事件の情況証拠全体の中でみても最も脆弱なほうなので、非常に疑問を感じます。

清水　本当にそのとおりで、一つひとつは脆弱な情況証拠でしかないんですよ。

瀬木　僕は、裁判官としての経験を踏まえて正直に言いますと、日本で冤罪が強く主張されていて、弁護士が継続的にかかわっているような事件は、多くの場合に、立証上、証拠上の問題があるんじゃないかと思っています。また、冤罪にかかわっている弁護士たちをみても、いわゆるイデオロギー的な背景があってやっているような人は少なくて、自分自身の正義感からやっているというタイプが多いんです。再審が開かれたりすれば一定は脚光を浴びますけど、それまでは特に見返りはないし、手間はかかるし、お金にもならない。弁護士というのは、やはりリアリズムで動いている人たちなので、「これは冤罪なんじゃないか」という強い思いがなければ、普通、そんなに本気でやらない、やれないいんですよ（笑）。

清水　そうですね。

瀬木　証拠が脆弱な事案が多いことからみても、日本で冤罪が強く主張されている事件のかなりの部分は、実際にも冤罪である可能性が高いと、僕は見ていますね。

清水　警察官から上がってきた資料を、検察官が警察官に向かって「こんな調書を食わせやがって」みたいな言い方をするそうです。裁判官が、検察官の出してきた資料だけをそのままパクッと食べてしまったら、有罪判決は九九・九％です。それ以外のものは見ていないわけですから。けれど、それ以外のものを調べた弁護士がいれば、当然話は変わってきます。

瀬木　検察官は、常に調書を見、自分でもとっているので、捜査の裏もわかっていますし、ある意味、そのアラも探しやすいでしょう。ところが、裁判官は、捜査の現場を知っているわけではないし、心理学等の社会科学の知識にも乏しい。刑事系の判決を見ていて気付くのは、飯塚事件でもそうですが、「調書のほうが整然としていて法廷供述は混乱している。だから後者は信用できない」という言い方が非常に多いことです。でも、そのあたりについては、捜査の実際というものに対する想像力があまりにも足りないのではないか、また、社会・人文科学的なセンスが乏しいのではないか、という気がするんですよね。

清水　本当にそう思います。

瀬木　たとえば、冤罪事件についてジャーナリストが書いたもの、また、内外でこれまでに蓄積された文献等を読めば、いかに被疑者の側が弱いか、操作されやすいかということは、わかるはずです。それなのに、常に、検察、警察寄りでやってしまう。そういう刑事裁判のあり方には、大きな疑問を感じます。

日本の裁判官についてもう一つ付け加えると、意外なほど一般教養がない人が多いんです。自然・社会科学も思想も芸術も知らない。あるいは、これで裁判官かと思うような浅薄な知識、理解しかない。だから、想像力にも乏しい。ことに、事務総局系エリートといわれるような人々には、残念ながら、その傾向が強い人が多い。そういう人が最高裁判事になるから、最高裁も冤罪についてはきわめて鈍感。そういうことになります。

それこそ、陪審でやったほうが、ずっとまともな結果になるんじゃないかと思うんです。

清水　ちなみに久間さんの捜査でいうと、わかりやすい話があります。事件が起きてから二年後ぐらいに久間さんは逮捕されますよね。それで逮捕した日から県警は、久間さんの家の庭とか床下を掘ったんです。

瀬木　なるほど。

清水　そこから何かが出ると思っていたのでしょう。それはきっと事件の証拠とか、あるいは行方不明少女の遺体とか。だから掘った。当然、持ち物から何から全部ガサ入れしたんだけど、何も出ないしロリコンの証拠一つすらなかった。
いまだに久間さんがロリコンであるとか、幼女趣味があったことを示すものはないんです。これは、おそらく、警察がその辺を読み違えていたんだと僕は思います。

瀬木 なるほどね。『殺人犯はそこにいる』のルパンとは、全く違うわけですよね。

清水 全然違います。

瀬木 ルパンには、そういう傾向が強いわけですか。

清水 そうです。菅家さんとは比較にならないぐらい犯人の条件を満たしていた。

死刑制度とその機能

清水 瀬木さんは死刑についてはどうお考えですか。

瀬木 死刑は難しいテーマですが、やはり、基本は、権力との関係で考えなければいけないと思います。権力と被告人の関係ですね。ヨーロッパでは、もう死刑をほとんどなくしていて、アメリカでも半分近くの州ではなくしているという大きな理由には、やはり、権力の自己抑制という部分があると思うんです。

清水 確かに、国民を死刑にするというのは権力の最大の行使ですね。

瀬木 まずいえることとして、刑罰の目的には先にふれた一般予防、犯罪抑止効果がありますが、実際には、死刑による抑止効果は、統計上実証されていないんです。
たとえば、韓国映画『殺人の追憶』や『チェイサー』（ナ・ホンジン監督、二〇〇八年）、あるいは、日本映画なら『CURE』（黒沢清監督、一九九七年）、アメリカ映画なら『セブン』（デヴィッド・フィンチャー監督、一九九五年）に出てくるような快楽殺人的殺人犯。また、アメリカに多い連続殺人犯。そうした例をみればわかるとおり、この種の人たちは、死刑になろうがなるまいがやる人たちです。一方、普通の人が殺人を犯すのは、近親や知人との間でついかっとなって我を忘れた、という事案が大半です。結局、死刑になるからやめよう、という効果のある場合は、あまり多くない。少なくとも、統計学上有意のものは出ていない。

清水　しかし、「死刑になりたかったから人を殺した」という犯罪者までが出てきていて、こういうケースに至っては、抑止どころか動機になってしまっている。狂った動機ですけど。

瀬木　そんな人もいますね。池田小事件みたいに平然と子供を殺す人までいます。でも、彼らはいわばさっきの映画のサイコキラー同様の確信犯ですね。

そうした意味からいうと、世界的にも、抑止効果は立証されていないんです。だから、死刑を考えるときには、まずは、そういう目を一つもって頂きたいのです。

僕も、被害者の目からみれば、「死刑にしてもらわなければ困る」というのは、それは当然だと思うんです。僕だってそう思うと思います。でも、死刑について大きな目でみるときには、やっぱり冷静な議論が必要です。法哲学的には、まずは、権力対個人という問題が出てくる。

清水　なるほど。そこは別の問題ですね。

瀬木　そして、これもまた非常に逆説的なんですけど、残虐な犯罪の場合ほど、被告人の生育環境が悪くて、また、虐待を受けていた例が非常に多い。アメリカの場合だと、快楽殺人の殺人犯はほとんどが小さいときに虐待されていますね。そういうことを考えると、第二に、個人にすべての責任を負わせられるのか、ということも一つ大きな問いとして出てきます。たとえば、国家が児童虐待防止措置を十分に講じていないとすれば、そのことだけでも、国家にも責任の一端はあるわけですから。

そんなふうに、死刑という問題を考えるときには、国家のあり方ということも視野に入れないといけないと思うんです。今の日本の裁判所は、死刑をOK、OKとして、どんどんやれというふうになっていますが、それは、秩序維持とか、社会防衛とかいう観点からすれば、そのほうが都合がいいことは間違いないんです。また、そうすれば国家は責任を問われなくてすむという面もあります。

だから、最高裁の裁判官たちを含め、死刑に積極的になり、犯行時未成年の事件でも、重大、残虐なら死刑という方向にいっていることについては、司法全体の権力化傾向、日本の社会全体の硬直化傾向の一つの現れだという面もありますよ、ということだけは、申し上げておきたいです。

清水　死刑については、私の考えもひとこと言っておきます。やはり被害者の意識や感情からすると、やむをえないと思うところがある。たとえば自分の大事な家族が殺害されたとする。そして被告が、「そんなのしょうがねえだろう」という反省もしてないような態度で出てきたとする。「ああ、殺しましたよ。だけど、人一人じゃ、死刑になんかなりませんよ」と。そういうときに一人の命を奪った人間がそのまま、たとえば懲役一五年ぐらいで出てきて、平気で生きていく。片や落ち度のない被害者は人生を終えたり、遺族は一生回復できない傷を背負って生きていく。ここのバランスの悪さを私はずっと思ってきた。

瀬木　それは理解できますね。それについては、僕は、絶対的終身刑で、もう絶対に出られないという制度は考えられると思うんです。残虐で非常に許しがたいような殺人、社会からの隔離が必要であると考えられるような殺人であれば、たとえば被害者の数が少なくても、もう出てこられないと。このほうがむしろ抑止効果はあるかもしれません。

清水　そうですね。もちろんこれも権力の行使であることは同じなんですけれども、いきなり死刑よりはいい。少なくとも冤罪の可能性はゼロではないわけですから。本人も認め、証拠も揃っていて、そこに何の争点もないような事件だとしても、足利事件のような自供が強要されるケースもある。

瀬木　ありますよ、それは。日本ではその可能性は高いですから。

清水　それも考えると、絶対的終身刑という制度が日本にないことがやはり問題ですね。無期懲役といってもはっきりいって不定期刑に近いものですから。

瀬木　出てきますからね。

清水　不定期刑と、いきなり死刑と、どちらかしか選べないという部分のおかしさは感じます。

瀬木　はい。全くそのとおりです。

清水　以前は、死刑相当の事件が、公訴時効の一五年、二五年過ぎたらチャラだったわけで、私はそれはひどいなと思って、何度か報じたんです。これ、けっこう似ているんですよね。

瀬木　そうですね。問題として似ていますね。公訴時効は、すでに話に出たとおり、「人を死亡させた罪であって法定刑の上限が死刑であるもの」についてはなくなりましたが。

清水　あとになってＤＮＡ型鑑定に疑義が生じる飯塚事件みたいなケースもありうるわけですから、それがもう死刑になっていてわからないということでごまかす。それは全然違う話で、やはり冤罪の可能性が少しでもあるんだったら死刑はできない。現状においては死刑を執行するということは相当な注意が必要です。当たり前ですよね。

瀬木　そう。それは絶対あってはいけない。でも、「冤罪の可能性が少しでもある」かどうかを個別に判断することは実際上不可能です。そういう問題もある。

法というのは、結局のところ国民の意識と関係しますから、僕は、絶対に即時死刑を廃止すべきだとまではいいません。しかし、世界の趨勢にも十分な根拠はあるので、死刑の範囲は限定すべきですし、情況証拠しかない事件で死刑の判決をするのは本当に危険なので、避けるべきだと思います。

また、絶対的終身刑を設ける場合には、それをどれくらいまで広げるかについては、よく議論もし、国民意識も考えて、決めればいいと思うんです。

絶対的終身刑を設けない理由としていわれることも、今一つあいまいで根拠に乏しいです。つまり、管理していくのが大変だとか、囚人の内面が荒廃するとかいうことです。

清水　受刑者たちはいつか出所できるという希望があるから規律を守るという面がある。

瀬木　でも、それは、結局、管理する側に都合のいい理屈を並べているだけのような気がします。重大な犯罪、許しがたい殺人を犯したような人は、むしろ死刑になるほうが楽という面だってあるわけです。そういう人はもうずっと隔離されたところで自分についてよく考えて、自分のしたことの重みを受け止めてもらいながら、最後まで生きてもらうという刑も、僕は、あっていいと思います。

清水　そうですね。オウム真理教の麻原彰晃こと、松本智津夫ですけどね。彼なんか長い期間、自分にとっての王国をつくり上げ、好きな女を何人も愛人にして、やりたい放題やった。で大きな事件を起こして、死刑判決。でもまだ執行されない。もう十何年も生きていて六〇を過ぎたわけですよ。この先、死刑執行されたとしても、この男の人生を振り返れば、好き勝手やりたい放題やって、最後は七〇歳まで税金で生きて死刑、まあいいかと思うやつも出てくるでしょう。なんか、これ刑になってないんじゃないか、みたいな気もちょっとするんですけどね。

瀬木　そうですね。僕が死刑廃止の議論が今後難しくなるかなと思ったのも、オウム真理教事件がひとつのきっかけでした。

ただ、今おっしゃったとおり、死刑といっても、執行されたりされなかったりという、そこの不公平がまずすごく大きい。

また、さらにもう少し死刑について突っ込んだことを言いますと、やはり、国家の刑罰、近代国家の刑罰である以上、思想的な根拠も必要だと思うんです。

清水　それはもちろんですね。

瀬木　そのときに、「国家は人を殺すことができるか」という大きな問題があります。たとえば、アメリカの開拓時代だと、幌馬車隊の中で、簡単な裁判をやって、絞首刑で吊るしていた。これが国家という形で大きくなった場合にどうか、と考えればいいわけですよ。

清水　なるほど。

瀬木　そうすると、幌馬車隊の裁判だと、映画の中で見ても何となく野蛮な感じがするじゃないですか。では、それが国家になったときに、国家だからＯＫなのか、という問題が一つあります。

さらに、刑罰の目的、機能について考えると、近代の刑罰は、すでにお話ししたとおり、応報、一般予防（抑止効果）、特別予防（教育）ということが、三つの柱です。一般予防については、さっきの話のとおり、効果が統計上明らかでない。特別予防は、死刑の場合は対象を殺してしまうわけですから、ありえない。すると、結局、残る根拠といったら応報しかないんです。でも、応報については、殺人という応報が国家の行為として許されるか、適切か、という問題になります。つまり、刑事裁判のところでした議論に戻ってくるんです。近代の刑法は、法廷は復讐の場所ではないということを原則とした。

清水　仇討ちですか。

瀬木　そうですね。復讐ではないよ、仇討ちの代わりではないよ、という考え方をとったわけです。そうすると、応報だけで死刑を正当化することも難しくなる。

いろいろ理屈をつけてみようとすると、なかなか立たなくて、で、結局は、やっぱり「国家が被害者に代わって応報という形で復讐をしている」という感じが、死刑には強いんですね。

そして、僕の以上の見方は、学者のごく一般的な見方です。この点では、欧米標準というだけではなく、日本においても、全く特異ではないんです。刑法学者、すでにふれた団藤教授もそうだし、彼が先の『死刑廃止論』で書いていますが、団藤教授の恩師で死刑の存続に一番賛成するほうの学者であった小野清一郎という方、この人は、思想的には国粋保守主義者で、戦後一時公職追放になっていた人ですが、彼も、実は、「死刑は、きわめて限られた場合に科せられるべき特殊な刑罰としてのみ認める」といっているんです。

つまり、そういうふうに、近代国家のあり方、また法理論という面から詰めていくと、死刑は、合理化することが意外に難しいんです。絶対的終身刑がやっぱり適切だろうというのが、今の世界標準の考え方でしょう。

　最後に、一番大きな問題は、さっきの話のように、冤罪であったら絶対に取り返しがつかないということ。僕は、法哲学的な議論以上に、これが一番大きいと思いますね。団藤教授の死刑廃止論も、すでにお話ししたとおり、そこが出発点です。

清水　中国の旅順と韓国のソウルに、二〇世紀初頭に建造された日本の刑務所があります。その造りはまさに日本の古い刑務所と同じです。レンガ積みで、放射型の舎房というスタイル。いわゆる思想犯や国民を煽動《せんどう》したというような理由でつかまった人などを入れていた。今も保存されていて私は両方見たんですけども、そこには拷問の道具がずらりとある。死刑施設もあります。中国と韓国のどちらにも同じようなものが保存されているんです。これが歴史の証明でしょう。拷問して自供させ、自供すると死刑になる。これがセットになれば、権力は本当に何でもできるということになります。日本が乗り込んだ先の国で中国人朝鮮人を政治犯として処刑をしていたという歴史です。

　ところが昭和二〇年八月一五日以降、軍国主義が崩壊し、そこにいた警察も法務省の人間たちもみんな逃げ出して日本に戻ってくる。そうすると幽閉されていた人たちは急に罪人でも何でもなくなるわけですよ。それまでに日本という国に楯突いたとして、死刑執行された多くの人がいるわけですが、日本が敗戦した日からは状況が激変するのです。さらに日本のリーダーたちは今度は戦争犯罪人として処刑されたりしているわけですから、この転換期だけをみても、いかに死刑が危険なのかと思うことはあります。

瀬木　ヨーロッパの歴史は、血で血を洗う歴史です。王との戦い、それから革命。フランス革命でも、ギロチンをやりまくって、ひどい状況になってしまった。そういうことの繰り返し。そういう歴史の教訓を踏まえて、やっぱり死刑というものはなるべく謙抑的にしましょう、あるいはやめましょうという方向に、世界的にきていることは間違いないです。

その中で、日本が突出して死刑肯定の方向に向かっている。むしろ、司法が人々の世論を先導して、みずからそっちへ向かっている。そのことについては、やはり、いささか疑問を感じざるをえないです。

死刑判決には、一般的に、人々の、社会へのやり場のない怒りや不満、報復感情をなだめ、満足させるという効果がありますから、秩序維持や社会防衛のために利用されやすい。ダントツで死刑の多い国は中国ですからね。

逆に、日本では、平安時代に三〇〇年以上も死刑が停止されていた時代があるのです。これは、前近代では世界的に珍しいことです。ですから、日本の文化が元々死刑に親和的ということはないはずです。また、日本の殺人発生率は、世界最低レベルであり、件数も、戦後のピーク後はおおむね減少してきており、ピーク時の約六分の一程度にすぎないという事実も考えるべきです。こうした点では、アメリカとは全く事情が異なるのです。

清水　戦争と死刑というのは、類似するところがすごくある。国が国民を死に導く。本来は一番大事にされるべきものに対して、死ねというのです。だから歴史に学ばないと繰り返されていくというのが、この二つだと思う。
それでも、現在日本には死刑制度があるわけです。実務をやられている方たちは冗談じゃない、神とか死神とか言われたくないと思うかもしれませんけど、それでも僕は特に死刑判決を下す人は神に近い人であってくれなきゃ困ると思っている。

瀬木　完全に中立的かつ客観的に裁判を行うべきという趣旨であれば、それはそのとおりです。

清水　現実としてはそこまで極端でないことはわかっています。所詮は人間ですから。ただ、気持ちですよね。人に死の宣告をするならば、気持ちはそうあるべきだろうなと。

瀬木　そこが死刑の特殊性なのです。死刑判決を下す場合には、そういう、いわば神の代わりとしてやっているような部分が出てくる。これは、ある意味恐ろしいことで、裁判員の方々も、裁判というのは重いもの、ことに死刑判決はそうだということだけは、よく考えて判断をして頂きたいと思います。

これは僕に限らず、大多数の学者がそうだと思いますが、絶対的終身刑のほうがベターだと思うのは、やはり、死刑判決というのは、人間に期待できる以上のことを求めてしまっているからです。絶対に間違いがあってはならず、また、死刑の選択もきわめて適切でなければならない。しかも、裁判員裁判だと、一般の民間の方々に、一時とはいえ、そういう神に近い役割を担わせてしまっているわけで、これは重すぎるのではないかと。

清水　それはよくわかるんですけどね。ただ一方で、無期懲役とか終身刑があったとしても、それこそ現実的には人権はほぼ失うのではないでしょうか。生きてはいるけど、ずっと檻の中に入っていろ、二度と出てくるな、ということを命ずるわけです。

それなのに、それを命じている裁判官が実は「精神的な檻の中にいる。自由に判断できていない」というのは、また非常に厳しい現実という感じがします。

瀬木　全くそのとおりで、裁判官というのは、いろいろな職業がある中でも、特に、圧迫とか統制を受けてはいけない人たちなんです。市民・国民の代表者として、あるいは清水さんの言葉を使えば刑事裁判では神に近いような役割まで果たして、そういう形で働く人たちなんだから、まさに、憲法にあるとおり、良心と法律と憲法だけに従わなければいけないわけですね。でも、日本の司法は、冤罪による死刑の疑いのある事件が出ていることからもわかるように、残念ながら、そうなっていないのではないかということです。

裁判というものがすごく恐ろしいのは、医療も確かに人の命にかかわりますけど、医者の場合には、とにかく救えばいいので、目標ははっきりしているんです。でも、裁判の場合には、目標がそれほど具体的にはっきりしていなくて、正義とか、公正とかいうのも相対的であり、主観的になりやすいものなので、裁判官は、よくよく気を付けていないと、堕落しやすいんです。

冤罪というのは、本当に、一人の人間の運命を、一人の人間の人生を、完全に踏みにじることになるんです。菅家さんだって、極端に長いほうではないですが、それでも決定的に傷付いてしまいましたよね。

清水　そうですね。一七年間です。逮捕当時は独身だったんです。それで四五歳から六〇過ぎまで結婚もできたかもしれない一番大事な時間を奪われてしまった。

瀬木　人生のかなりの部分を失って、しかも菅家さん自身が清水さんの本の中でも語られているように、今でも「本当はやったんじゃないの？」と思っている人がかなりいる中で、生きていかなければならないわけです。アメリカだとこれは晴れて無罪だと思うんですけど、日本だと、いつまで経ってもそういう疑いをもつ人がいる、善男善女の中にもね。そういう意味でも、冤罪というのは本当にこわいわけです。

清水　本当に何もしてない人が逮捕されないでしょ、という意識が強いですね。
瀬木　『ニッポンの裁判』の感想でも、「冤罪なんて遠い世界の出来事だと思っていたけど、違うようだ。恐ろしい」というのは多いですね。

これまでの日本では、どちらかといえば、民事のほうがまだしも裁判官が真摯《しんし》に裁判に取り組んでいる傾向が強くて、人の運命をより決定的に変えてしまう刑事のほうが、むしろ、本来の裁判のあるべき要請以外のもので動いている、結論が出ているという感じがします。

恵庭ＯＬ殺人事件も、元刑事裁判官である弁護士が途中から弁護団に加わられたんですけど、地裁の再審請求却下決定のずさんさに激怒されて、「瀬木元判事が裁判所のあり方を厳しく批判している。自分は、彼と全く同じ考えというわけではないが、もしもこの裁判がこのままの形で決まってしまうなら、もはや、私も同様に考えざるをえない」という上申書まで書かれているんです。それぐらい怒っているわけです。でも、結論は動かなくて、弁護団は、今、第二次再審請求を準備しているというわけです。

実際、僕は、日本では冤罪はかなりあると思っていますし、刑事裁判官がどうして推定有罪の構えを捨てられないのか、本当に疑問に思います。

裁判官とどう向き合うべきか

瀬木　ここで一つお話ししておきたいのは、『ニッポンの裁判』の最後の章でかなり強調したことですけど、現在の制度の下で、比較的良心的な裁判官たちによい裁判をしてもらうには、裁判官も人間だということをちゃんと認めた上で、市民・国民が、よい裁判をした裁判官をサポートするようにしてゆかなければならないということです。そうでないと、今のキャリアシステムで、よい裁判を期待することは難しいのではないか。

清水　制度が簡単に変わらない以上、国民のサポートは重要ですね。

瀬木　良心的な裁判官というのは、すでにお話ししたとおり、一生懸命孤塁を守っているような状況で、これは、本当にゆううつな状況です。僕自身、学者になってから、今までと全然違うなと思うのは、批判されることもありますが、それは匿名とか、そうでなくても感情的なもの、あるいは半分中傷みたいなものが多いわけですね。それよりも、理解したり、支持したり、それを土台にして自分の議論を組み立てたりというようなことを良心的なジャーナリストを含め多くの人がしてくれて、ネットワークも広がって、その意味では、孤立してはいないわけです。こういうふうに清水さんとも対談している。そこで理解し合えるし、議論もできるわけです。でも、裁判官時代には、本当に孤立していた、一人だけで。もちろん、学者も本を書くことも本質的に孤独な仕事ではありますが、それでも、外部につながることはできる。裁判官の孤独は、外部から切り離された世界での孤独であり、それこそ、収容所の収容者の孤独に近いんです。少なくとも、良心的な裁判官は多かれ少なかれそんな状況にあるんだということを、よくわかって、それをバックアップしてあげないとね。

清水　まず裁判官の世界をもっと知る必要があります。みんな知らないんですよ。こういう話は。わからないから孤立してしまう。

瀬木　たとえば福井地裁で、大飯原発差止め判決（二〇一四年〔平成二六年〕五月二一日）を出した樋口英明裁判長が名古屋家裁に異動させられた（その直後の二〇一五年〔平成二七年〕四月一四日に職務代行の形で高浜原発差止め仮処分も出しています）ときに、「この異動はおかしいではないか？」と報道して問題提起しないといけないですよね。樋口裁判長の裁判をいいと思うかどうかにかかわらず、そういう重大な裁判について自分なりの判断をきちんと出した人なんですから、その後の処遇がおかしくないかということは、立場やイデオロギーのいかんにかかわらず、みんな共通にいっていいはずのことなんです。

清水　そこがまたベールに包まれていて裁判所が何をしているかわからない。だから、いやこれは別に特別な異動ではありませんよ、という雰囲気で語られればだまされてしまいます。しかも誰も語りません（笑）。要するに根拠がわからないんです。

瀬木　これは、さすがに欧米なら大きな非難の声が上がりますよ。それに日本でも、少なくとも僕が二冊の新書を書いた後であれば、そんなことは、ジャーナリストを含め、気が付いている人はいっぱいいると思うんです。現に、朝日新聞の大鹿靖明記者は、ノンフィクションの書物も書き続けていて、朝日ではやや異色の記者かもしれませんが、彼がウェブの記事にもしていますから。僕も取材を受けています。

清水　でも、もし樋口裁判官が記者会見を開いて、「私は不当に異動させられたんだ」と言ったとしますよね。それが記事になるかというと、これはほとんどならないと思います。

瀬木　それでもならないわけですか。なぜですか？

清水　なぜかというと、その内容を最高裁判所などに記者が当てに行く、すると相手が否定するからです。裏付け取材は大事ですが、あまりに恐ろしい話を聞いた場合はそのまま書くことがこわくなり、反対当事者に聞いてしまう。その相手の権力の方が強ければ、そちらの勝ちになるという不思議な構造です。

瀬木　ええっ！　そうなんですか？

清水　ありえない仮定ですが、もし最高裁が、非常によくない異動をしてしまいました、申し訳ございませんと謝った場合はちゃんと記事になりますよ。

瀬木　でも、それって認めるわけがないわけですよ（笑）。そんなこと、ニューヨーク・タイムズだって、ル・モンドだって、ガーディアンだって、およそ認めさせられるわけがない。そんなの、猫に、「あなたはさっきこのお皿に私が置いたサシミを食べましたか？　ほかには誰も該当者がいないようですが、認めますか？」って問うことと同じで、ナンセンスですよ（笑）。

清水　そうなんです。ですから記事にならないんです。

瀬木　でも、少なくとも、欧米のメディアだったら、確実な事実を書き、そこから成り立つ推論をして批判しますよ。保守系のメディアだって、おかしいと考えればやるでしょう。

だったら、ジャーナリズムの役割はどうなるのでしょう。まさにそこを記事にするのがジャーナリズムなのでは？

清水　そうですね。先ほどから裁判官は神に近い存在と言っていますが、ジャーナリストが神とは全然思いません。ですがやはり自分の判断できちんと頭で考えて、記者の責任において疑問を呈していくべきで、こんなことが起きているけど皆さん御存知ですか、とやるのが記者の本来の仕事です。ところがまるで伝書鳩のように、当局や警察が認めたから、発表したから記事にするということばかりです。

足利事件の冤罪だって最初はどこの報道機関も一切やらなかったですよ。そもそも、当時はほとんどの社が冤罪報道なんてやらなかった。ところがＤＮＡ型鑑定が不一致になったとか、菅家さんを釈放したというあたりから大騒ぎになるわけです。

瀬木　いや、それは全くそのとおりで、袴田事件では、再審請求を認めたから、一面で報道する。ところが、やはり同じように争われている、冤罪の可能性が高い事件でも、却下されると、一つも報道がない。僕からみると、ここに日本の報道の問題があって、そこを記者に質問すると、「それはこういうことなんですよ」みたいな説明があるけど、よく理解できなかったんです。不思議な日本的レトリックというか、センテンスにはなっているけど、意味が取れない。でも、今の清水さんの明快な説明を聞いて、要するに「権力が認めたときだけ報道する」というふうになっているなら、それは、そうなるのが当然ですよね。

清水　この根幹に記者クラブ制度があるんです。そこで仕事をしている人たちは、より強固な権力に聞きに行って、否定されると終わるんです。だから飯塚事件もまったく同じで、弁護団がいかにおかしいかと記者会見をする。取材する司法記者は、会見後には検察に当てに行くんです。検察は、そんなことあるわけないでしょ、とか、われわれは絶対の自信を持って起訴したんだ、などと答えるわけです。だから記事にはならない。その圧倒的なバランスの悪さの中に日本の記者はいる。

瀬木　それは、ジャーナリズムの中立性ということに反するのでは……？

清水　元々記者クラブは中立になっていないんです。飯塚事件が起きました。そして久間さんという人が逮捕される。その前後に犯人視報道を延々とやったんです。そして有罪判決、死刑確定まで報じた。ところがその後状況が大きく変わった。ＤＮＡ型鑑定がおかしいんじゃないか。本人は否認していいるじゃないか。弁護団が動き出して、再審請求が始まった。大きく状況が変わったのにそれはまず報じない。実際にＤＮＡ型鑑定が証拠から排除されたのは裁判所の見解。するとようやく少しだけ記事にする。ほら、中立じゃない。

瀬木　それじゃあ、日本の行政訴訟でいわれる「中東の笛」（ハンドボールの世界で審判がことさらに中東諸国に有利な判定を行う傾向があるように、行政訴訟も行政が有利であること。『ニッポンの裁判』第5章）をジャーナリズムもやっていることになりますね。要するに、笛は権力のほうを向いて吹かれる。

清水　そうなんです。死刑執行後の状況は大きく変わった。それなのに、弁護団が再審請求をしているという事実すらほとんど報じないなら、ジャーナリズムは公平、公正ではないんです。権力の方を向いてしまっている。そこには逮捕前後にやってしまった犯人視報道の間違いを認めなければならないことへの恐れもあるのでしょう。

瀬木　僕も、大学に移ってマスメディアへの幻想もあらかたさめた気がしていたけど、今の話を聞くと、すごくがっかりしますね。裁判所という権力の側でそういうことにすごくがっかりしてきた僕ですが、ジャーナリズムについても……。

裁判官をやめる前はまだかなりの幻想をもっていたんです。ちゃんとやってくれているのではないかと。やめてから、いろいろ話をしたり、取材を受けたりしてみると、「うーん、どうなの」ということになって、清水さんなど多数のジャーナリストの本も読み、話して、「ああ、こういうことか」とだんだんわかってきて。でも、今日、ずばりそういうことを正面から言われると、本当にがっかりします。

清水　すみません（笑）。

瀬木　僕の本を読んだ人たちが司法についてがっかりしたのと同じような意味で、僕も、日本のジャーナリズムのあり方について、特にマスメディアですけど、本当にがっかりしてしまったな。相互にがっかりの多い対談ですね（笑）。

清水　私はずっとそういう世界をみてきています。だからこそジャーナリズムはこれではいけないのではないか、ということも含めた報道をやってきているんですけども、なかなか変わらないという状況です。

瀬木　権力機構が発表したとおりに報道するんだったら、何のためにジャーナリズムがあるのか。それは、国家機関がそのまま発表したのと同じですよ。いわゆる「発表報道」ですよね。機能からいえば、一種の「官報」。

清水　そうなんです。「報道」ではなくて「官報」であり、「広報」なんです。発表を情報として取材するのはいいでしょう。でも、そこから先、自力で別の取材をして、自分自身が事実だと確信したもの、事実に近いだろうと判断したものを伝えるのが報道。そうじゃなかったら、垂れ流しですよね。こういうことが結果的に司法当局と一緒になって、幾多の冤罪を生み出していく。

瀬木　全くそのとおりです。僕が思うのは、冤罪についても、無罪になるか冤罪の疑いが濃い国策捜査についてもそうですが、その報道を行った記者たちにも、罪はあると思います。

清水　本当です。だから状況が変わったならばどんどん伝えなければいけないんです。足利事件では、日本テレビは冤罪ではないのかという報道を孤立して一年半やったんです。だから菅家さんが釈放されたり、無罪判決が出た時も、特段の訂正放送や謝罪はしていません。しかし他社、特に新聞は自社記事の検証やお詫びをせざるをえなくなった。それはそれまで大きく変わっていた状況を無視して、発表がないからと放置したためです。

瀬木　神の目から見れば、冤罪に加担しているとみざるをえないのではないか。責任ある報道機関が、自主的な検証をしないで発表をそのまま流していれば。

清水　その通りです。ただここで難しいのは、容疑者が逮捕されて連行されたりしますよね。その報道についても、まだ容疑者でしかないのだからやめろ、という意見もあったりするんです。でも、私はそうは思わない。なぜかといえば、報道しなければ、国家権力が人一人を逮捕、拘束するということを隠すことにつながるからです。逮捕事実はきちんと伝えないと、権力はそこにつけ込んでいろいろやりだすでしょう。

瀬木　そうですね。それはそうです。

清水　中国などは、まさにそうやっているわけです。ある日突然人が消えたとか。もちろん犯人視報道するのは危険なんだけれども、警察が裁判所の令状を取って逮捕しましたというのはもう事実。これを報じることは意味があると思っています。そして一方で、この人は犯人であると確定されたわけではない、ということもきちんと伝えなければいけないんですよ。

瀬木　でも、日本では、やはり、推定有罪的な警察目線の報道が多いですよ。『それでもボクはやってない』（周防《すお》正行監督、二〇〇七年）という映画を見て、僕が、「ああ、そうだよね」と思ったのは、最初からもう犯人扱いなんです。日本では代用監獄でも最初から犯人扱いで、被疑者といいながら、ほとんど犯人みたいな処遇を受けているということを、あの映画は、きちんと映していましたね。

清水　そこがやはり九九・九％有罪という前提のもとに進んでいくことの弊害ですね。

瀬木　かつ、発表報道もそれを助長している。それこそ、国策捜査なんかだと、もう最初から決めてかかっていて、最後にそれが間違っていたということになっても、「いや、それでもやはり問題があったんじゃないか」と、まだやったりする。「政治家としては問題だ」とか、論理をすり替えてしまうんですよ。小沢一郎氏が無罪になった陸山会事件（二〇〇四〜七年）でも、もう事件としてはダメだったということがわかってからも、新聞が、「いやいや、やはりあの人は問題があった。政治家として問題だ」と。

政治家として問題だということと、その事実について有罪かどうかとは全く違うことでしょう。信じられない報道です。もしもアリスがそういう記事を読んだら、「ここもきっと不思議の国なのね？」って思うんじゃないでしょうか（笑）。

清水　あと、与野党がねじれ構造になっているのが問題かのように報じたりしてましたね。結果的に与党圧勝になって何が起きたかといったら、なんだかきな臭くなるばかり。あの頃は本当にねじれが悪いかのようにやっていましたからね。あのコントロールされたような報道というのはどこから来ているのか。本当に後進国だと思います。

瀬木　それこそ山本七平の書いている「空気の支配」そのもので、あるいは旧日本の帝国陸軍と一緒で、そのときの空気には誰もさからえない。

清水　そうそう。それにさからわないでいると、あっという間です。

瀬木　そして、無責任構造のまま動いていって、後になってみると、「いや、みんな空気のせいだった」、あるいは、「一億総懺悔《ざんげ》で忘れましょ」ということになるわけです。

司法ジャーナリズムは機能しているか

清水　今、ジャーナリズムの話が出たので、ここでジャーナリズムと司法の関係についてうかがわせて下さい。まず、裁判官に対してジャーナリストの個別の接触というのはあるのでしょうか。

瀬木　普通は全くありません。そういう意味では、日本の裁判官は、過度に守られています。たとえば大きな事件の判決をしても、インタビューすら受けないですよね。アメリカだったら当然インタビューを受けなければならないですけど、日本では、裁判官は隔離され、かつ保護されている。「裁判官は弁明せず」というような言葉もありますが、言い方を変えれば、狭い世界で飼いならされているというのが日本の裁判官のあり方です。

清水　司法記者たちも、裁判官の取材はできないと頭から決め付けている感じがします。しかし公の場で人を裁くわけですし、顔も名前も出るのに、コメントは出せないっていうのも変な話ですね。

瀬木　アメリカやヨーロッパだったらごく当たり前のことですから、日本の状況は非常に異例です。新聞等の報道でも一応裁判長の名前は出ますが、その後、深く掘り下げて、その裁判長に尋ねたり、裁判の批判・分析を行ったりすることはまずないので、結局、日本では、「裁判官がどんな裁判をしても、世間からどうこういわれることはない」というふうになってしまっている。完全に無色の取扱いで、取材は全くないわけですからね。これは一つの大きな問題です。

清水　裁判官が守られているということでしょうね。まあ結局はその先の組織を守っているんでしょうけど。

瀬木　管理するとともに、外に対しては、裁判官に手を付けられないようにしているわけです。

清水　瀬木さん御自身で、たとえば何か大きな裁判に関わり、個別の取材を受けた、あるいは取材を申し込まれた経験はありますか。

瀬木　「個別の取材は一切受けるな」と裁判所はいっています。これも昔はもう少しゆるかったようですが、ある時期からは徹底している。全部広報を通せ、ということになっていて、広報が答えています。

もっとも、僕の場合には、個人的に本を書いたり、論文を書いたりしました。それについては、当然取材の申し込みがあるんです。ところが、これも、二〇〇〇年くらい以降から、勝手に断られてしまったり、あるいは、「自分の意思で断るとマスコミに言え」と所長から強く言われたりしました。「そんなことはできない」と言ってかなり対立しそうになったんですが、先輩が、「瀬木さん。あんな人、あなたが本気でけんかするような人じゃないよ。馬鹿らしいからやめなさいよ」って言ってくれました。「管理者が応じるなと言っているから応じない」とも言ってはいけない、というわけです。

清水　それは、御自身がかかわっている裁判でなくて、刊行した書籍についての話ですよね？

瀬木　はい。職務と全く関係ない、僕の単なる論文とか、筆名で書いていた本についての取材です。内容もごく一般的なものです。では、そんな取材でもなぜ所長たちが神経をとがらせるかというと、そこでたとえば僕が裁判所にとって都合の悪いことをぽろっと言ったりすると、所長の失点になるんです。だから、すごく神経をとがらす。

清水　冒頭でうかがった話ですと、裁判官は電車で通勤をされ、人によっては居酒屋、パチンコぐらいまで行かれる。一般のサラリーマンとあまり変わらないようなスタイルで生活されているというふうに考えます。

瀬木　そういう意味ではそうですね。でも、それは本当に皮相な表面のことなのですが。

清水　法廷で裁判官の顔も名前もわかります。そうすると、たとえば記者がいて、その裁判官が裁判所から出てくるところをどこかでつかまえて、話を聞くチャンスというのは、現実にはあるような気がするんですよね。

瀬木　ええ、できますね。裁判所から帰るときなら。

清水　そういう取材にトライする記者はいないんでしょうか。

瀬木　裁判官に対してですか？　それはもう、司法記者というのは記者クラブなんかもあって、裁判所が引いたラインから中には絶対入りません。個別の裁判官の取材なんて絶対しないし、万一すれば、記者クラブから閉め出される、取材をさせてもらえない、ということになると思います。

清水　そうすると、裁判官への取材をさせないための「鉄のカーテン」は完全な状態だということですね。

瀬木　だから、これ、みえないんですよ。日本の裁判所の支配統制システムの一番すごいところは、決してみえないということです。透明な鉄のカーテンなんです。さらによくできているのは、中にいる人たちも、だんだんそれが当たり前になってしまう。実際には、最高裁や事務総局が考えていることと違うことをする人にとっては、その鉄がたちまち実体化して身体にぶつかってくるんですけど、その枠内で動いていていてそれが居心地よい人たちにとっては、そういうものは「ない」わけです。

清水　長くそこにいると気が付かなくなるんですね。ある意味うまくできているわけですか。そうすると、たとえばある裁判に興味をもったジャーナリストがいて、その取材も当然個別にはできないし、裁判所というシステムの中に入り込もうと思っても、それもまた無理、という大きなディフエンスがあるということですね。

瀬木　不可能です。かつ、記者たちも、多くは、その壁を障害とも思わず、当然の前提としてとらえていますし、その中で裁判所の発表に基づいて報道をしている限りは協力してくれますから、それに乗ってしまっている人も多い。いわば、「共存共栄」ということです。法的リテラシーが乏しくて、裁判所の広報に解説をしてもらわないと記事が書けない記者も結構いますしね。

清水　マスコミにはなかなか裁判所の内部がわからないわけですが、逆に裁判官からみたマスコミ、つまり新聞やテレビですね。こういったものに対してどういう目線で、どんなものを見て、どんなふうに考えているのでしょうか。

瀬木　ありていに言いますと、刑事系のエリート裁判官はマスコミを利用することがうまいです。その一方、「ブンヤ、ブンヤ」って、陰ではすごく馬鹿にしていますね。「ブンヤがああ言った、こう言っていた」とか。

清水　これも警察、検察と同じですね。彼らもやはり裏でブンヤと呼ぶそうです。もし法服を着たままブンヤとか発言している姿を見たら結構衝撃です。で、その上、利用されると。

瀬木　清水さんもよく御存知のとおり、刑事系は、特に検察、警察、裁判所関係の記者統制が厳しいのですが、その代わり、記者が協力してくれる限りは、いろいろな情報を流してくれる。刑事系のエリート裁判官もそれをよく知っていて、そのシステムを利用するということがありますね。

清水　いずこも同じですね。

瀬木　ただ、民事系になると、そういうことはあまり知らない。僕もそうでしたけど、メディア全般、マスメディアに対しても、それなりにちゃんとした記者がちゃんとやっているんじゃないかという幻想を強く抱いていました。学者になってわかったのは、確かに良心的な記者もいますが、そうでない人もいるということですね。

清水　記者を利用し、記者もそれをスクープのように扱って利用するという生臭い関係。警察との関係がまさにそれです。

瀬木　裁判所も、事務総局や東京の刑事系は同じです。

清水　こっそりと記者に接触するケースはあるんですかね。

瀬木　聞いた例はあります。あまり表には出ていないけど、事務総局系の刑事系裁判官の言うこととか、やることを見ていると、記者と個人的な接触をかなりしていなければ考えられないような行動があります。たとえば一種の取引ですね。刑事ではそういうことがありうるのではないかと思います。

清水　警察や検察の場合には、いろいろな形で自分たちに都合のいい情報を流して記事にさせて、思い通りの方向に進めたい、たとえば被疑者逮捕や有罪判決に向けてコントロールしたいということが主な目的になると思いますが、裁判官の場合の狙いはどこにあるのでしょうか。判決への地ならしみたいな部分でしょうか。

瀬木　そうですね。何かと情報をとっておくとか、報道をコントロールするとか。たとえば、判決が出る前から、記者クラブレベルでは情報が流れていることがあるという話は、聞いたことがあります。もちろん発表はしてはいけないわけですけど、すぐ記事が書けるように事前に結果が流れている。僕は民事系なので、これは聞いたというだけですけど。

清水　私も話だけは聞いたことがあるんですよね。

瀬木　それがちょっと信じられないんですよ。民事ではそういうことは原則としてさすがにありえないので。そのへんに、やはり民事系からはうかがい知れない「刑事系の闇」みたいなものの一端が現れていると思うのです。先に結論が知られていたら、それは裁判ではないですからね。

ジャーナリズムと司法の劣化は相似形

瀬木　ジャーナリズムの使命というのは、国民の「知る権利」に奉仕し、「報道責任」を果たすことだと思います。それを通じて、国家だけでなく財界等も含めたあらゆる権力のあり方を監視し、問題があれば指摘する。この「指摘」は、司法とジャーナリズムの一致した役割だと思うんです。それを国家の一部として受け持つのが司法であり、民間で受け持つのがジャーナリズムである。つまり、司法とジャーナリズムが民主主義の根幹を支えている。これも欧米の共通認識だと思います。

清水　ジャーナリズムの存在意義や使命が「知る権利」への奉仕であるというのは、よくいわれますよね。もう一つの「責任」についてお聞かせください。

瀬木　報道責任というのは、まさに国家や権力のあり方を常に監視して報道する、議論の基礎となる情報を提供する責任です。

清水　つまり知る権利はもちろん行使して、それをきちんと伝える責任があるという、そういう報道責任。

瀬木　はい。裁判官と同じで、市民・国民の代理人ということです。英米でもヨーロッパでもそういう意識は強いと思うんです。基本的に、常に、権力の視点ではなく、市民・国民の視点に立つべきものですよね。

清水　国民の知る権利に応えることと民主主義のつながりというのは、どういうことがあるんでしょうか。

瀬木　民主主義の根幹として、まずは、情報、事実、真実がなければ、お話になりません。まずは、情報、事実、真実がないと。イデオロギーなんて、それに比べれば全然重要じゃないですよ。学問もそうですし、ジャーナリズムもそうですが、広い意味での真実を追究してこそのものです。まずは真実を伝えなければなりませんし、そこに基礎を置かなければ行動というものは成り立ちません。絶対に、まず一番に重要なのは、正しい情報、真実です。ところが日本ではそれが不足している。

福島第一原発事故でも本当に失望したんですけど、「爆発的事象」とか訳のわからないことを言っていて、全然真実が語られなかった。でも、あれが今の自民党だったら、もっとひどかったかもしれない。で、そういうことをジャーナリズムが暴いているかといったら、暴いていないわけです。英文のインターネットで外国の記者たちの報道を読んだほうがはるかによくわかった。そのときに、僕は、まだ裁判官をしていて、ジャーナリズムにかなりの幻想はあったんですが、でも、「この報道何？　どうしてこうなるの？」と、本当にがっかりしましたね。

裁判官と同様に、ジャーナリズムも、当然、市民・国民の代理人だと思うのですが、日本のジャーナリズムの一般的な考え方は、違うんでしょうか。

清水　本来はそうなんですが、現実はそれがかたよっている。公平性、公正性といいながら実は権力とか、行政とか、そういうところから一方的に出てくる情報を真実のごとく丸呑みし、それをそのまま投げるということが続いてしまっています。

瀬木　個々のジャーナリスト、組織の中にいる人も含めてですが、その人たちは、自らの仕事が本来の自分の役割である市民・国民の代理人とは違ってしまっているということについて、良心の痛みを感じることはないのでしょうか。

清水　むしろ、そういう状態に陥っているということがあまりはっきりわかっていない、あるいはそれが問題であることに気付いていないのではないかと思うんです。

瀬木　それじゃあ、まさに精神的な檻の中にいるということで、裁判官たちとなんら変わらない。檻が重々しくて古風か、ちょっと斬新なデザインかの違いがあるだけ？

清水　そうそう。見えない鉄のカーテンです。記者クラブという檻の中にいる記者たちは、毎日その仕事に追われるわけです。大量に情報が出てくる。とりあえずそれを伝えることは安全だし、みんなと同じ仕事をしていれば、スクープもないが抜かれる心配もない。長く記者クラブにいるとそれが問題だということもわからないのですが、記者クラブを出て、いろいろな部署に動きますよね。フリーになる、編集委員になる、あるいは調査報道みたいなことをやる。そうするとわかるんです。振り返ってみて、自分たちがやっていたことが、いかにおかしなことだったのか、ということに。

瀬木　そうですね。デスク、編集委員を始め、上のほうの記者には、より自由な観点から掘り下げたことを書こうとする人と、「権力補完機構」的な傾向が強くなる人と、二種類あるような気がしますね。また、ここは、メディアにより、かなり差があるように感じます。

清水　他社のデスクとか管理職になった人が、私に記者研修や講演の依頼に来たときに言うのが、「若い記者は記者クラブにいて情報をもらうのが当たり前だと思っています。ぜひ研修でビシッと言ってください」ということなんですが、それを言っている人もかつては記者クラブにいたわけですよ（笑）。

瀬木　結局、日本では、本来は市民・国民の代理人として権力を監視すべき裁判所も、ジャーナリズム、ことにマスメディアも、どっちも権力の一部になってしまっている傾向が強くないかということですかね。大きなところほど、「権力チェック機構」じゃなくて「権力補完機構」的になってしまっている。

清水　そうですね。究極のことを言ってしまうと、やはり権力についているほうが楽なんです。そして安全です。そこから対権力の構造の中に入るというのは、ものすごく怖いし、危険です。ですからサラリーマン化している記者たちにどっちを選ぶんだと聞いても、考えるまでもないですよね。最近、権力者と記者が一緒に飯を食ったみたいな話題が出てきますけど、それは批判するより、そのほうが楽だからです。

瀬木　僕も本当にがっかりしたのは、権力者、あるいは彼らと同類のタレント学者とかと一緒に御飯を食べるとか、付き合いがあるとか、そういうことを誇りにしているような人が、そこそこいるということなんです。裁判所の場合でもそうです。司法記者の中には、それこそ「俺は最高裁判事と話したことがある」とか、「事務総局の幹部たちとツーカーである」とかいうことを自慢するのみならず、自分の地位の後ろ盾にしているような人までいる。これは、記者たちから何度も直接聞いたことです。「社内でも、『司法マフィア』って呼ばれてるんですよ」という声まであった。

清水　そういう裁判官とか記者たちのやっていることが、国民や市民の代表になっているとは到底思えないじゃないですか。どこを見て仕事をしているかといえば、権力者であり、自分の立場です。

私はよくこんな話をするんですが、たとえば裁判所には司法記者席がありますよね。あそこに座る権利が大手のメディアにあるんです。それは別に〇〇新聞のためにあったり、××テレビのためにあったりするわけではなくて、国民・市民の代表としてそこできちんと取材して裁判所で何が行なわれているかをちゃんと伝えてくれると信じているから、本来は共有の場所を報道機関が独占しているわけじゃないですか。

瀬木　一二〇%そうです。市民・国民の代理人としての席です。特定メディアの既得権なんかではない。

清水　ところがそこに座っている記者が、裁判の途中にダーッと走って出て、死刑です、死刑ですとかやっている。あれは本当に国民のためになっているのか。数秒早いという速度だけのスクープ、つまり自分たちの視聴率のためにやっているだけじゃないのか。私にはそうみえてしまう。大事なことを正確にきちんと伝えるということが、国民・市民のための報道ではないかと思うのですが。

瀬木　そうですね。日本の記者の原則的なやり方は、「速く、浅く」だと思います。

清水　今のは目に見える例ですが、これが多くの記者クラブで起きてしまっている現実ではないかと思います。

瀬木　で、その結果がどうかと言ったら、それこそ検察官、警察、また、刑事裁判官たちが陰では「ブンヤ、ブンヤ」というふうに軽蔑しつつ、うまく利用しているということなんですね。

清水　やはり軽蔑しているんですね（笑）。

瀬木　人間は、自分の思いどおりに動く奴隷《どれい》的な人間を、必ず軽蔑するものです。これは、僕の経験から学んだことですが、普遍的真実ではないかと思います。僕は、刑事系の裁判官たちがどうしてあんな言い方をするのかなと思っていたんだけど、この対談で、「ああ、なるほどね」と、腑に落ちるところがありました。

清水　権力者は、メディアを何とかうまく使おうとする。だから「書かせてやる」みたいな感じなんでしょう。しかし記者からすると「自分の力で情報を取った。ウチだけだ」みたいなところに陥りがちです。非常に危うい構造で、スクープだと言っているものの中には、うまく利用されただけのものがある。わかりやすい例が先ほどの足利事件です。ＤＮＡ型鑑定という新しい手法で犯人がわかった、明日朝イチで容疑者を呼ぶ、と警察庁がクラブの記者にリークしたそうです。びっくりしたのは栃木県警です。まさか新聞に出るとは思っていない。容疑者を引っ張る準備をしていたら、いきなり朝刊で打たれちゃうわけです。で、腰を抜かす。これは何のためにやっているかと言ったら、「警察庁大活躍」と書いてほしいから、こういうリークが行なわれたということですよね。でも結果的にそれが全部間違っていた。冤罪事件を生んだわけです。

瀬木　国策捜査なんかでも、見ていると、常に「うまくリークをして書いてもらって」という、その積み重ねの中で進んでいきますよね。記者もある意味で検察の共犯者。

清水　そうですね。だからそんなふうに考えると、まさに統治の問題なんですけども、国とメディアがいっしょくたになって、利用し、利用され、互いにもたれ合った中で進んで行く。民主国家としてどうしようもない状態になっているし、ひょっとしたらずっと前からそうだったのかもしれない。

瀬木　これは、おそらくそうでしょう。さすがに、徐々に社会の民度が上がって洗練されてきたから、それが目立つようになっただけだと思います。

大昔から、たとえば「事件記者」なんていわれて、新聞記者の修業がサツ回りから始まって、そこで警察の人たちは比較的高学歴である記者にコンプレックスを抱きつつ、情報を与える側であるという優越感をも同時にもって接して。きわめて日本的な、ゆがんだコンプレックスの応酬ですよね。そんなふうに、警察の人たちとうまく付き合って情報をもらうというところから修業を始める。そういう最初のあり方自体に、何か本来の記者としての良心を麻痺させていくような形があるような気がするんです。「ジャーナリストとしての修業がそういうところから始まるの？　官庁でコピー取りから始めるのと似てますね」って感じます。

第6章

民事司法の闇

名誉毀損裁判の高額化

清水　ジャーナリズムが役割を果たすためには、当然ながら「表現の自由」が守られなければいけないのですが、近年、名誉毀損についての裁判に大きな動きがあります。たとえば慰謝料や賠償請求の金額がとても上がってきたとか、いろいろなケースが出てきています。これについてうかがいたいんですけども。

瀬木　これは、政治からの突き上げがありました。それに応える形で、司法研修所が研究会をやるんですが、これは、実際には、最高裁判所事務総局の肝いりでやっていることが明らかな御用研究会なんです。その研究会の結果、やはり裁判所と関係の深い法律誌に、研究会の結果要旨や論文が発表される。そこで出された方針が、名誉毀損訴訟についてはこれから賠償金額を高額化するということ。

清水　それが方針となっていくと。

瀬木　そのための「慰謝料算定基準表」まで作ってあるんです。一点一〇万円という形でいろいろな項目がある。特に目立つのは、その中に「社会的地位」という項目があって、職業について、タレント等一〇点、国会議員・弁護士等八点、その他五点なんです。なぜタレントの社会的地位の評価が、普通の人の二倍なのか。国会議員が一・六倍なのか。全然訳がわからないでしょう？

清水　そんな基準表があることすら知りませんでした。

瀬木　タレントが一番高いことについては、タレントについていろいろ突っ込んで書くことが多い週刊誌等の媒体を念頭に置いているということが、一つ、考えられます。

清水　なるほど。週刊誌を狙い撃ちにしているわけですね。

瀬木　それから、次に国会議員と弁護士と書いてあるけど、弁護士は名誉毀損訴訟なんて起こさないので、弁護士というのは完全に迷彩で、国会議員、つまり、政治家、ことに有力な政治家について高くするという考え方が、露骨に現れているんです。

清水　これでは議員の防衛のために決めていると取られても当然でしょう。

瀬木　確かに、日本の名誉毀損関係の訴訟は、それまでは、勝っても賠償額が低かったんです。そのこと自体は一つの問題ではありました。でも、こういうふうに、官製の、いわば御用研究会とか御用論文みたいなもので一気にそれを変えてしまう。しかも、マニュアルまで作って、点数化して、その中でもタレントや国会議員については普通の人より重視するというようなやり方。これは、一種の裁判干渉であり、かつ誘導、統制ですから。

清水　私のように点数が低い層から見れば差別とも感じますが（笑）。

瀬木　いや、清水さんはもう有名かつ評価されているから、相当に高くなるかもしれませんよ。日本の裁判官は、ともかく、権威には弱いので（笑）。

いずれにせよ、雑誌を読んだ裁判官たちは、これがどういうところから出てきたか、すぐわかるわけです。だから、これから名誉毀損というのは高くするんだな、それからそこには謝罪広告もこれまでよりも認めるべきだと書いてあるので、謝罪広告も認めるんだな、と。そうなる。その特集には、ごく近い時期に地裁判決で五〇〇万円以上を認容したような判決も掲載されているんですが、そこに、先の研究会のあと雑誌が出るまでの間に出た東京地裁の判決が、三件も入っている。これは、その研究会を受けて高い金額を認めたものである可能性が、かなり高いですよね。そういうふうに、全体の構造が作られている。

清水　つまり研究会の結果を受けて、高額の慰謝料を認める判決が生まれ、それが雑誌に掲載されて強化されると。

瀬木　そうです。さらに、このころから非常に恐ろしいことになったのが、立証の部分です。実はこれが一番問題なんです。立証について、裁判所は、それまでは、名誉毀損というものをなかなか認めなかった。それから「真実性・相当性の抗弁」といいまして、被告、つまりジャーナリズムの側が真実であることを証明すれば、あるいは真実と信じることに相当の根拠があったことを証明すれば免責されるという構造になっている。つまり抗弁を立証しなければいけないわけですが、それまでは、割合常識的にこれを認めていたんです。

清水　それが判例でしたね。公共性、公益性、真実性ないし相当性があればよしとする。

瀬木　ところが、それが一転してしまって、原告の言うことはごく簡単に認める。場合によっては、証人や本人の尋問もしないで、陳述書だけで認めてしまう。逆に、被告の真実性・相当性の抗弁については、非常に厳しいものを要求する。そうなりました。もちろんジャーナリズムのほうは裏は取っているわけですけど、その多くについて取材源の秘匿が必要ですから、明かせませんよね。それまでの裁判は、そういう事情を一定は重視していたのに、今は、「明かさないから、はっきりしないからダメ」という感じで切り捨てる。

清水　確かに裁判などではこのケースが増えているように思えます。

瀬木　被告が相当の立証をしていて、これだったら昔は絶対棄却だったという事案でも、その抗弁を認めない。また、たくさん名誉毀損の事実が掲げられていて、その中の大半の部分について被告のほうが立証に成功したと認めているのに、隅っこのほうの、どうでもいいようなところだけはこれを認めず、一部だけでも原告を勝たせてあげる。特に政治家の事件なんかでこれが目立つんですが、実に露骨です。「ともかくえらい人は少しは勝たせてあげないとまずい」という印象なんです。

清水　そんなレベルなんですか。呆れますね。

瀬木　とにかく、有名人、ことに政治家、中でも権力をもった政治家の起こす訴訟について、裁判所は、最初からそっちのほうにかたよっているという傾向が、非常に強くなってきたんです。原告に対してもヒラメ。その結果、名誉毀損訴訟全体について、訴えられた場合、被告敗訴率が非常に高いということになってきてしまって。

清水　まさに忖度ということでしょうか。それを証明するかのような判決がありました。安倍総理がメールマガジンで、福島第一原発の事故の際に、海水注入を止めたのは菅直人総理であるという趣旨のことを書いた。菅氏が事実ではないと名誉毀損で訴えた裁判がありましたが、二〇一七年（平成二九年）二月二一日、最高裁で上告棄却の判決が下されました。

もう少しお尋ねしておきたいんですけど、先ほど出てきた慰謝料算定基準表という存在ですが、ほかのいろいろな裁判の判決や決定をする際に、こういうものはあるんですか。

瀬木　民事ですと、典型的な例としては、保全命令の担保があります。
　たとえば、本裁判の前に、被告の財産が散逸してしまったりするのを防止するために、とりあえず財産を仮差押えする、また、建物建築禁止のように、長い時間が経ってしまうと、もう裁判自体が無意味になってしまう場合や、原発稼働禁止のように、危険性の高い施設の稼働をただちに止める必要がある場合の差止めとか、そういうのを民事保全というんですが、その保全命令（裁判の性質としては決定）を出すときに、債権者、申立人の側に担保を積ませる。その担保の基準表というのが、一番よく使われています。
清水　なるほど。ほかにはどんなものがありますか？
瀬木　刑事だと、すでにお話しした裁判員裁判について、量刑分布表の枠内にとどめる方向の運営がされているのではないかという指摘がありましたね。それから、保釈の場合の金額の基準表。あと、民事では、交通事故の過失割合に関する基準表。こういう行為があったら、どれだけ過失を認める。あるいは過失の相殺を認めるというものです。
　僕は、本来裁判にマニュアルがあるというのはおかしく、せいぜい技術的なものについての一つの参考にとどめるべきだと思いますし、僕の民事保全の教科書でもそう書いています。
ましてや、名誉毀損なんていうのは、一件一件全然違うわけです。だから、一方でかなり高いものがあってもおかしくないし、一方で本当に名目的な額のものがあってもおかしくない。少なくとも、こういうふうに一律にマニュアルで決める、統制するということには、およそそぐわない性質のものです。
清水　まあ、裁判官によってあまりにバラバラでも困りますが、これでは自動販売機ですね。

瀬木　元々、裁判というのは、大前提としてマニュアルでやるべきものではないです。それならコンピューターにさせればいいわけで。一番ムラはなくなるでしょう。これも、日本特有の現象だと思います。

ことに、こうした名誉毀損のような、価値や人権に深くかかわるようなものは、およそマニュアルでやるべきではないと思います。

スラップ訴訟

清水　最近ではスラップ訴訟という言葉をよく耳にします。この実態について教えていただけますか。

瀬木　名誉棄損訴訟の変化によって何が起こったかというと、政治家や有名人が勝つようになったので、そういう人たちの批判がもうできない。また、全体に、政治家を始めそういう人々が裁判所をなめ始めているという感じがします。とにかく、何かいわれると、すぐに訴えを起こす。これに関連するのが、スラップ訴訟です。

「権利の実現、損害の適切な回復」が民事訴訟の目的ですが、そうではなく、訴えを起こすことによって「相手を恫喝し、その言論活動等を萎縮させる」ことを目的とする訴訟をスラップ訴訟といいます。簡単にいえば「恫喝訴訟」。これは、アメリカで始まったもので、たとえば、大きなスーパーマーケットのチェーンが地方に進出していくときに、そこで小売店主などが反対したとします。そうすると、その中心人物たちに対して高額の訴訟を起こして、それで反対運動をつぶすわけです。

清水　一般人にとっては訴訟を起こされるなんてそれだけでビビリますからね。脅しは効きます。

瀬木　で、アメリカでも、これはいけないということになって、今では半分以上の州、ことにそうした訴訟が起こりがちな人口の多い主要な州では、スラップ規制法ができています。スラップ訴訟の申立てがあればまずはその点を審理し、スラップ訴訟であると認定されたらそれだけで棄却され、弁護士費用はすべて原告の負担とされる、といった立法ですね。

清水　それは有効そうですね。

瀬木　有効です。アメリカではそういう方向ですから、これについては、表現の自由や市民運動を守るという観点から、日本でも早急に立法化が必要です。スラップ訴訟の定義があいまいだともいわれますが、これもためにする意見で、まともな裁判官なら十分に判断がつく事柄です。

日本では、二〇〇〇年代、ことにその後半から、スラップ訴訟が増えているんです。多いのは、名誉毀損を理由とするものですね。何千万円、ときには何億円というような名誉毀損損害賠償請求訴訟を起こす。それも、場合によっては、出版社等の媒体を訴えずに、著者とか、ジャーナリストだけを狙い撃ちする。そうすると、これは個人ですから、対応するのが極めて困難になる。

清水　まさに。フリーの人は簡単に対応できませんし、時間も取られることになる。会社員でも社内的には苦しい立場に置かれますよ。あいつ訴えられたぞ、とか。

瀬木　あと、企業がその活動に反対する住民を訴えるといった事例もありますね。警察に注意されるとか、いろいろな形で圧迫を受けてきて、それでも平気だったような人が、巨額の民事訴訟を起こされたらたちまち元気がなくなってしまった、というようなことがいわれています。

清水　よかれと思って手弁当でやっているのに、ある日突然、個人に対して裁判所の名入りの封筒で訴状が届くわけですから、それはがっくり来るでしょう。

瀬木　そういうふうに、訴訟というのは「恫喝の手段としてはきわめて強力」です。それにさっきの名誉毀損の話が加わってきて、簡単に名誉毀損が認められるということになると、ジャーナリストなり、取材源なりを恫喝する訴訟というのがどんどん起きてくるわけです。これは本当にこわいことで、もうすでに、言論全体が萎縮し始めています。

たとえば、魚住昭さんが書かれたような、有名な人物の批判的評伝の本（『渡邉恒雄《わたなべつねお》――メディアと権力』、『野中広務――差別と権力』ともに講談社文庫）は、これでは、もう出せないですよ。批判的な評伝の中には、名誉毀損に当たりうるところが何十か所と出てきます。それら全部について真実性・相当性を、しかも今の裁判所が要求しているような、すごく高いレベルのものを要求されたら、そんなもの、勝てっこないですから。

清水　本来は、公共性、公益性が高いということで認められてきました。公人、半公人格といった人たちのことは、多くの人々の知る権利につながるはずですが。

瀬木　アメリカでは、名誉毀損訴訟では、原告はきわめて勝ちにくいということになっています。ことに、公人といわれるような人々についてはそうですね。これは、民主主義社会の基盤としての「表現の自由」を最大限に尊重するということです。ヨーロッパは、日本とアメリカの中間くらいでしょうか。日本では、法律の仕組み、判例としては、名誉毀損は簡単に成立して、むしろ被告のほうに証明責任が負わされるという形になっているのですが、この形自体が、アメリカに比べると、随分被告に不利なんです。

清水　そうですね。これがまさに訴えられた時の真実性・相当性の立証責任ということですね。

瀬木　被告の側に証明責任があるんです。僕は、少なくとも真実性については、反真実性の立証を原告にさせるべきだと思います。原告にとっては難しいことではないはずですから。現に、アメリカ法ではそうなっています。でも、かつての裁判所は、実際には、真実性・相当性は、常識的なところで認めていたんです。これはまあ真実だよな、あるいは、そういうふうに信じたのも無理はないよな、という事案では、棄却していたんです。民主主義国家の裁判所としては、それは当然のことで。

清水　取材、執筆時に真実だろうと判断した、その理由をきちんと立証できればよいと。

瀬木　ところが、最近、全然それを認めないんです。そうすると、本当に、これは、ある意味で、表現の自由の封殺ですよ。本当にこんなに暴走していいのかと近年強く感じる一つの分野が、名誉毀損です。そういう方向性がスラップ訴訟の温床にもなる。

清水　いろいろうかがっていくと、裁判所が、国民のためではなく、やはり権力側についてしまっている。この国のすべてのシステムが、そちらに向かっているというかバランスが崩れてきていま す。そんなふうに感ずるのです。

瀬木　残念ながらそうですね。僕に限らず、民主主義者、ことに自由主義者は、まともな人であれば、すごい危機感を持っていると思うんです。日本のシステム全体が、政治家も、国会も、行政も、司法も、ジャーナリズムまで含めて、とにかく、国家的利益・威信のほうへばかり傾いてきている。民主主義の根幹がむしばまれても、それを平気で見過ごしているという感じがします。このあたりが、日本の保守主義者のわからないところで、欧米なら、保守主義者だって、こういうことには非常に関心をもちます。

清水　そうすると、安易に死刑賛成なんてしていると、思う壺ということになってきますよね。国家にとって邪魔になる人物は消せという思想につながります。

瀬木　そうですね。死刑については僕もせいぜい学者の常識という線の考え方ですが、大きな目からみると、死刑積極的肯定ということが、国家的利益、秩序維持第一の方向性と結び付いた論調になりやすいことは間違いないと思うんです。

清水　ふと気付くと、戦前の考え方になっているような。

瀬木　はい。清水さんや僕の世代がかろうじてその傷跡を知っている戦前の考え方に、だんだん近付いてきている部分はあるような気がしますね。国家主義、みずからのアイデンティティーを国家にあずける方向というだけでなく、非寛容で、異論を許さず、弱者をかえりみない、たとえばそういう部分で。

清水　私も本当にそう思います。スラップ訴訟の具体的な例はありますか。

瀬木　在日米軍北部訓練場へリコプター着陸場、つまりヘリパッドをめぐるものも、その疑いがありますね。建設に抗議した住民・支援者等の座り込み運動に対して、沖縄防衛局が通行妨害禁止仮処分を申し立てて、那覇地裁で仮処分が二名に対して発令されました〔二〇〇九年（平成二一年）一二月一一日那覇地裁決定〕。それからその後の通常の民事訴訟でも、地裁、高裁で一名に対して同様の判断が下されています。

清水　私も現地に行きましたが、沖縄北部の静かな森ですよ。そこに東京や横浜、大阪のナンバーがついた機動隊の車両が送り込まれ、もめにもめている。その建設現場に向かう道なんですね。

瀬木　この事案の問題は、沖縄防衛局という国の機関が、私人の資格として仮処分を申し立ててしまっているけど、これでいいのか、ということです。仮処分というのは、普通の市民どうしでやるものなんです。民事訴訟の一種だから。権力的要素にはなじまない。にもかかわらず、沖縄防衛局という国のれっきとした機関がこういう仮処分を申し立てるということ。これは、権力機構としての国が申し立てているわけで、ちょっと形が変ですね。

清水　ヘリパッドは米軍の施設。つまりこの工事は国が推進しているわけですね。

瀬木　そういう意味で、その真の目的は一体何なのかということです。通行妨害禁止というけれども、実際には、ヘリパッド反対運動を抑え込むためではないか。だから、これについては、僕は、『ニッポンの裁判』ではスラップ訴訟とは書いていませんが、少なくともスラップ訴訟の疑いがある、そういう事案なんだということです。

清水　個人を訴えてこられると現場は萎縮しますね。

瀬木　日本では、アメリカよりずっと遅れてこのスラップ訴訟が始まり、また、名誉毀損訴訟が最高裁の統制で悪くなったために、スラップ訴訟の疑いのある名誉毀損訴訟がたくさん出てくるようになりました。さっきもお話ししたように、こうした場合、出版社を訴えないでジャーナリストだけを訴える例など、全体として、個人を訴える、というところがミソです。そうすると、出版社等が自発的に後ろ盾になってくれなければ、孤立無援で、たとえば何千万円とか、何億円というような訴訟に、一人で対処しなければいけない。これは、大変なことですよ。むこうはいくらでもお金をもっているわけだから、弁護士をたくさん立ててくるわけです。訴えられるほうは単なる一個人ですから、たとえば清水さんだって、もしも訴えられたら大変ですよ。

清水　いやあもう大変ですよ。なんて、ここで弱みを見せるとスラップ訴訟を起こされますね（笑）。

だから、全然大丈夫と言っておきます。

瀬木　でも、清水さんはおそらく特別に大丈夫な人であって、大半の人はすごく追い詰められる。そういう意味で、本当に、名誉毀損訴訟の問題とスラップ訴訟の問題は、メディア、出版社が一丸となって監視、反対していかなければならないんです。ところが、マスメディアはどうだったかというと、少なくとも当初は、週刊誌が訴えられていい気味だみたいな、そういう感じで受け止めていて、問題にしなかった。

清水　日本のメディアは、他社の名誉毀損裁判をまるで喜ぶかのように書きますよ。

瀬木　そう。それで、かなり大きく報道したりしますよね。

清水　そういうケースが多いですね。

瀬木　原告がごくごく一部で勝っただけ、それはさっきの話のように実は問題の大きな裁判であることも多いのに、敗訴、敗訴と書き立てるとか、メディアどうしでそういうふうにやり合っている。マスメディアは対岸の火事みたいにみて、知らん顔をしているけど、そんなの、全然対岸の火事ではなくて、しばらくしたら、必ず、自分のまわりでも火がぼうぼうになるんです。そういう、子供でもわかるようなことにどうして気が付かないのか、あるいは、黙っているのか、本当に不思議です。

清水　そのとおりです。しかしスラップ訴訟の例を挙げようとすると、それはスラップ訴訟をした人を指摘するわけだから、今度はまた名誉毀損のスラップ訴訟を起こされるかもしれないということですね。

瀬木　まあ、そういうことですね。そして萎縮がきわまるという感じになってゆく。

清水　指摘できないから、スラップ訴訟というものがよくわからないままになる。これは恐ろしいですね。でもそこで恐ろしがって何もしないと、本当に大変なところまで転がって行きかねない。

瀬木　憲法訴訟や行政訴訟ももちろん問題であり、また、刑事裁判も問題ですが、まあ、それは古くからの問題。今現在、民主主義にとって一番恐ろしいのは、名誉毀損訴訟とスラップ訴訟という気がしています。あと、日本の戦後の負の遺産が問われているのが原発訴訟。

スラップ訴訟については、僕もとりあえずの論文を書きました（「法学セミナー」二〇一六年一〇月号二八頁）。また、まとまった書物としては、ジャーナリスト烏賀陽《うがや》弘道さんの『スラップ訴訟とは何か――裁判制度の悪用から言論の自由を守る』（現代人文社）があります。

「一票の価値の平等」はなぜ重要か

清水　これまで司法とジャーナリズムは、国民・市民の代表として権力を監視する役割があるという話をしてきましたが、司法と権力の関係性を考える上で興味深いのが、「一票の格差」と呼ばれている、投票価値の平等に関する訴訟です。これについてお聞かせ頂けますでしょうか。

瀬木　投票価値の平等に関する訴訟がずっと続けられていますけど、これには大きな意味がありま す。投票価値の平等というのは、要するに「民主主義の根幹」であって、「すべての人権の基礎」になるわけです。投票価値が不平等ということは、いわば、代表者が公平に選ばれていない、人権が平等に実現されていないということになりますから。

ですから、これについて、最高裁判例が、衆議院一対二とか、参議院一対五などということを、既定の数字、ガイドラインのように語っているのは全くおかしなことです。日本ではマスメディアが憲法学者を持ち上げる傾向が強いけど、実は、その憲法学者にも、「まあ、一対二くらいはいいんじゃないか」などといっている人も意外にいるんですよ。

日本の状況は、憲法的価値というものが、アメリカの場合のように、数多くの事案、判例の積み重ねで具体的かつ詳細に定められ、位置付けられているというのとは、全く異なる。その分、憲法学も浅いというのが、実際上の日本の状況だと思います。法学は判例で発展するものなので、判例が薄いと法学も薄くなりやすい。これも、多くのベテラン学者、裁判官がいっていることです。

清水　新聞では一面にくることも多いニュースですが、とにかくこれはわかりにくい。きちんと理解している人は多くないでしょうね。ちなみに海外はどうなっているんでしょうか。

瀬木　アメリカは正式名称（the United States of America）から明らかなとおり、州という、小さな「邦《くに》」が集合してできている国ですから、上院議員が各州二人というのは、それは、小さい州だって、大きい州だって、平等ですよね。でも、それ以外の選挙は本当に厳密に平等でやっているんです。ヨーロッパ諸国でも、日本みたいなことは認めていないと思います。限りなく一票の価値を平等に近付けてゆくのが、当然の常識です。

清水　やはりそこが基本になっていくべきなんでしょうね。

瀬木　ことに、日本の場合に、選挙区を作るときに県というものを単位にする必然性はあまりないと思うんです。日本は単一国家であって、県の権限なんて限られているわけですから。だから、それとは関係なく、適正な線を引けばいいわけです。

清水　ではなぜ県別の選挙区にこだわり続けるのでしょうか。つまりこれは……。

瀬木　いろいろそれらしい理屈は付けられていますが、基本的には、国会議員たちの既得権を守るためのものとみるのが、一番自然でしょう。最高裁判例も、ことさらに、非常にわかりにくく書いてあって、普通の人が読んでも、何を書いているか全然わからないんじゃないかと思うんですけど、いかがですか（笑）？

清水　あれ、わざとやっているんですかね。違憲状態だが、違憲とはいえないとか。何度読んでも全然わからないんですけど（笑）。

瀬木　そうですよね。これは、おそらく、わざとなんです。ここは難しいので正確には『ニッポンの裁判』をお読み頂きたいのですが、簡単にいうと、僕は、問題の大きな最高裁判例に特徴的な二つのレトリックがあると思っています。一つは「韜晦型」で、難しい法律用語をことさらに積み重ね、わかりにくくして、ごまかす。もう一つは、「切り捨て御免型」で、重要なことに一切ふれない。

一票の価値判例はそのうちの韜晦型で、難しい言葉がいっぱいつらねてあって、わかりにくいんですが、要約するときわめて簡単であって、①国会に裁量権があります、②国会に時間的余裕を与えてあげます、③合憲と違憲の間に違憲状態というカテゴリーを設けます、という三つのことが書いてあるだけなんです。

清水　そんなことが書いてありましたか（笑）。憲法は本来ルールですが、それを守っている、守っていないだけでなく、その間があるんですね。驚きです。

瀬木　そして、こういうふうに要約してみると、きわめておかしいわけです。国会にこういうことについての裁量権を与えるというのは、たとえていうなら、「猫に魚を食べるかどうかの裁量権を与える」のと同じことです。猫は食べたいだけ食べるに決まっているわけで、国会議員たちは自分たちにいいようにやるに決まっています。

清水　お手盛りですね。

瀬木　次に二番目。時間的余裕を与えてあげるといいますが、一体こういう判決をどれだけ長いことやってきたのか。「その十分な期間というのは、永遠か?」ということですよね（笑）。十分な期間といったって、きわめて問題が大きいことを是正するという話ですから、せいぜい四、五年までというのが、普通の人の考えでいっても常識でしょう?　一〇年より長いなんて、およそありえないと思うんです。

清水　そんなこと言ってダラダラやっているうちに、憲法自体が変わってしまいそうな世の中になってきた。

瀬木　そのとおりですね。それから三番目に、合憲と違憲の間に違憲状態があるなんて、実に不思議なことで、外国の記者が聞いても理解できない。「何それ?」ってみんな怒るっていうんです。残念ながら、日本の最高裁判例にはこういうごまかしの論理が多い。僕も、アメリカ在外研究時代に、アメリカの大学院生に、「日本の判例はスチューピッド（stupid）」と言われたことがあって、悔しいけどきちんと言い返せなかったことをよく覚えています。

清水　違憲状態ということですね。一度でもこんな考え方が許されたら、この先改憲しようがしまいが、前例主義のこの国では、また違憲状態という判決が出てくるのではないですか。

瀬木　憲法というのは、基本法として、一番厳正に解釈されなければならない法律です。つまり、合憲でなければ、違憲に決まっているんです。そこに「違憲状態」なんていう変なカテゴリーを設けるのは、要するにうやむやな形にして、違憲といわないですませたいからです。そして、日本の新聞は、それにまた「違憲状態」の説明のコラムを設けてしまったりするわけです。

清水　裁判官と同じで、こうした疑問を呈せない（笑）。

瀬木　そうすると、読んだ人は、「あっ、そういうものなんだ。違憲状態というのは何だか不思議だけど、最高裁判所がいって、大新聞も解説しているんだから、これでいいのかなあ」って、思ってしまうでしょう。そういうふうに、法律の言葉というのは、知らない人だったらいくらでもごまかせるんです。そこは、法科大学院の学生でも、なかなか見抜けない。

でも、実は、日本の憲法判例は、「裸の王様」です。つまり、舶来のきらびやかな衣装（欧米譲りの憲法学説）の衣をまとっていると説明される王様は、実は、醜い肥満体の丸裸なんですね。言い方はきついかもしれませんが、日本の憲法判例は、その水準のものが多いというのが、これもまことに残念ながら、事実です。

清水　そうですね。最高裁が決め、大新聞が説明した、というのを前提で見てしまいますね。

瀬木　かつ、聞いても意味がよくわからないでしょう？

清水　これは、色でいえば、白でもないし、黒でもないのだから、灰色ですよ。今気付いたんですがこの違憲状態という言葉は、「灰色がありました！」ということですよね。本当は白黒の決着をつけなければいけないのに、灰色決定にしておく。

瀬木　そう。灰色といいますが、実は、「黒じゃないから白だよ」といっているわけです。

清水　なるほど。黒でなければいい。そういうことか。

瀬木　本当は黒なのに、灰色といい、それは「白ですよ」ということを言外に匂わせている。つまり、一種の詭弁《きべん》です。

清水　これ、重要ですよね。

瀬木　ええ。現実であれば、灰色というのはリアルに存在する。だから灰色でいいんです。でも、合憲か違憲かの判断には、灰色なんて本来ないんです。白か黒しかない。にもかかわらず、灰色の部分を作ってしまっている。

国家賠償訴訟で国が有利な理由

清水　国家と国民が裁判を通じて対峙《たいじ》するものとして、国家賠償請求訴訟があります。以前に比べると、ものによっては原告勝訴というのも増えた印象がありますが、やはり勝つことは難しい。

瀬木　国家賠償請求訴訟というのは、公務員の行為、あるいは国や地方公共団体の営造物、つまり建物や造られた設備の瑕疵《かし》（欠陥）から生じる損害についての訴訟ですね。

国家賠償請求訴訟について話しますと、今おっしゃったとおり、「統治と支配」の根幹にかかわらないような事案では、認容されるものもあります。たとえば学校事故訴訟とか、あるいは警察関係。後者はややかかわってきますけど、でもまあ個別事案ですからね。こういうものは裁判官次第というところがあって、割合認容する裁判官と、なかなか認容しない裁判官がいる。僕は、裁判官時代には、この種のものはかなり認容しています。まあ、認容すべき事案は認容しているという意味ですが。

清水　なるほど。

瀬木　で、問題があって棄却の方向にいきやすいのが、たとえば水害訴訟みたいなものです。これは、一つの大きな行政政策、つまり「統治と支配」の根幹にかかわりますからね。こういうものは、行政訴訟一般や憲法訴訟と同じで、原告はなかなか勝てない。

水害訴訟は、ある時期まで下級審で多くは原告が勝っていた。ところが、最高裁で「大東《だいとう》水害訴訟」について、棄却判決が出た（一九八四年〔昭和五九年〕一月二六日）。そして、実は、その前の年の一二月に、最高裁の結論を先取りするような形で、最高裁事務総局が主催する裁判官協議会で消極方向が出ていて、この協議会と最高裁判決後、下級審は、一転して全部棄却になったんです。その中でも問題が大きいのが、たとえば多摩川水害訴訟の控訴審判決（東京高裁一九八七年〔昭和六二年〕八月三一日）です。

清水　これは狛江《こまえ》のやつですよね。護岸が削られて次々に家が川に流された。

瀬木　はい。テレビドラマ『岸辺のアルバム』（山田太一原作・脚本、一九七七年）のモデルになった事件です。この水害は、無用な堰《せき》が放置されていたことが原因で堤防が壊れたという事案です。これが国家賠償にならなければ、何が国家賠償かという事案。でも、そんな事案まで、東京高裁は棄却してしまったんです。最高裁の大東水害訴訟の事案は「溢水《いっすい》型」といって、水が堤防の上をあふれていった事案なんですよ。それとは別に「破堤型」といって堤防が壊れる事案があって、こっちのほうがより問題が大きいわけです。ところが、最高裁が溢水型で棄却したにもかかわらず、下級審は破堤型まで棄却するようになった。

清水　なるほど。

瀬木　その極端な例が多摩川水害訴訟なんです。でも、このあたりには、最高裁にも大いに責任があって、まず、大東水害訴訟の判決文がこれまた相当に読みにくいんです。つまり、これが溢水型に限定された判決なのか、それとも水害訴訟全般についての判決なのかということが、読み取りにくい。しかも、その前の年に、水害訴訟全体について消極という方向を、裁判官協議会で事務総局が局見解として打ち出している。

清水　裁判官でも読みにくい判決文なんですね。そのうえ水害は鬼門になっていた。

瀬木　そういう状況で、裁判官たちは、非常に萎縮するわけですね。とにかく水害ときたら負けさせないとまずいと。その極端な結果が、多摩川水害訴訟。これは、第一審は認めていたのに、控訴審でくつがえしてしまった。でも、最高裁は、これはあまりにもおかしいのでさすがに破棄せざるをえなかった。でも、そういうおかしな判決が出てくる種は、実は、最高裁がまいたんですよ。つまり最高裁がまいた種から育った毒樹みたいな判決なんです。

　これも日本の最高裁判決に時々あるパターン。つまり、それだけみるといかにも正当にみえるが、実は、自分で付けた火を、あまりにひどいものは消さざるをえなくなっている、という、そういう場合があるのです。ところが、メディアは、そういう最高裁判決でも「これはすばらしい。さすが最高裁」みたいに持ち上げる。まあ、これは、故意にというよりは、法も判例も知らないからという面が大きいのかもしれませんが。

清水　そうですね。しかしなぜ水害をそこまで警戒するんですか？

瀬木　これは、水害訴訟がみんな認容になってしまうと、行政庁としてはすごく困るわけです。全部の河川について常にきちんとしておかなければいけないということになるから。まあ、その因果関係は裏のことですからわからないけど、そういう「行政の実情を踏まえて」、最高裁が判決をする。その前に、急遽《きゅうきょ》、協議会をやっちゃう。そういう形で政治と関係している可能性は、ありえますよね。

清水　たとえば堤防のつくりに問題があって、それが原因で発生した水害があったとする。その賠償請求を一度でも認めてしまって、以後どんどんやり出されたらたまらない、というようなことでしょうか。

瀬木　そうですね。ただ、水害訴訟については、全部を国家賠償でというのはさすがに無理かもしれないとは思います。国家賠償は税金で払うわけですから、全体で負担すべきもの、それくらい国に問題があったものに限るというのは、そこは、これまたどの国でも原則はそうだろうと思います。だから、僕も、国家賠償については、事実認定も法的判断も、細心にやっていました。

僕がいいたいのは、最高裁がさっきのような形で協議会で統制をするのはおかしいし、その時期も最高裁判決直前なんておかしいということです。専門家が読んでも最高裁判決がわかりにくいというのもいけない。これも、ことさらにわかりにくく書いた可能性がある。

清水　なんだか子供騙しのような気もします。

瀬木　また、下級審の裁判官たちの責任もあります。裁判というのは、人間と同じで一つ一つ違うので、一つ一つの事案をきちんとみなければいけないんですよ。本当に微妙で、一定の方向に沿って大ざっぱに判断するということは、やはりダメなんです。結論さえよければいいというものではない。事案の本質をよくみて、結論とその的確な根拠を示さなければいけない。だから、結論も、事案によって違ってきて当然なんです。それが、ある時点までは大体マル、ある時点から全部バツというのは、これは明らかにおかしい。日本の裁判の特徴です。
政治、行政の思惑みたいなものが背景にあって、それで最高裁が動くと、裁判所の判決の方向やあり方が一気に変わってしまう。司法のあり方としてはきわめてよくない形です。それでは、社会や国の方向が悪いほうに変わってゆくとき、司法が歯止めにならない、事大主義ですから。
そのもう一つの例が、たとえば原発訴訟です。

原発訴訟と裁判官協議会

清水　原発訴訟の特徴みたいなものはあるんでしょうか。

瀬木　原発訴訟は、民事と行政の二つに分かれるのですが、どっちも実際には原発を止めることを目的としているので、以下、簡単に「原発訴訟」というふうにくくります。目的は同じなのですが、一方は原発稼働の差止めを求める民事訴訟、一方は原発設置許可処分の取消し等を求める行政訴訟になります。

清水　一般的にはわかりにくい話です。

瀬木　この区別というのは、いわば学問的な区別、訴訟の方式の区別なので、どっちを起こすかは弁護士の選択次第というところがあるんです。僕は、原発の場合には民事差止めのほうが素直でいいのかなという気がします。これまで認容されてきたのももんじゅの一件を除けば民事差止めですね。
まず福島第一原発事故以前の状況からお話ししますと、重要なのは、原発訴訟についてもやはり最高裁が協議会をやっているんです。

清水　やはり協議会が絡んでくるんですね。どういう形で行なわれたのでしょうか。

瀬木　一九七六年一〇月の行政訴訟に関する協議会で、「原発の安全性が高いことを考えれば、原告適格は狭く解してよい」という見解を出し、一九八八年一〇月の協議会では、「原発訴訟については行政庁の専門技術的裁量を尊重し、それに合理性があるか否かという観点から審査をしてゆけば足りる」という見解を述べているんです。

その後、伊方原発訴訟の最高裁判決（一九九二年〔平成四年〕一〇月二九日）が出まして、そこでは「原子炉設置の許可の段階の安全審査では、原子炉施設の基本設計の安全性にかかわる事項のみを対象とするものと解するのが相当である」としています。

それから、もんじゅについての判決（二〇〇五年〔平成一七年〕五月三〇日）では、「どのような事項が基本設計の安全性にかかわる事項に該当するのかについては、原子力安全委員会の科学的、専門技術的知見に基づく意見を十分に尊重して行う主務大臣の合理的な判断にゆだねられている」といっているんです。

清水　もんじゅは、現実的にはもう死に体で、政府もあきらめているようですが。しかしいちいち理屈付けてきますね。

瀬木　最近のニュースでは、もんじゅは廃炉にするが、高速増殖炉に関する技術研究はなお継続する、ということのようです。しかし、その見通しについての説明は、ほとんどなされていません。もんじゅには一兆円の無駄金を使ったにもかかわらずです。これまた、およそ民主的ではない決め方です。そして、メディアの厳しい追及もない。日本の技術力は高いのですから、国際比較でも立ち後れている代替エネルギーの開発に力を注いだほうが、ベターではないかと思います。
さて、以上の協議会での見解や判決を総合するとどういうことかといいますと、ごく簡単にいえば、基本設計という一番基本的な設計についてだけ審査すればいいということ、そして、行政庁の専門技術的裁量を尊重して、それに合理性があるか否かという観点からのみ審査を行えば足りるということです。つまり、被告側が原子炉施設の基本設計の安全性について一応の立証を行えば、稀有な事故の可能性などはあまり問題にしなくてよいと、そういう判断枠組みになります。で、福島第一原発事故前のほとんどの下級審と、最高裁とが、そういう判決をしてきました。

清水　まさに行政側の意向どおりに訴訟が進んでいったのですか。

瀬木　そうですね、二つの下級審判決を除いては。でも、原発の事故などというものは、二〇一一年の福島第一原発事故からもわかるとおり、「不測の事態」が重なって起こるものです。だからこそ、「想定外」などという、あってはならない弁解が出てくるわけで。ということは、さっきのような判断の枠組みであれば、実際上は、安全性に関する突き詰めた判断を放棄しているに等しいということです。刑事訴訟で検察が出したものを一応審査するだけというのと同じで、原発訴訟でも電力会社や国が出してくるものを一応審査するだけということです。

清水　稼働した本人が安全ですといっている資料。それをそのまま採用するということですか。

瀬木　でも、原告らの請求を認めた二件の判決があります。一つは、もんじゅ訴訟の第二次控訴審判決（名古屋高裁金沢支部判決、二〇〇三年〔平成一五年〕一月二七日）、志賀2号機原発訴訟の第一審判決（金沢地裁判決、二〇〇六年〔平成一八年〕三月二四日）です。この二件は、被告側がまれであると主張する事故の可能性についても考慮して、行政庁の安全審査の内容に立ち入っても判断し、また、二〇〇六年のほうは、原発の耐震設計の問題点を突いています。

清水　きちんと対応したケースもあるんですね。

瀬木　そうですね。ただし、ここで一つ申し上げておきたいのは、この二つの判決を出した裁判長は、日本の裁判官全体の中でみれば、相当に勇気のある例外的な人たちだったということが一つ。それから、もんじゅ訴訟の裁判長は、定年まで六年余りを残して退官されているんです。なぜそんなに早くやめられたのか、僕はちょっと引っかかっています。それから志賀2号機原発訴訟のほうの裁判長は、その後弁護士に転身しています。

清水　裁判官がやめる直前に無罪判決を出すとか、再審開始決定をするというのも確かに聞きますね。

瀬木　相当に勇気のある人が、退官の時期とか、転身の現実的な可能性まで視野に入れた上でないと、原発訴訟について踏み込んだ判断などできなかったというのが、福島第一原発事故以前の日本の裁判所の状況だったでしょうね。その意味では、二つそういう判決があったというだけでも、評価すべき部分がある。場合によっては、ゼロということだってありえたかもしれません。

清水　福島第一原発事故以後はどう変わったんでしょうか。

瀬木　かつては、最高裁事務総局は、裁判官協議会という、割合はっきりした形で、いわば「正々堂々と」統治と支配に関する裁判統制的なことをやっていたんですが、さすがに近年はそういう形ではなくて、司法研修所での裁判官研究会みたいな形でやるんですね。だから、協議記録さえはっきりした形では出てこない。さっきの名誉毀損の話でも出ました、あれです。二〇〇〇年代以降、最高裁のやり方が、いろんな意味で、より、「姑息《こそく》、陰湿」になっている。表の顔と裏の顔の使い分けですね。まあ、いずれにせよ統制はおかしいわけですが。
原発事故の後、司法研修所で研究会を、二〇一二年の一月、つまり事故の翌年に一回、さらに二〇一三年の二月にもう一回。二回実施しています。そして、一回目のほうでは、裁判官が割合自由に発言していたようなんです。

清水 どんなイメージでしょうか。

瀬木 ごく簡単にいうと、全体の雰囲気は、裁判官たちの手綱を多少ゆるめた感じでしょうかね。おまえたち、世論がうるさいから、原発についてはとりあえずある程度踏み込んだ判断をしてもいいかもよ、というような「空気」が読み取れる。

清水 少しだけ民意が反映されたわけですかね。

瀬木 でも、そこでの裁判官たちの意見だって、ある部分は、最高裁が背後で調整している可能性もありますよ。事務総局とつながりのある裁判官たちの発言を通じて。
ところが、翌年の二月、一年余り後に実施されたものになりますと、これについては議論をとりまとめた文書をあるジャーナリストから入手したのですが、しゃべっているのは、ほとんどが講師の人たちなんです。講師の氏名は消されているからわからないんですけど、法科大学院の教授が二人、弁護士が一人、それから大新聞だと思いますが、論説副委員長が一人、法務省の審議官が一人です。司会が東京高裁の判事。法務省の審議官と司会の裁判官以外は、名前が消されてしまっています。

清水 じゃあ、元はあったんですね。公開請求対応の時点では。

瀬木 いや、これは、文書を見た感じでは、おそらく、公開された時点で消されていたんだと思います。その内容を見ますと、確かに一人だけは原発の安全性についてきちんと審査すべきだと言っているようなんです。でも、この人は、かたよった議論はしていないという正当化のために選ばれた講師である可能性が高く、全体としては、明らかに、伊方原発訴訟の枠組みに返ってその中で「よりていねいに」審査すればいい、仮処分については消極、という方向なんです。裁判官たちの意見も大体そういう方向。原子力規制委員会の判断を大筋尊重し、ゼロリスクは考えるべきではない、みたいな、裁判所の外でもよく出ているような意見も出ています。

清水　しかしこんなことが裏で議論されているなんて、国民のほとんどは知らないですよ。

瀬木　うーん、清水さんのお話だと、「皆、何も知らない」ということになってしまって、それでは、一体何が報道されているのだろうか、これで日本は本当に成熟した民主主義国家といえるのだろうかと、またがっかりしてしまうのですけど。

いずれにせよ、ここに至って最高裁の態度は固まったのではないか、と僕の知っているあるベテラン弁護士は言っていましたし、僕も、そう感じます。これを読むと、福井地裁の樋口英明裁判官の二つの判断は、やはり、非常に勇気あるものだったと思うのです。

原発訴訟の判決・決定

清水　その樋口裁判官の判決について聞きたいのですが、福井地裁裁判長として、二〇一四年（平成二六年）五月二一日に大飯原発3、4号機の稼働差止めを命じる判決を下し、二〇一五年（平成二七年）四月一四日には高浜原発3、4号機の再稼働差止めの仮処分決定を下しました。

瀬木　僕は、最初の判決より、後の仮処分のほうが、より明快で、筋を通しているという感じがしました。多少粗いところはありますが、わかりやすく、大筋をきちんと押さえていると思います。
しかしその決定の翌日、原子力規制委員会の委員長が、この判決について誤りが多いと言って、それがそのまま報道されてしまったんです。これについては、確かに誤記は一つありますが、『原発訴訟が社会を変える』（河合弘之、集英社新書）において原告側弁護士から詳細な反論が行われており、その反論はおおむねうなずけるものです。
清水　このあたりも、報道がかえってわかりにくくしていますよね。
瀬木　十分に検証しないで報道してしまっている。樋口裁判長の反論も聞いていませんし。
清水　二〇一六年（平成二八年）三月九日には、大津地裁の山本善彦裁判長が高浜原発3、4号機について二つ目の稼働差止めの仮処分決定を下しました（その後、二〇一七年（平成二九年）三月二八日に大阪高裁で仮処分取消決定）。
瀬木　これは、新規制基準に適合していればそれでOKといった考え方をとらず、原発の安全性について基本的な部分から検討し、基準地震動策定に関する問題点や地震に対する電源確保方法の脆弱性だけでなく、使用済み燃料プールの冷却設備の危険性についても基本設計の範囲に含まれるとして審査を行っています。福島第一原発事故後の司法判断のあり方として適切であり、樋口裁判長の裁判の内容を深化させたものと評価できます。さらに、稼働停止中ではなく、実際に稼働中の原発を止めた最初の裁判としても大きな意味があります。
一方、仮処分却下の方向の決定も五つ（二〇一七年三月現在）出ていますが、それらの中で一番疑問を感じたのは、樋口裁判官の仮処分をくつがえした高浜原発保全異議審の仮処分取消決定（二〇一五年〔平成二七年〕一二月二四日〕です。「裁判所は原発の新規制基準への適合性さえ審査すれば足りる」としています。判断枠組みのみならず、決定全体の書きぶりや方向性が、先の二回目の研究会で示された論調とほぼ同じ（確かに、伊方原発最高裁判決の枠組みの中で、より「ていねい」〔？〕に書かれてはいますが）であり、また、福島第一原発事故以前の棄却判決群にもきわめて近いのです。つまり、枠組みは伊方原発訴訟と一緒です。要するに、新規制基準への適合性さえ審査すればよい、被告が出したものに問題がないかだけみればよい、というのですから。

で、この取消決定は、裁判所当局が樋口裁判官を地裁の裁判現場から排除した感のある二〇一五年四月の彼の名古屋家裁への異動後、入れ替わりに赴任してきた三人の裁判官が出しているわけですが、実は、これらの裁判官は、三人とも、最高裁事務総局勤務経験があるんです。原発訴訟については、以前から、こうした「送り込み人事」の可能性が高い人事が行われてきたのですが（「週刊プレイボーイ」二〇一二年四月一六日号記事）、これは、本当に露骨です。でも、このこともまた、ほとんど報道されていない。

清水　わかりやすい構図ですね。

瀬木　先の取消決定に戻りますと、新規制基準が絶対安全を保証するものではないということは原子力規制委員会自身も認めており、また、その内容の妥当性についても、批判は強いですよね。そういう新規制基準に沿っているというだけでよろしいのか、ということがあると思います。

清水　福島だって当時の基準は満たしていたわけですよ。

瀬木　それから、福島第一原発事故では、津波以外の可能性も指摘されているわけです。つまり、津波以前に地震で壊れた部分がある可能性もある。これは、国会の事故調査報告書もそういっていますね。だから、もし地震で事故が起こった可能性があるなら、新規制基準をくぐったからといって大丈夫ということにはならないという問題があります。

さらに、新規制基準の基準地震動の定め方に本当に問題はないのか、樋口決定が指摘したような問題はないのか、ということがあります。また、樋口決定は七〇〇ガル以下の地震でも外部電源、主給水の断たれるおそれがあるということを指摘しています。ほかにも電源車とかはあるかもしれないけれども、わりあい簡単に外部電源は断たれてしまうわけです。そういう原発で本当に大丈夫なのか。

清水　まさに福島ではこれで冷却ができなくなった。しかも電源車は来たけれど電圧の規格が合わなかったり、そもそも受電設備も水没。それで1号機の水素爆発が起こってしまったんですから、実際はお手上げです。

瀬木　長時間の電源喪失事故など全く想定していないから、そうなるわけです。電源車すら備えていなかったわけですから。

さらに、先の取消決定は、「核燃料の損傷や溶融が生じた後の対応等について判断するまでもなく、具体的危険があると推認することはできない」といっていて、ここでも、原発の安全性全体を問題にしていないですね。とりあえず新規制基準をくぐっていればOKという思想です。

清水　自分が判断しているのではなく、基準がよしとしたんだ、という感じにみえます。

瀬木　そういう印象ですね。それから、「本件原発において絶対的安全性が想定できない以上、過酷事故が起こる可能性が全く否定されるものではないのであり、万が一過酷事故が発生した場合に備え、避難計画等を含めた重層的な対策を講じておくことがきわめて重要である」ともいっているんですけど、僕の感覚では、こんなこと平気でさらっといわれたら困りますよね。要するに、「やはり過酷事故が起こるかもしれないから、避難計画とかはちゃんとやっておけよ」といっているんですから。

この前の事故では、格納容器が決定的に壊れるということはなかった。でも、それは偶然の結果であって、たとえば2号機なんか、どうして決定的に壊れなかったのかよくわからないといわれている。

清水 でも結果的には運転していた原子炉は全部メルトダウンしていたんですよね。

瀬木 しているけど、格納容器が決定的に壊れたわけではない。

清水 容器の爆発的な破壊はなかった。

瀬木 完全な爆発でなくても、決定的な損傷が起これば、場合により東京近くまで人が住めないという状態になるわけです。現に、先の事故でも多数の人々が被曝し、人の住めない地域もできてしまったわけですが、過酷事故というのは、一歩誤れば、日本のような人口が密集した国では、何千万人もの人々が住む家から追われるというレベルにまでいってしまうのであって、福島の事故がそこまでいかなかったのは、本当に偶然。そうなった可能性も十分にある。これは、原発事故を追及したどの本を見ても書いてあると思うんです。

清水 非常にギリギリまで行ってしまったが、最後は偶然の積み重ねでなんとかあそこで止まったという話ですね。

瀬木 そうです。だから、「神風が吹いたのと同じだ」という人さえいますね。「過酷事故が発生した場合に備えて避難計画」といっていますが、格納容器が決定的に壊れてしまえば、避難以前に周辺地域の人々は大きな被曝をしてしまう。それなのに、先のようなことを平気で書いているのには驚きました。

清水　なんで原発の再稼働が許されるんだろうかという疑問は、多くの人がもっていると思うんですよね。あんな事故があったのに、それを再稼働しようとしている。自民党や政府の方針というのはともかく、裁判所までそれを認めている。

瀬木　一時はそうでもないという方向もあったけど、裁判所も、だんだんまた前のような判断枠組みに戻ってきている。つまり、現時点の状況に引き直せば、「新規制基準さえ満たしていればＯＫ」という枠組みですね。

清水　だから、また一般の人の感覚でいえば、裁判所も大丈夫だと認めたというふうになります。原発推進派や当事者たちの基準みたいなものでも、裁判所が太鼓判押したように見えますから。

瀬木　そうみえますよね。

清水　大方の人はね。政治家もそういっているし、裁判所も判断しているんだから、まあ、もう大丈夫なんだろう。ちゃんとやっているのだろうみたいな感じがしていますけどね。

瀬木　でも、僕は、それがよくわからないな。どうしてそういう考え方になるんだろう。また欧米を持ち出しますけど、欧米だったら、事故原因究明さえ不十分なままで、そんなこと絶対できないですよ。だって、あんなひどい事故が起こってしまっているんだから。

清水　そうなんですよ。世界最大級の事故を実際に起こしてしまった国ですから。

瀬木　簡単にＯＫといえるはずがないです。そういう意味で、またごく簡単に信用してしまうとしたら、非常に大きな問題です。かつ、原発という非常に大きなイシューがあるのに、それを忘れてしまって、経済が大切だからまあいいかみたいな感じになっているとしたら。僕も、はっきりいえば、あの事故が起こるまでは、まあ大丈夫なんだろうと思っていました。でも、起こってみたら、何なんだこれは、ということです。

清水　事故の前は、原発に反対する人たちを見て、なぜ起きもしないことを心配しているんだろう、と私は正直思っていましたね。

瀬木　僕は、そこまでは思わなかった（笑）。

清水　原発は得体が知れないから、好き嫌いで言えば嫌いなんだけど、それに対してあそこまで心配している人たちのこともまた、理解できなかった。マスコミの多くはそんな感じだったと思います。けれど今になってみれば、正しいことを言っていた。地震が起きたらどうするんだ、と言っていたわけですよ。

瀬木　そう。福島第一原発に対する巨大津波襲来の可能性は、二〇〇八年には指摘されていたんです。にもかかわらず、何ら対策は講じられなかった。そういう意味では、これ、本当は人災なんです。

清水　思えば、危険を指摘している方にこそ根拠がある場合が歴史的には多い気がします。

瀬木　いわゆる「原子力ムラ」の人々が典型的ですが、日本の原子力の専門家は、総じて、日本の原発の安全性に過大な自信をもち、また、数々の「根拠のない安全神話」を広めてきました。

これは『黒い巨塔』を書く過程で確かめたのですが、彼らは、たとえば、①原発における三〇分以上の全電源喪失は考えなくてよい、②日本ではシヴィアアクシデント（過酷事故）は起こらない、③日本の原発の格納容器は壊れないから放射能も決して漏れない、そんな、欧米の知識人たちが絶句してしまうような「神話」、そしてもちろん、これら三つの言明がすべて何の根拠もない非科学的なものであったことが明白になった事故の後で考えれば、日本の普通の市民でも明らかにあれはおかしかったのだと考えざるをえなくなったような「神話」を、自信をもって主張し、また、批判については、「あなたは専門家ではないから、あるいは在野の人でかたよっているから、わからないのだ」と、からめ手からはねつけていたんです。

僕は、この三つの言明については、本当におかしい、許しがたいと思っています。はっきりいえば、科学的に成り立たない、「虚偽の言明、嘘」ですよ。太平洋戦争の時の、「日本は日清戦争以来負けたことがないから今度も負けない」というのと同レベルですが、それより罪が重い。後者は、誰でも、さすがにそうでもないかもしれない、と疑うことができますが、前者は、「東大教授までが言うのだから」と人々は信じてしまうわけで。

清水　結果があまりにも重大ですよね。そんなに何度も起きないだろう、というのが本音かもしれないんだけど、現に起きて、これがまだ全然処理すらできていないわけです。解決していないのに、再稼働というのは普通に考えてありえないですよね。

瀬木　ありえないですよ。僕は、原発については特に何の思い入れもなかったですけど、事故後ずっと書物を読んでくると、どう考えても危険性は否定しにくい。地震多発地帯にこれだけ原発が密集している国なんて、ほかにないわけで。

清水　さて、今、民事司法の問題点についていくつかの事例をうかがってきましたが、私の関心を言うと最高裁の名誉毀損について研究会がありましたよね。そして原発訴訟に関しての協議会がある。

瀬木　協議会もあったし、今お話ししたような、司法研修所での研究会もある。
清水　どちらも最高裁がやっている。
瀬木　司法研修所の研究会も、背後にいるのは最高裁事務総局ですね。事務総局と司法研修所は、本来は、最高裁判所裁判官会議の下にあって、同格のはずなのですが、実際には、司法研修所は事務総局の意向に従って動いているので、実質は事務総局の下にあるようなものです。人事局の意向に従って新任裁判官を選別し、また裁判官教育を行い、それから民事局や行政局の意向に従って研究会をやっているわけです。
清水　協議会では何か資料が作られたりするのでしょうか？
瀬木　ええ、「白表紙《しらびょうし》」と我々は呼んでいましたけど、最高裁事務総局の作るいわゆる「執務資料」というものがありまして、局付がまとめ課長が手を入れて完成します。僕も、第一段階のまとめはやったことがあります。これは裁判所の資料室に備えてありました。司法研修所の研究会になると、記録自体はあるようですが、それ以上のことはわかりません。
清水　こういった訴訟に関して、協議会、研究会があって、どうやら実は統制されているような気配だと。
瀬木　まあ、気配というよりも事実ですね。名誉毀損訴訟なんか、なだれを打つように変わったわけで。
清水　それが統治の問題につながっていくわけですね。
瀬木　「統治と支配」の問題です。

憲法訴訟について

清水　ここでもう一度、憲法訴訟全般についてうかがいたいと思います。この憲法訴訟というのは、どういう概念だと考えたらよいでしょうか。

瀬木　憲法訴訟というのはあいまいな概念で、要するに、訴訟としては民事訴訟、行政訴訟だと思うんですね。そのうち憲法の解釈が主要な争点となっているようなものを憲法訴訟と呼んでいるのだと思います。

清水　はい。

瀬木　ところが、その憲法訴訟の判例に関する限り、日本は、先進諸国の中でも際立って低調だと思うんです。ある意味、日本に本当の意味での憲法判例があるのかといえるくらいに低調。憲法判例というのは、本来、裁判所が、憲法を基準にして、権力の行うことについて、「そういうことをしてはいけません、違憲ですよ」というふうに釘を刺すものです。これが憲法の番人という言葉の意味です。だから、憲法判例といえば、まずは違憲判断ですね。

清水　そういう意味で、裁判官は国民の代表として、権力が行うことが違憲であるかないかを判断する物差しであるべきはずです。

瀬木　ところが、日本では、違憲判断というのは本当にわずかしかなくて、戦後七〇年以上を経てやっと一〇件という状態です。そして、重要な憲法上の論点にかかわることも、いろいろな理屈をつけて判断を回避する。たとえば統治行為論みたいな理屈です。それから、事件性といって、事件と憲法の結び付きを強く要求する、つまり、特定の者の具体的な法律関係について紛争を解決するために必要な場合にのみ憲法判断を行うことができるという考え方を採る。こういう考え方を「付随的違憲審査制」というのです。

清水　はい。

瀬木　これに対して、法律等が違憲かどうかを一般的に判断できるというのを、「抽象的違憲審査制」といいます。ドイツは「抽象的違憲審査制」です。申立権者は連邦政府、州政府、連邦議会議員の三分の一というふうに厳しく限定されていますけど、一般的に、ある法律が憲法違反かどうかを審理できるんです。

アメリカは、付随的違憲審査制を採っているんですが、先の事件性の要件を非常にゆるく解釈しているために、実際には、ドイツの抽象的違憲審査制に近いような憲法判断ができるようになっている。アメリカの連邦最高裁判所というのは、実際には憲法裁判所の役割を果たしているんです。

ところが、日本では、憲法に何も書いていない。そこは規定していないにもかかわらず、付随的違憲審査制を採るというふうに判断しました（最高裁一九五二年〔昭和二七年〕一〇月八日判決）。しかも、日本では、先の「事件性」の要件が非常に厳しいんです。だから、ごく普通の人が、ある法律について問題があって違憲だというような訴訟を起こそうとしても、それがあなたと何の関係があるんですかといわれてしまうから、ほとんど却下になってしまって争えないわけです。

清水　憲法には国民全員が関係すると思うんですが。変な話ですね。

瀬木　そういうふうに、最高裁は、いわば日本国憲法で無限定にされている違憲立法審査権という重要な権能を、自分で縛ってしまったわけです。自分で自分の手を強く縛っておいて、「あっ、こんなに強く縛られているからできないよ」みたいなことをいっているのが、日本の最高裁（笑）。

清水　田舎芝居のようです。

瀬木　そして、今度は個々の憲法判断に入っていくと、とにかく、「統治と支配」の根幹にふれるような事件だと、なんだかんだ理屈をつけて、「ＯＫですよ、合憲ですよ」という。たとえば、立川反戦ビラ配布事件、テント村事件。自衛隊のイラク戦争派遣反対のビラを自衛隊の官舎でポストに入れたのが、住居侵入になるかどうかということが争われた事案ですね。

清水　ありましたね。本当は行為より、チラシの内容が問題にされたんでしょうけど。

瀬木　こういう事案は、欧米の一般常識からいけば、まさに「表現の自由」についての典型的な憲法問題の事案です。これは、一般的には起訴しないものを狙い撃ちでやった可能性が非常に高いわけです。だとしたら、やはり、憲法上の論点についてよく考えた上で結論を下すのが当然だと思うんですよ。

清水　その考え方は、仮に他の普通のチラシが入っていたり、配るところを見付けても、逮捕はしないでしょうという考え方ですよね。

瀬木　そうです。これが住居侵入だということになれば、うちは営業的なチラシはお断りと言っている人がいて、ポストに突っ込まれた瞬間に警察に電話すればこれを逮捕してくれるのか、ということになるわけですよ（笑）。

清水　そうですね。たとえば、私の家のポストは敷地内ですが、毎日チラシがたくさん入っています。でも、これが犯罪であるとまでは普通考えないでしょう。

瀬木　ええ。そういうふうに考えれば、住居侵入というのは相当に極端な発想だということがわかりますね。ところが、これが住居侵入ということで起訴されてしまって、第一審は無罪にしたんです。でも、控訴審で有罪になって、最高裁はそれをそのまま維持した。僕は、この判例を見て非常にがっかりして、裁判所をやめたくなった一つのきっかけがこの判例なんです。何にも理屈が書いてないんですね。「表現の自由も重要だが、公共の福祉に反してはいけない、だから住居侵入」、驚くべきことに、本当にこれだけなんですよ（二〇〇八年〔平成二〇年〕四月一一日）。憲法論なんか全くしていないわけです。

清水　本当にそうですね。

瀬木　これがアメリカの最高裁とか普通の欧米の裁判所だったら、絶対、憲法論についてみんなで意見を繰り広げた上で、結論を決めますよ。ところが、日本では、国家権力、「統治と支配」の根幹にふれた途端に、もう、憲法上の問題なしのほうにいってしまうわけです。

清水　先ほども出ましたが、日本人は何にもしないためにはどんなことでもするというわけですね。

瀬木　まさに、最高裁にはそういうところがありますね。

清水　そっちのほうがかえって大変なことってあるじゃないですか。

瀬木　先ほどもお話ししましたが、アメリカに留学していた当時、よく知っている学生に、日本の憲法判例ってスチューピッド（stupid）だと言われたんです。わけがわからない、これでは理屈が通っていない、って。僕は、実際には結構愛国心が強くて、そのとき、一生懸命反論したんです。でも、後になってから考え直してみると、彼はどちらかというと思想的には保守主義者でしたが、その彼が、日本の憲法判例を読んで、「こんなの理屈になっていない」と言ったことには、相当の重みがあるなと思うようになりました。

清水　愛国心が強い人というのは、本来その国がきちんと成り立ってほしい、未来を確実なものにしたいからこそ、大事な部分をきちんと考えていく。しかし単なるナショナリズムとか、セクショナリズムというのは、今の自分だけがよければいいわけです。

瀬木　権益確保、事大主義、あるいは、国家と自分の同一視ですね。それで自分がえらくなったように感じる。それによって自分の不安や無力感を補償する。

清水　いい加減ですよね。愛国心を口に出すくせに、実際は自分のことばかり考えているから、こういうことになるような気がしますけどね。

瀬木　そうですね。そういう意味では、清水さんも愛国心が強いから、そういうふうに正義を貫きたいと思われるわけだろうし。

清水　そう思っているんですよ。だから警察官、検察官はきちんと警察、検察の仕事をしてほしいし、裁判は正義であってほしいとすごく期待している。がんばってもらいたいと思う。だからこそ、あるべき姿に戻らないといけないと思っているので。

瀬木　全くそのとおりですね。自分の国は、いろいろな意味で尊敬される国であってほしい。

押し付け憲法論の不毛

清水　最近は改憲がよく話題になりますね。

瀬木　日本国憲法というのは、アメリカが、ある意味相対的にはまだ一番良心的であった時代に、その中のまた理想主義者的な人々が草案を作ってアドバイスをし、理想的な憲法を作るのに手を貸したというところが大きいと思うんです。押し付けというけど、実は、その時点での日本人の一般市民の気持ちを、非常によく汲んでいると思うんですよ。もう戦争は嫌だ、とか、国のあり方としてもっと民主的であってほしい、とかね。だから、それを押し付けというのは本当に解せなくて。

清水 その役割は十分に果たしてきていると思うんですけど。

瀬木 当時の日本側の憲法案というのは、これは全然民主的じゃないとはね付けられたんだけど、それはそのとおりであって、否定できないんです。基本的発想が大日本帝国憲法なんですから、無理ですよね。そして、実際にその時の日本の国民の気持ちをよく汲んでいたのはどっちかということを考えれば、それは、草案作成に当たったアメリカの理想主義者たちであった可能性が非常に高い。だから、少なくとも「国民の意思」という意味から言えば、押し付けではないと思うんです。

清水 はい。

瀬木 かつ、実際には、日本国憲法の非常に理想主義的な形は、しばらく時間が経ってから、アメリカにとっては、すごい足かせになってしまったわけです。

清水 理想の憲法を提案してみたら、自分たちの利益と相反する結果になった。

瀬木 そのとおりです。はっきりいえば、アメリカは、日本にも、大きな軍隊を作らせようとまでは思わないとしても、アメリカの戦争の援助、支援ができるようなものは当然あってほしいと思ったはずですが、そのとき、憲法が決定的な足かせになってしまった。

そして、当時の日本の自民党主流の人たちも、平和憲法があるということをテコにして、アメリカの権力者からの強い要請に一定程度抵抗しながら、平和で繁栄する日本を目指したわけです。そこには、与えられた民主主義という面では弱さもありましたが、でも、全体としての方向性は間違っていなかったと僕は思うんです。
だから、押し付けた、押し付けられたというきわめて感情的な次元で、憲法という一番重要な法律のことを議論するのは、どうかと思います。法律は「リアリズムの世界の出来事」ですから、「日本国憲法が実際に日本人にとってよいものだったかどうか」を考えればよいのであって。

清水　憲法が発布してから七〇年近く経って、そのまま推移してきて、最近だと思うんですよね、この押し付けられた論は。

瀬木　いや、ずっと前からくすぶってはいますよ。たとえば、江藤淳なんかはさかんにそういうことをいってていましたよね。一部保守主義者の間では、前からいつもくすぶっている問題。でも、それが強く主張されて、国民の抵抗感が薄れてしまったのが、今の特徴ですね。

清水　そういうことを政治家が平気で言うようになったのが近年ですよね。安倍総理までが「みっともない憲法」と言ったが、さほど問題にもされなかった。

瀬木　一国の首相がそんなことを言って問題にされないというのも、おかしいですね。首相のヤジというのもインターネットには複数出ていますが、これもちょっとありえない。世界標準を外れているといわざるをえない。かつては、「馬鹿野郎」とつぶやいただけで衆議院解散になったのに（苦笑）。

それに、みっともないというなら、自民党の改憲案こそみっともないですよ。要するに国民の権利を制限し、義務を強調し、国家権力を強めるというだけのものであって、深いヴィジョンがおよそ感じられない。あれも、読むと、すごくがっかりします。

権力の側の権益確保、そして、「統治と支配」をしやすくする、という意図ばかりが目立っています。

清水　戦前戦中の軍国主義という言い方が一番わかりやすいのかもしれないけど、暴走によって、国家の破滅寸前までいってしまった。これに対して、やはりアメリカもそうだろうし、日本国民も権力の暴走を許してはいけないんだと学んだはずで、今の憲法はかたよった国家権力をもてない構造、立憲主義の中で作られたというふうに僕は思っているんですけども。

　それなのに、縛られ、制約を受ける側の政権が、これを変えようとしている。やはりこの動きは、あまりにおかしいんじゃないかという声が多いと思うんです。

瀬木　改悪の可能性が高いのに、どうしてあえて変えなければならないのかが、どうもよくわからないんです。

　最近の特定秘密保護法でも、僕は、自由主義者ですから、国家権力は自制的であるべきだと思いますが、国家というものには必要悪的な部分もあるので、そういう法律が絶対あってはいけない、とまではいいません。防衛と外交の本当の中核事項については、あるいは一定の必要性は認められるかもしれません。でも、秘密の範囲はそういう部分だけに厳しく限定し、かつ、秘密の指定については透明性のある形で行うとか、秘密解除請求の手続をきちんと備えるとかすべきであるのに、非常にあいまいで広範、不備な法律を作ってしまった。秘密をいくらでも拡大していけるような仕組みになっている。まともな議論をしていないし、できた法律も非常に問題が大きい。

　それから、安保体制についても、公権的解釈を変えちゃうとか、そんなことを望んでいる人は少ないと思うのに、独断的にやってしまう。それが本当にわからないです。そういう違憲性の疑いが大きいことを、独断でやってしまう。僕も、アメリカのことはかなり知っていると思いますが、今のアメリカのエスタブリッシュメント、権力者たちは、自国民のことさえあまり考えていない。そういう人々が、日本の海外との紛争で、たとえば中国との紛争で、必ず日本を守ってくれると考えるのは、かなりの程度に幻想かもしれないと思います（たとえば春名幹男『仮面の日米同盟――米外交機密文書が明かす真実』〔文春新書〕参照）。当然、まずはアメリカの国家的利害が先でしょう。中途半端な集団的安全保障は、リスクばかり大きくて、メリットに乏しい。アメリカは、正当性に乏しい戦争を数多くやってきている国ですからね。

清水　とはいえ、現実的には、両院の総議員の三分の二以上の賛成による発議と、国民投票で過半数の賛成がなければ改憲はできないというシステムは、まだ生きているわけです。

そんな中、次に出てきたのが緊急事態条項です。自民党草案では一時的に人権までが停止できるというようなものが入っていますね。

瀬木　これもちょっと常識に反するというか、憲法草案はいろいろあってよくて、一概にだめだと決め付ける気はありませんが、憲法というのは、基本的に、国という権力に対しての国民の権利を規定するものです。その中に義務を書き込むとか、人権の停止を書き込むというのは、もう、世界水準からみて常識的にありえないと思います。

清水　追加といっても、改憲ですよね。

瀬木　ええ。

清水　当然、国民の二分の一の賛成が必要なはずです。今まで例がないんですけど、国民投票をするわけですよね。改憲しようと思った場合はそうなりますよね。そこにあえて投票に行く人たちなんているのでしょうか（笑）。

瀬木　女性の反対は強いと思いますが、日本では、一般に、若者になるほど現状への幻滅が強くて、強い日本というイメージにあこがれる部分は大きいと思いますね。安倍首相の政策が全部悪いとまでいうつもりはないですが、基本的な方向性に疑問を感じます。本質は国粋保守で、日本会議との関係など相当に問題が大きい（青木理《おさむ》『日本会議の正体』〔平凡社新書〕参照）。また、何でも独断で決めてしまって、国民的な議論をしない。そして、最高裁と同じで、内部統制をしたがる。そういう部分は、昔の自民党のほうがましだった。まだしも、派閥どうしの自浄作用があった。小選挙区制も、一票の価値の平等が実現されていないこともあって、悪い面ばかりが出ているように思います。これも、早く変えたほうがいい。

改憲は、最低限、政治家たちを非常に信頼できるという状況において行うべき。そうでないと、ただ悪くなるだけという結果になる可能性がきわめて大きいです。

僕は、第九条については、自衛のための軍備に限り認める、という書き方もあるとは思っています。でも、現在の第九条もそう解釈されているのだから、改悪の可能性が高い改正をするくらいなら、今のままのほうがいい。この条文によって日本が世界的に信頼されている、高く評価されているというメリットは、実は、非常に大きいのですし。

第7章
最高裁と権力

最高裁の統制の方法

清水　私たちが想像しづらい部分なんですけれども、たとえば政権、国に対して、国が望まないような判決を出した場合、裁判官の方は、どういうことが起こるという危険を感じるんでしょうか。

瀬木　端的にいえば、最高裁の意に沿わない判決をしたり、論文を書いたりすれば、「いつかどこかで必ず報復される」ということです。それがよくみえる最近の例が、すでにふれたとおり、福井地裁の樋口裁判長が名古屋家裁に転勤させられたことですね。樋口裁判官のこれまでの経歴をみれば、ここで急に家裁というのはおかしいんです。最後に家裁というのは、窓際的な人のたどるコースですが、樋口さんのこれまでのコースはそういうコースではないので、あれは、明らかに、非常によくみえる形での直接的な見せしめなんです。

清水　原発再稼働差止め判決の結果ですね。

瀬木　そうです。でも、その時、メディアは、樋口裁判官の人事について批判するなどして彼を助けるべきなのに、ごく一部を除き傍観していた。あれにも、本当にがっかりしました。

清水　まさに最高裁を意識して仕事をする、判決を書くという状況があるということをおっしゃっているわけですけど。

瀬木　そうです。事務総局、最高裁の方をみながらです。これが、いわゆる「ヒラメ判決」の意味です。裁判ですから、本来は、目が、当事者の方を見、かつ広い世界を見て、自分の倫理や価値意識に照らして、かつ、法に従って裁判をしなければいけないのに、両目ともが、最高裁と事務総局の方に引っ張られて、ヒラメになるわけです。一方向へ目が強く引っ張られてしまっているということです。

清水　最高裁を頂点としたヒラメ判決、裁判。その話でゆくと、最高裁と時の政権の関係性が重要になります。そこはどうなってますか。

瀬木　これは、たとえばアメリカの学者たちの考え方も二つに分かれていて、裁判官は自民党に支配されているという見方と、必ずしもそうではないという見方があった。自民党に支配されているというほうが、より優勢ですね。大筋正しいですけど、自民党とだけいってしまうとちょっと狭すぎて、やはり「権力」です。時々の権力、また、日本の権力の恒常的な形みたいなものに対して自己規制をしているというところが大きいです。

清水　たとえば民主党政権のときとかは、何か変わったんでしょうか。

瀬木　そうですね。民主党政権のときには、自民党に比べれば、全体的に統制をしませんでしたから、政権の意を受けてどうこうというところは、ゆるんでいた部分があると思います。

ただ、福島第一原発事故後の一連の対応をみてもわかる通り、民主党が本当に民主的、自由主義的な政権であったかというと、そこは疑問であって、自民党と比べればある程度そうだという程度だったんでしょう。失政も多かったですしね。

いずれにせよ、裁判所も、民主党政権がそれほど長く続くとは思っていなかったでしょうから、権力は自民党にやがて戻るということを前提として、様子見をしていたというところかと思います。

清水　先ほど「統治と支配」の話が出ましたけれども、答えが先に決まっていて、その辻褄《つじつま》を合わせるために判決文を書くということが現実に起きているわけですよね。

瀬木　そうですね。まず結論。そして、辻褄を合わせるためにすでにふれたようなごまかしのレトリックを用いる。まあ、市民・国民を愚弄《ぐろう》しているわけですけどね。最高裁のすべきことではない。

最高裁判決の中から典型的なものを挙げますと、大阪国際空港の事件（大阪国際空港夜間飛行差止等請求事件。一九八一年（昭和五六年）一二月一六日）と米軍の飛行の事件（横田基地夜間飛行差止等請求事件。一九九三年（平成五年）二月二五日）があります。

民間空港である大阪空港については、「航空行政権」というこれまたよくわからない概念を持ち出して、国に航空行政権がある以上飛行の差止めは一切まかりならんという理屈です。この判決の書き方からすると、それによって聴覚被害等の大きな被害が生じてもだめだというふうに読めるんです。

清水　判決を書くに当たって、まず結論を決めて、それから航空行政権という理由をつくるか探すかして、それに従うべきだと書く。最高裁の原発訴訟判決に似た感じですね。

瀬木　米軍の飛行のほうもひどくて、簡単にいうと、「米軍の飛行は国の支配の及ばない第三者の行為だから、国に差止めを求めるのは主張自体失当である」というんです。これはすごくて、簡単に言い換えると、「アメリカのやることだから、国は一切あずかり知らない」ということなんです。でも、だったら、何のために憲法があるのか。これは、はっきりいって、内容的にみても、植民地の裁判ですよ。

清水　アメリカの属国であると、裁判官が認めたように思えます。

瀬木　まさにそうです。

　アメリカと日本が日米安保条約を締結して、それに従って米軍が飛行しているんですから、国は、当然条約を締結した責任があります。それから条約ないしこれに基づく法律の定めがないから止められないというんですけど、適切な法律がなければ、国にはそれを作る義務がありますし、また、日米地位協定の文言上、第二条二項にも、「両国政府は、一方の要請があれば、取決めを再検討し、施設の返還や新たな提供の合意ができる」と、はっきり規定されています。つまり、施設の返還まで求めることができる以上、国がアメリカに対して飛行の対応に関する協議の申入れすらできないはずがない。ごく普通の常識からしても、そう考えられると思います。

清水　なるほど。

瀬木　それから、憲法秩序は条約に対して優位にあるというのが、どこの国でも憲法学の通説です。そうでなければ、条約が憲法を破ってしまうことになるので。特に、憲法上の基本的人権や人格権の侵害に関わる事柄については、国は、一層そういう問題がないように努めなければいけないわけです。これも、どの国でも憲法の常識です。リアリズム法学的にやや露骨にいえば、この判決の裏にある裁判官の思想は、「アメリカは絶対だ。安保条約は憲法に優先する。だから、アメリカのやることについては、私たちは一切あずかり知らない」と、こういうことだと思うんです。それに小理屈を付けているだけです。それも、非常に不完全な小理屈を。

清水　まさに不完全だと思うんですけども。主張自体が失当である。こういう文言ですよね。法服を着た方に、上からこういうふうに言われると、ああ、そうなのかなとわれわれは思ってしまいますね。

瀬木　はい。これも、残念ながら、未だに多くの人がそう思っていて、沖縄の記者さえ、「第三者の行為だから差し止められないといわれて、そういわれればそうなのかなと思っていたけど、瀬木教授の本を読んで初めてそうではないとわかった」と。

　実は、僕自身にとっても、この事件は痛恨の事件なんです。僕の沖縄への赴任については、「嘉手納基地騒音公害訴訟」という長くかかっている裁判があって、その審理が迷走気味なのに、訴訟指揮、判決を適切にやれる若い裁判長が見つからない。それで僕が行かされるということになったようなんです。

清水　継続中の審理に合わせた裁判官人事というのは、やはり実際に存在するんですね。

瀬木　そうですね。いろんな形である。この事件の場合には、強権的に出るような裁判長ではますますこじれてしまうので、民事訴訟法等についても理解のある学究肌の人間のほうがいいという選択だったのではないかと思います。迷走審理していたのを、短い時間できちんと争点整理して判決しないといけないので。原告側の弁護士たちの理論的中心であった大阪から来ていた人々も、方針をよくわかって協力してくれて、それで早期に判決ができた（那覇地裁沖縄支部一九九四年〔平成六年〕二月二四日判決）。

　それで、我々の判決としては、大阪国際空港みたいに、問答無用で一切差止めを認めないというのはおかしいと。こちらは米軍であり、事案が別ですから、せめてこっちでは、明らかな健康被害があれば差止めが可能であるという大きな枠組みを立て、あとは証拠に従ってそのような被害があるかどうかを考えていこうという方針だったんです。

清水　それは合議ですか。

瀬木　合議で、僕が裁判長だったんです。赴任した時はまだ三八歳で、全国でも一番若いほうの裁判長だったと思います。

それで、一旦はそういう合議をし、この部分については、そういう方向の判決案も書いたんです。ところが、そこで最高裁の横田基地の判決が出てしまって、どうするかということで合議し直したんですけど、議論の結果、最高裁の判決が出た以上これに従うしかなかろう、という結論になり、そうしました。その時点では、僕も、やはり、最高裁の判決はちゃんとしたもので、正しいもので、基本的に従うべきものだ、という思い込みがまだありましたね。

清水　それが一般的な裁判官の判断でしょうね。

瀬木　そうかもしれないですね。でも、やはり、沖縄という場所に行って、自分の転勤も陪席たちの転勤も控える状況で、彼らも当然東京へ帰れるような人たちですから、無言の強い圧力を感じたことも否定できません。

清水　やはり感じるんですね。

瀬木　それで、その判決の心臓部ともいうべき、一番重要な部分の論理を捨ててしまった。ほかの部分は、各論も含め、きちんと誠実に書きましたが、一番重要な部分が落ちてしまった。

清水　この構造は、やはりヒラメといえる構造なのでしょうか。

瀬木　まあ、最初から最高裁の意図ばかり忖度していたわけではなく、むしろ大阪国際空港とは事案が違うとして別の枠組みを立てようとしていたわけですから、ヒラメとまではいえないと思いますが、一つには、最高裁判決というものを根本から疑ってみるという視点がなかった、もう一つは、さっきのような無言の圧力みたいな部分をきちんと意識化できていなかったということですね。

そのことが、やはり、僕が、日本の裁判所・裁判官のあり方とか、自分の裁判官としてのあり方を深く考え直してみる一つの大きな転機になりました。後から、その判決のことがすごく棘《とげ》になって残ったということです。

僕は、判決、和解で悔いが残ったというのはほとんどないんですが、これは残りましたね。

清水　今、二つ大きな話があったと思うんですが、最高裁が正しい判決を出すだろうという考え方と、最高裁が出した判決には従わざるをえないという考え方。これは似ていて違いますね。

瀬木　そうですね。ただ、裏表でもあります。

清水　その当時の瀬木さんの感覚というのはどちらだったんですか。

瀬木　両方ですね。さっきもお話ししたように、最高裁判決は何といってもそれなりにきちんと考えられた正しいものなんだろうという思い込みがあって、「第三者の行為だから差し止めできない」といわれれば、「そういわれれば確かにそうかな」と思ってしまったということ。さっき僕がお話ししたような理屈は、その後ずっと考える中で、これが正しいんじゃないかと思うに至った理屈です。その時点では、そこまで詰められてはいなかった。

それから、もう一つは、直近の時期に米軍基地についてそういう判決が出たことの無言の大きな圧力。その二つです。

清水　直近で出てしまったことが、無言の大きな圧力になったという状況ですよね。タイミング的に非常に微妙なときになったわけですね。

瀬木　実に微妙なところで出ましたね。まるで意図したかのように感じられるくらい。

最高裁のヒエラルキー

瀬木　最初のほうで裁判所のヒエラルキーについて話しましたが、ここでは最高裁判所の組織について詳しく説明しておきます。これ、わかりにくくて、誤解している人も多いので。

最高裁判所というのは、二つのセクションに大きく分かれます。一つは裁判部門であり、もう一つは司法行政部門です。裁判部門というのは、ほんのわずかで、一五名の最高裁の裁判官で構成されるんです。一人の最高裁判所長官と、一四名の最高裁判所判事です。両方をひっくるめて最高裁判事といわれることも多いですね。

清水　はい。

瀬木　この人たちが、一五人の大法廷と、基本的に五人（最高裁判所長官は小法廷の審理には加わらないことが多いので、その法廷では四人）の三つの小法廷で裁判をやる。しかし、日本では、大法廷の裁判というのはめったに行われないので、ほとんどの裁判が小法廷で行われています。そして、最高裁判所調査官という人々がいて、これもエリートコースの一つの典型といわれていますが、これは事務総局所属ではありません。裁判部門のスタッフとして、最高裁の判事たちの裁判のための資料を集め、その資料から報告書、レポートを書いて提出し、審議にも立ち会って、場合によっては判決についても、多数意見の下書きをしたりしますね。かなり重要なことをやります。

清水　とすると、実際にはそこの意思が影響するわけですね。

瀬木　日本の最高裁では、調査官が裁判の土台をつくっている側面が大きい。そして、調査官システムも、首席、上席、普通の調査官というピラミッド構造の決裁になっていますが、首席調査官というのは、事務総長と並んで、最高裁長官にきわめて近いところにいるわけです。したがって、まさに「統治と支配」の根幹にかかわるような事件については、最高裁長官の意向が陰に陽に調査官の報告書にも反映しやすい。憲法訴訟や行政訴訟は特にそうですね。

清水　ちょっと整理しますが、一五名の判事がいますよね。この方たちというのは、いろんなところから入ってくるじゃないですか。法律家もいれば、そうではない人もいるという。

瀬木　これは、日本では、もう、「枠」が決まっていますね。

清水　決まっていますね。いろんなところから入ってくるから、本来であれば公平・公正な意見が出てくるという考え方だと思うんですが、調査官のほうはどういう人たちなのでしょうか。この人たちの意見が実質的には強いということですかね。

瀬木　そもそもは、調査官自体は無色で、比較的、きれいな仕事のはずなんですね。

清水　どこからきますか、経歴でいうと。

瀬木　経歴でいうと、事務総局局付経験者で、わりあい学究肌の人が調査官になるという例が多かったですね、かつては。今はどうかわかりませんが。

清水　年齢的にはどのぐらいですか。

瀬木　三〇代半ばから四〇代半ばくらいでなる人が多いでしょうか。最近は、行政調査官は特に、非常に権力的な人が増えてきましたけど、戦後そこそこ長い期間は、調査官は、一人一人をみれば、割合無色のエリートが多かったんです。一定の独立性もあった。ところが、これについても、ある時点で、首席、上席、ヒラという決裁制度をつくっちゃったんです。

かつては個々の裁判官と個々の調査官が相談しながら準備や審議をしていたのに、それが、調査官系統の決裁を通らないと報告書が出せないというシステムになってしまった。僕が調査官になった時にはすでにそうでした。そうすると、個々の調査官の意見が通るとは全然限らないわけです。決裁を通さないといけなくて、決裁を通った報告書が裁判官のところにいきますから、そこでは、最初からもう、最高裁の権力的な色が付いているわけです。その種の事件については。

清水　よくできたシステムですね。

瀬木　調査官も、民事、行政、刑事に分かれていますが、先ほどもお話ししたとおり、行政調査官は、権力志向、上昇志向の人が多いです。そういう調査官が調査をして、さらに上席とか首席とかがチェックしますから、行政訴訟というのは、本当に国寄りの報告書が出てくる。行政訴訟に限らず、「統治と支配」の根幹にかかわる事件はそうなる。

清水　うーん。

瀬木　最高裁判事の多くは、行政訴訟のことなんかほとんどわからないので、あるいは、元民事系裁判官で、わかっていても、最高裁までくるような人は、ほぼ全員が事務総局系で権力志向ですから、結局、行政訴訟とか、憲法訴訟は、まさに権力的な裁判ばかりということになるわけですね。

清水　聞いていて、そこがきわめて重大なところですね。

瀬木　そうですね。ですから、「調査官裁判の弊害」とひとくくりにいわれるけど、民事の技術的なものとか、そうした法律の細かな解釈みたいなことは、一定程度はそれでもいいんですよ。ある意味で、誰がやっても同じようなことだし、一定の能力があれば、それなりの結論が出せるし、普通の国民にそんなに関係ないですから。行政、刑事、あと、広い意味での社会的価値にかかわる事案、「統治と支配」の根幹にかかわる事案がこわいんです。

こうしたことの結果、憲法訴訟や行政訴訟は惨憺たる有様になるし、刑事でも冤罪が確定してしまう。刑事訴訟法には、再審事由がある場合には上告審は原判決を破棄することができるという条文（四一一条）があり、最高裁のレベルでも冤罪をチェックできるような制度になっているんですが、最高裁で冤罪がチェックされることはきわめて少ない。ここに、冤罪が最高裁でも確定してしまいやすい一つの原因があります。

清水　つまり再審請求とか、冤罪の問題もそうですが、それを判断するときに、実際には一五人の最高裁判事の意見というよりは、この調査官たちが出してきた書類が重要になる。その書類が検察が書いたものをベースにしていて、結論をコントロールしておけば、答えはおのずと決まってくる。そういう可能性もある？

瀬木　検察の意見というよりも、冤罪をチェックする、できるような目が、刑事調査官にも最高裁判事たちにもないということです。だから、結局、冤罪が最高裁でもチェックされないという結果になります。

清水　いや、ここは全く知らなかった。判事たちは、直接、利害関係がないというのが原理原則なわけですから、なぜコントロールされちゃうのかなと思っていて。

瀬木　この対談でお話ししてきたことすべてに通じるんですが、日本の裁判所については、ことに最高裁判所は、制度的にみると、実に、権力機構の一部、「権力補完機構」であって、本来の裁判所のあるべき姿、つまり「権力チェック機構」からは遠いということが、どの側面からみても、非常にはっきりしていると思うんです。

そのことを、僕も正直にいって、裁判官をやっているときには十分にわかっていなくて、まさに、お話ししたように、視野狭窄になっていたんです。たとえ裁判所に対して批判的な視点をもっていても、やはり、トータルとしての構造が十分にはみえていなかった。

清水　現場にいて、かえってみえなくなっているんですね。

瀬木　そうです。現場にいることでかえってみえなくなる面もある。弁護士も、どうしても、本当に客観的な、醒めた目で裁判所をみることは難しい。絶望してしまって、仕事ができなくなりますからね。むしろ、定年退官後の元裁判官の弁護士たちのほうが、そこは透徹した目でみられる部分がある。内部のことがよくわかっているので。

僕も、裁判官のあり方に、ある時期からは疑問をもちつつ、何とかその中でできるだけいい裁判をしようと努力はしてきたつもりですけど、それでも視野は相当狭められていました。学者になって、自由な立場で研究をして、情報もとってみると、そのことがものすごくわかるようになってくる。日本の裁判所が、いかに、欧米のそれらとは異なった「権力補完機構」なのかということ。このことは、強調しておきたいです。

清水　今のような話がないと、全体的に最高裁というものが何もわからない。

瀬木　ですから、そこをわかってもらえるようなものを書き、ここでもお話ししてきました。

清水　そうですね。いろいろお話をうかがうと、よくわかってきます。

最高裁長官と事務総局がもつ絶大な権力

清水　最高裁自体の話でいくと、もう一つ、司法行政の部分がありますね。

瀬木　司法行政部門の話をしますと、これについては、名目上一番上にあるのは、最高裁判所長官ではなくて、最高裁判所裁判官会議なんです。この会議が司法行政をコントロールするという建前になっているんです。これは、できた当時の裁判所法が、アメリカ法の影響を受けているからではないかと思うんです。

要するに、裁判官全員で構成する会議、大学の教授会みたいなものですね。それがやるのであって、独裁的な長官とか、所長とか、そういう人がやるんじゃない、という思想がここに表れているんです。

清水　はい。裁判官会議というのは、高裁や地裁にもありますね。

瀬木　ところが、日本では、実際には、最高裁判所から地方裁判所に至るまで、裁判官会議は、全部完全に形骸化していて、そこの長が権力を握ってしまっているわけです。最高裁判所でも、一四人の裁判官たちは、裁判に手一杯で、司法行政なんて全然手が回らないし、そもそも外部からきた人々は、司法行政の仕組みからしてよくわからない。そうすると、実際には、最高裁判所長官が、ただ一人で、司法行政部門の権力を独占してしまうんです。この権力というのは、ある意味で、日本最高の濃密な権力かもしれません。つまり、対抗者、批判者のいない権力です。

清水　これも表に出てこない話ですね。

瀬木　今の安倍晋三首相のように、かなり問題のある方向で独裁的なやり方をしようとするような人もいますが、一般的には、日本の首長というのは、そんなに権力はなくて、調整役ですよね。国会の衆議院や参議院の議長も、敬意は払われていますが、司会ないし調整ですよね。それに比べると、最高裁判所長官というのは、かなりの期間にわたって、裁判所及び裁判官に対して徹底的な権力をふるえるので、ある意味では、すごく濃密に権力が集中している人です。

清水　なるほど。

瀬木　最高裁判所裁判官会議、実際には長官の下に、事務総局、司法研修所、裁判所職員総合研修所、最高裁判所図書館があります。重要なのは、その中で事務総局が圧倒的な力をもっているということです。その長が事務総長で、これは、最高裁長官の直属の部下といっていい。

たとえば、司法研修所は、組織上は事務総局と同格ですが、実際には、事務総局の下にある人事局の出先機関に近いのです。つまり、人事局の意向を受けて、司法研修所が、裁判官の選別とか研修をやっている。この司法研修所の教官は、能力的にもムラが大きく、イエスマン、ヒラメタイプが非常に多いです。学者的な要素はほとんどない。

清水　そうやって日本の司法全体をコントロールしているわけか。

瀬木　そして、事務総局の中には、人事局、経理局、総務局、秘書課、広報課、情報政策課、民事局、行政局、刑事局、家庭局という、これだけの局と課がありますが、純粋行政系セクションが人事局から情報政策課までですね。普通の官庁のいわゆる官房系と思えばいい。そして、民事局から家庭局までが事件系のセクションです。一番力をもっているのは、人事局と経理局です。

清水　このあたりは一般企業と似たイメージですね。組織内ではこの二つを押さえたら絶対的に強いです。

瀬木　全くそのとおりです。日本の企業が弱くなった一つの原因は、想像力、創造力に乏しい人事・経理系の人間がえらくなるようになったからであり、マスメディアにもその傾向はありますね。次いで権力があるのは総務局かな。秘書課と広報課というのは、課ですけれども、秘書課長兼広報課長というのは、最高裁判所長官や事務総長と密接に結び付いているので、最高裁の権力機構の中でみると、非常に重要なポストです。

つまり、広報課長がやっていることなんていうのは、ほぼ最高裁長官がやっていることだと思って間違いがない。そのことを踏まえないでマスメディアが取材をして、実際には広報課の下請けに等しい報道をやっているということが、きわめて多いです。この権力の縦のつながりを見る必要があります。ジャーナリストなら、このことはよく知っておくべきです。

清水　報道と広報は似ていて非なるもの、というのが私の持論なんですが、やはりそのとおりでしたね。構造がみえないと何を書かされるかわかりません。

裁判官が国の弁護士に？――三権分立は嘘だった

清水　お話をうかがっていて、最高裁による統制や権力志向というのはわかってきましたが、なぜそこまで最高裁が行政寄りになるのかという部分が腑に落ちません。何かシステム的な問題があるのか。そこを整理したいのですが、まず三権分立の話でいうと、行政の中に法務省があり、また法務省の特別の機関として検察庁が置かれています。この法務省と検察庁、裁判所の関係というのは、一体どうなっているのでしょうか。

瀬木　まず、検察と法務省の関係から説明しますと、裁判所では、最高裁長官と最高裁事務総局が裁判官を統制しています。この最高裁事務総局と同じような役割を果たしているのが法務省本庁だと思ってください。検察官の中のエリートが、また、裁判所から出向してきて一時的に検察官になった人たちが、法務省本庁にいって、民事・刑事の立法関係、民事の訟務関係、それから、戸籍や登記みたいな仕事をも含めて、統括しています。刑事関係は元々の検察官、民事関係は裁判官から出向した検察官。彼らが、現場の検察庁や法務局といった法務省の職員を統制している。統制というよりも、これは、行政だから、直接的な指示命令関係ですけどね。最高裁の場合は、本来、裁判官は独立のはずですから、この対談でも、「統制」と言っているわけです。

法務大臣というのは、昔からなりたがる人がいない。それは、法務省というのは、実際には検察官、それから裁判所から出向してきた裁判官たちが完全に押さえきってしまっていて、大臣の権限がほとんどない役所だからなんです。

清水　大臣は死刑のハンコを押すだけみたいなことを、よくいいますよね。

瀬木　確かに法務大臣がハンコを押さないと死刑の執行はできないのですけど、それも、お膳立てしているのは検察官です。そういう面からみれば、法務大臣というのは、自分でできることの範囲が非常に狭い大臣ですね。専門家集団のトップに彼らから「素人」といわれるような人が座ってみても、その人がよほどよく勉強していなければ、何もできないですから。

清水　法務省の職員にも司法試験に受かっている人はかなり多いわけですか。

瀬木　公務員試験に受かって法務省で働いている人ももちろんかなりいますが、法務省というのは、司法試験を受かっている人たちが圧倒的に押さえてしまっている省庁です。公務員試験だけを通っていても、上のほうへはゆけないです。

清水　じゃあ上層部は圧倒的に司法試験通過者ってことですね。

瀬木　そうです。要するに、法律家であるところの検察官と裁判官が牛耳っている役所です。かつ、行政訴訟では、各省庁とも、法務省に頼らざるをえません。自分たちが勝たせてもらうために、法務省の訟務《しょうむ》検事たちの指導に従って、各省とも訴訟の準備をするわけです。

清水　つまり自分たちの役所が訴えられた場合ということですね。

瀬木　訴訟というのは、今の世の中では、やはり、行政庁にとって一番こわいことの一つですから、そこで頼らなければいけないという意味で、法務省は、財務省とはまた別の、隠然とした裏側の権力を持っているわけです。だから、検察というのは非常に強い組織です。一体としてみたときにはね。

清水　検察は法廷外、たとえば霞が関界隈でもそんな力があるんですね。

瀬木　昔から、戦後、検察官のなり手があまりなかった時代から、検察は、実は、隠然たる力をもっていました。というのは、起訴の権限という、非常に強烈なものを一手に握っているからです。また、検察のOBたちは、現役グループに対して力をもっていて、かつ、OB中枢は、政治の中枢ともつながっている。刑事関係を押さえているのに加えて、訟務を通じて、各省庁に対してもニラミがきいている。だから、検察というのは、法務省を押さえていることで、実際にみえている以上に強力な権力を握っていると思います。

清水　すごいですね。そんな構造になっているんですか。

前にも裁判所から法務省に出向する裁判官の話が出ました。これが一般の人はわかりづらいのですが、最高裁を頂点としたピラミッド構造の裁判所というシステムがありますよね。その中から法務省にゆく。この二つの構造がよくわからないんです。

瀬木　これは、最高裁判所と法務省の間の人事交流ですね。これについては、昔から批判されています。特に刑事裁判官と検察官の交流、いわゆる判検交流のうちの刑事です。これは、あまりにも問題が大きいということで、ついに廃止されたんですけど。

清水　壇上で法服を着ている人の前職が検察官ということですか？　それはさすがにひどすぎますね。

瀬木　ええ。ただ、民事については、実際問題として検察官にできるかというと、検察官は刑事しかやらないので、民事の難しい行政事件とか国家賠償請求事件について、弁護士としての役割を果たせないんですよね。それで、結局、裁判官が出向してやるという制度になっていて、これは今も続いています。

清水　つまり、役所が訴えられた場合、その弁護士は実は裁判官がやっているということですか？

瀬木　はい。法務省の中の民事系のセクションのうち、訟務局、つまり法廷の仕事をする局が統轄しています。その下に各地方法務局。そういうセクションで働いている人たちの中核は、民事系の裁判官が出向してやっているということです。民事系の裁判官が、一時的に、あるいは結構長い期間出向する。法務省民事局もそうですね。で、今の寺田最高裁長官なんかは、もうずっと法務省にいた人です。

清水　前提が混乱してきたんですが、そもそも裁判所と法務省は全く別の組織のはずですよね？

瀬木　全く別です。
清水　しかし結果から見るとぐちゃぐちゃになっているんですけど。
瀬木　本来は、三権分立の別々のセクションです。
清水　分立しているのが本来の姿でしょう。
瀬木　そうです。法務省は行政庁の一つですからね。
　なお、法務省で実際に権力を握っているのが誰かといえば、生え抜きの検察官です。検察官が法務省では一番力をもっていまして、刑事局、民事局という代表的二局の中でも、刑事局のほうが力が強い。立法なんかでも、民事と刑事と両方出ると、刑事が優先で審理されることが多いのは、そういうことなんです。
清水　検察官も本来は独任官庁じゃないですか。
瀬木　まあ、あれはもう、建前だけですね。裁判官と違って、そのことは普通の人でも想像がつくし。
清水　ということは、裁判所のピラミッドがあって、法務省があって、検察も本来は分立しているわけですよね。だけど実際は人は相当ダブっているというか行き来がある。
瀬木　そうですね。
清水　なるほど。これは変なことになってきましたね。
瀬木　清水さんの疑問をまとめると、三権の一つである裁判所と、三権の一つである行政の一部である法務省との間で密接に交流をやっているのはおかしくないか、ということですね。
清水　という素朴な疑問のつもりなんですが。

瀬木　これは、おかしいんです。おかしいけど、それをずっとやっている（笑）。一部の弁護士以外、誰も批判しないので。

行政訴訟なんかでも、本当は、国の代理人については、事件単位で弁護士に依頼してやるという方法だってあるんです。また、アメリカでは、司法省に多くの弁護士が勤務しています。日本でも弁護士を頼むこともありますが、でも、普通の弁護士だけでは、日本のタコツボ型組織では、うまくいかない。そこで、こうなっている。この点でも、アメリカみたいに、普通の弁護士が一時的に検察官をやるのと同じように、弁護士が一時的に国に勤めて仕事をするというほうが、まあ、健康的ですよね。

清水　日本で行政訴訟が起きた場合は、国側の弁護士というのは本来の弁護士ではないわけですよね？

瀬木　今もお話ししたように、普通の弁護士もやります。ことに、国家賠償請求訴訟みたいな民事的な要素の強い事件では、たとえば地方公共団体が弁護士を頼んだりすることも多いです。でも、行政訴訟全体をみれば、訟務検事といわれる裁判官出向組の検察官の人たちが国の代理人をやることが、圧倒的に多いです。

清水　さきほども出てきましたが、何検事ですか？

瀬木　「訟務検事」。訟務検事というのは、ほとんどが裁判官からの出向組です。

清水　ということはつまりですね、裁判官から出向した人が、検察官、訟務検事となり、行政訴訟については、国を守るために、弁護士のやるような仕事をやっているんですね。

瀬木　そうです。だから、昔から、判検交流は、刑事のみならず民事でも弊害が非常に大きいと言われているんです。でも、メディアも正面切って批判しませんし。
清水　何だか、納得できない感じがするんですけど。
瀬木　そうですよね。訟務検事経験者は、裁判所に帰ってきてから、国寄りの判断をしがちである。これも昔からいわれています。でも、一向に改善されない。
清水　実際、長く同じ釜の飯を食っていて、あるいは知合いも増えますよね。そんなことをやっていたら、どこかに影響を及ぼすということが当然ありませんか。
瀬木　それはあります。ただ、これは人によるのであって、きちんとけじめを付けている人もいます。僕も、ちゃんとしていた人たちも知っています。しかし、全般的には、よほどしっかり自分の考えをもった人でない限り、影響されますね。行政庁の苦労話とかを毎日聞きながら、国の弁護をするわけですから。それを何年も一生懸命やって裁判所に帰ってくれば、普通の人は、国寄りになります。ことに、切り替えのききにくい日本人のメンタリティーからすると、そうなりがち。
清水　戻ったら急に三権分立だなんて、人はそんなに急ハンドル切れないですよね（笑）。
瀬木　だから、本当は、こういうことはやめて、先ほどお話ししたように、事件ごとに弁護士を頼む、あるいは、一時的に弁護士から国の代理人になる人を法務省が採用して、それでその期間がすんだらまた弁護士に戻るというような制度にしたほうが、僕は、健康的だと思いますね。前にもお話ししたように、検察官全体についてもそのほうがいい。日本のような制度だと、権力と癒着《ゆちゃく》するし、タコツボの中で、正義以外の要請に強く引きずられやすくなります。
清水　こういう交流人事などを決めたのは、一体どういう人なんですかね。
瀬木　結局のところ、国に全部任せておくと、自然にこうなるんですよ。法務省に集まってきている検察官たちも、刑事しかやっていないので、民事は全然わからないんです。そうしたら、国がどこかからもってくるとしたら、裁判所からもってくるしかないわけです。つまり、制度設計に透明性がなく、民意も入っていないから、こうなる。

清水　しかしですよ。当たり前の話ですけど、民間が訴えられたら、当然裁判所から人なんかもってこられないわけです。どこかで腕のいい弁護士などを探すしかないんですよね。三権分立という国家の一番大事な形を作ってあったはずなのに、このようにシステムが変更されていることを、国民はあんまり知らないと思うんですよね。私だって理解していなかった。

瀬木　まあ、知らないというか、これまで、それこそ誰も書かなかったし、僕なんかも、裁判所にいると、それをいいことだとは思わないとしても、ずっとみてきているので、「みんなわかっているんだろう」と思っちゃうわけですね。

僕も、実務家経験、学者経験があり、専門書だけでなく一般書の執筆の経験もあるので、「法律家の常識がそのまま世間の常識」などとは思っていませんが、でも、このことで清水さんがこれほど驚くとは、さすがに思わなかった。たとえば、司法記者たちは、法律のことはあまり知らなくても、そういうことはよく知っていますものね。

今のお話で、清水さんでもそういうことを知らなかったということが、初めてわかりました。まさに一種の空白地帯です。さっきから質問されて、初めて、「あっ、そうなんだ」って（笑）。

清水　いや、だってあれですよ。基本となる三権分立の原則ですよ。

瀬木　三権分立という原則、基本思想からいうと、先ほどからお話ししているように、今のような形は不健全です。全くそのとおりです。

清水　まさにそうですよね。大半の国民だってまさかこんなことになっているなんて思いませんから、そもそも疑問すらもっていないでしょう。

瀬木　そうですね。三権分立といいながら、行政と裁判所の間でツーカーでどんどん行き来をしているというのは、望ましくないです。

清水　しかも、これを我々が知らないから、なんだかこっそりやっているように見えちゃうんですよ。別に隠しているわけじゃないよというのかもしれないけど。

瀬木　でも、そこは、「法的・制度的リテラシーの問題」でもあって、つまり、日本では、司法というものが、これまで一般国民、市民、それから他分野の知識人、ジャーナリストも含めて、そういう人たちにあまりにも何も知られずにやってきたから、そういう結果になっているわけですよ。報道もされないし、ジャーナリストも興味をもたないし。

清水　そうですね。裁判や裁判所ってやはり傍聴ぐらいでしか目に見えない。だからさっきのような質問になってしまうのですが、なぜ裁判官が法務省に出向して、急に国の弁護士になってしまうのか、もうわけがわからないわけですよ。

瀬木　わけがわからないという清水さんのコメントは、よくわかりますよ（笑）。僕も、おかしいと思ってきたので。

清水　だけど、そんなシステムになっているなら、一般国民は、この裁判官はかつて検察官をやったこともある人じゃないのかとか、この裁判官は法務省で国を弁護していた人じゃないかとか疑いますよ。そういう人が裁判官として公平な判断ができるのかと思います。

瀬木　それは、『ニッポンの裁判』にも書いたとおり、昔から、行政訴訟をやっている弁護士たちはさかんにいっていたんです。訟務検事をやった人が行政事件の裁判をやるのは絶対おかしいって。

清水　いや、もう聞けば聞くほど驚くことばかりですね。

瀬木　いろいろ驚かれることが多いようですね。だとすれば、この対談をやった意味は大きかった（笑）。僕も、今後、制度や裁判批判だけじゃなくて、法律や法制度の基盤、法的・制度的リテラシー、市民のための法的知識の普及という観点から、機会があれば、いろいろ書いていったほうがいいかなと、今日、あらためて思いました。

清水　私は法律とか裁判については専門外ですが、とはいえ仕事柄少しは知っているつもりでした。だけどもう聞けば聞くほどびっくりの連続です。ここまできて、行政訴訟はなぜ勝てないかがよく分かりました。なるほどそんな状態なら簡単に勝てないよと、ようやくみえてきました。

瀬木　行政訴訟の勝訴率が低いのは、それこそ、「統治と支配」の根幹にふれるからで、訟務検事の問題はその一背景にすぎません。

さらに付け加えると、訟務検事に出向していた人が行政事件を扱う専門部の裁判官になるということも、時々あるんですよね。そうすると、これは、もう非常に国寄りになる。さっきの、自覚的な少数派なんかは、除かれてしまいますからね。元々日本の裁判官全体が国寄りなんだけど、訟務検事経験者はその中でもきわめて国寄りになりやすい。

ただ、その背景には、日本人全体が基本的に保守的で、民主主義や自由主義の感覚が未だ十分でないので、大きな問題を見過ごしている、マスメディアも相似形、という問題もあります。市民、その代表としてのジャーナリズムや学者の監視が厳しい国では、そういうことはできないですから。

清水　私も冗談では、「国賠はなかなか勝てないよね。裁判官だってサラリーマンなんだから、社

長になかなか弓は引けないよ」みたいなことを話すんですけど、ここまでシステム化されていると
は思わなかったですね。

最高裁判例に拘束力はない？

清水　今更ですけども、最高裁判例を無視するような判決を書くということはできないんですかね？

瀬木　ここも学問的な話になるのでやや難しいんですが、アメリカやイギリスでは、ごく簡単にいえば、「判例が基本的な法である」と思ってくださればいいんです。判例が積み重なっていって法ができる。事実を的確に確定して、その事案ではこういう法的判断にするよ、ということを宣言するのが判例ですね。その集積が法を形作る。そして、英米では、原則として、判例は、事後の裁判全部に対して拘束力をもつんですね。で、基礎になる事実が異なれば、別の判断ができる。逆にいえば、新しい判断をしたいときには、まず、先例とは事実が異なるというふうにいう。

　これを「先例拘束性の原理」といいますが、イギリスとアメリカでは差があって、アメリカではイギリスほど厳格な先例拘束性の原理は採られておらず、法の変更、発展がより容易になっています。でも、基本は同じ。

　つまり、日本で制定法がやっているのと同じことを、英米法系の国では、判例によって、逐次、法を少しずつ作り、かつ修正していると思えばいいんです。もちろん、アメリカにも制定法はたくさんありますが、基本は判例法で、制定法は補充的。

清水　ほう。

瀬木　これは、結構いい加減なように思えますが、実際には、非常にかゆいところに手の届いた法になるともいえる。かつ、個々の判例については、どうしてそういう判断をしたかということが、より明確に読み取りやすい。そういう意味で、僕は、アメリカ的なやり方も結構いいと思っているんです。そういうふうに法を作ってゆくのが英米のやり方。

清水　日本の場合は？

瀬木　日本は大陸法系の制定法国ですから、判例に厳密な法的拘束力はないです。だから、裁判官は、最高裁と違う判断をしても構わないんです。

清水　そうなんですか！

瀬木　もちろん、大陸法系の国でも、最高裁判例が適切ならそれにならうのは普通のことです。でも、最高裁判決が適切でないなら、本来は、下級審判決がそれとは異なる流れを作って、最高裁判決をも変えてゆくべき。そうでないと、判例が発展しませんね。

でも、日本の問題は、事大主義的に最高裁判例に従う裁判官が多いことです。

最高裁判例の中にも、もう時代が変わって実際には陳腐化して根拠がなくなっているものもあって、そういう場合は別の判断もしやすい。しかし、厳然と生きている最高裁の判例に対して、しかも意図がはっきりみえている「統治と支配」の根幹に関するようなものに対して正面から挑戦する、最高裁に牙をむくような形での判決というのは、本当に、ある意味で職を賭するぐらいの覚悟がないとしにくいのが事実です。

清水　結局、現実的にはできないということですね。

瀬木　そういう例もありますよ。原発訴訟の例でみたとおり。でも、裁判長の一人は定年までまだかなり間があるのにおやめになっているし、もう一人は間もなく弁護士になっていますよね。本当に正面からあらがうとなれば、そういう覚悟がいる。
　詳細にふれることは控えますが、国の政策に関わる重大事件で国側を負かした高裁裁判長が直後に自殺されたなどという事件も、僕自身、非常にショックを受けたので、よく覚えています。
　少なくとも、定年の六五歳までもうそれほど長い任期は残っていない五〇代半ばくらいより上の裁判長でないと、広い意味での「統治と支配」の根幹に関わるような裁判について勇気ある判決が出しにくいということ、これだけは、厳然たる事実でしょうね。
清水　ふーむ。驚きました。最高裁判例によると、といつも引用されるので、絶対的なものがあると思っていたんですけど。
瀬木　拘束力があるとみんな思っている。
清水　そうそう、内部的拘束力というよりも、もっと法律学的部分で。
瀬木　法的な拘束力ですよね。
清水　そう。上位の裁判所が下した判決が、絶対的な強さをもつというか、優先されると思っていたんですけど、それは違うんですね。
瀬木　違います。少なくとも、判例法の国でいうような意味での拘束力はない。これは、日本の法の常識として、一般のジャーナリストが書かれたものが、よく誤っているところですね。
清水　ああ、そうしたら僕の書いたものも誤っていました（笑）。ＤＮＡ型鑑定のＭＣＴ118は、信頼性が最高裁で確定したと思ってましたから。

瀬木　日本は制定法の国なので、とにかく、法が判断の淵源、つまりみなもとですから、裁判官は、憲法にあるとおり、良心と法律に従って判断をすればいいのであって、最高裁判例に法制度上従わなければならないという拘束力というのはありません。

清水　ないんですね。

瀬木　そこは、英米法系の国とは基本が違います。

清水　これ、多分みんな間違えてるところですよ。

瀬木　ええ、間違っている人が多いです。ここは難しいですからね。学生はもちろん、弁護士や学者一般でも、あまりよくわかっていない場合はあります。

清水　だから、最高裁で確定していますからといわれたら、あ、それはしょうがないんだなと思ったけど。これがまた最高裁の顔色をうかがう判断ということですかね。

瀬木　ある意味不思議なことですが、判例法国では、基本的には判例拘束性がある。にもかかわらず、実際には、判例法国であるアメリカのほうが裁判所による法形成はよりダイナミック。個々の裁判官が、判例をみながらも、実際には自由な判断をしている。

清水　なるほど。

瀬木　一方、日本の場合には、最高裁の判例には特別な法的拘束力などないということになっているにもかかわらず、実際には、それに唯々諾々《いいだくだく》と従うという傾向が強い。

清水　それがまさに、水害訴訟や原発訴訟など、この対談で取り上げてきた事件類型。

瀬木　そうですね。

清水　最高裁の判決が一回決まると、下位の裁判所が同じ判決になるのは、当たり前のごとくそうなっていくわけですね。

瀬木　原発訴訟の場合も、最高裁判決が出る前から、下級審の裁判官たちは上のほうをうかがって、判決したがらず、延々と迷走する例も多かった。で、協議会があり、最高裁判決が出ると、もう当然のごとくそれに従ってしまう。『ニッポンの裁判』でも書いたとおり、志賀2号機原発訴訟の裁判長だった井戸謙一弁護士が、裁判官をやめてからのインタビューで、「なぜ御自分の判決の後に差止め判決が続かなかったと思いますか?」と問われて、「『原発は止めない』という最高裁の意思」を感じた、と語っていますね。

まさに、そういう意味で、最高裁の判決は、法的には拘束力はないにもかかわらず、実際には厳然とした事実上の拘束力をもっている。特に、「統治と支配」の根幹にふれる事案ほどそうである。

清水　これが、まあ結論は同じなんですよね。要するに最高裁の判決、決定みたいなものは絶対であるという結論は、一般の人も同じなんですよ。だけど理由がまったく違って、まさにそこまで最高裁の力が、本来拘束力のないものにまで及んでいるということが驚きなんですよね。

瀬木　そうですね。

日本の官全体の劣化

瀬木　裁判官をやめ、大学に移ってから、本を書いたり、ジャーナリスト、いろいろな分野の専門家、知識人と接触するようになってはっきり感じたのが、官全体の劣化です。裁判所で二〇〇〇年以降起こっていたようなことは、どうも、官僚全般についても起こっているし、東大を始めとする官学傾向の強い大学でも起こっている。「官学」というのは、日本独特の言葉ですが、時の政府が正統と認めて統治のよりどころとした学問、つまり支配階級を養成するための学問ですね。

清水　支配する意識があるんですか。そのうえで養成すると。

瀬木　そういう傾向が強い大学の教授たちの劣化ということも進んでいて、その結果の一つが先の「原子力ムラ」の問題だと思うんです。原発訴訟に関連してふれた三つのありえない言明（はっきりいえば、科学的に成り立たない「虚偽、嘘」）を立て、何の根拠もなく「絶対大丈夫だ」と言っていて、事故が起こると、誰一人責任を取らないどころか、今度は「想定外だったよなあ」などと言って自分を正当化するという。中心人物たちは、本来なら、引責辞職、少なくとも学外活動から一切手を引くくらいのことはあって当然だと思うんですが、平気でそのままやっていた。そんなふうに、学者まで含めて、官僚的なものが全体に劣化している。マスメディアの中の官僚的な部分も同じ。これにどう対応すればいいのか、ということが、非常に大きな問題だと思うんです。

清水　なるほど。

瀬木　アメリカの場合には、キャリアシステムというものを社会全般で採っていなくて、裁判官とか検察官は、主として弁護士からなりますし、役人も、適材適所で人材を採ってやっていますよね。

それに対して、日本は、明治時代以来、行政官僚、司法官僚、学問の官僚（東大教授が中心）などの優秀な人々を育て、そういう人々に統治させるということでやってきたんだけど、もう、それがうまくいかなくなってきているのではないかという気がするんです。清水さんはどう思われますか？

清水　官僚は、かつては本当に優秀な人たちがたくさんいたんだと思いますよ。その人たちが力を合わせてやってきた。けれど、それが次第にうまくいかなくなってきている現実は、いろいろな形で目の当たりにしてきました。そういう意味では、どんどん劣化しているのでしょう。
　官僚の、自分たちがこの国を作り上げているんだというような意識の高さの中で、この国が守られていた部分も実際あったと思うんです。優秀な人たちが政治家の暴走を食い止めるような形。近年は本当にその権力に負けてしまって、政治家から言われて、都合のいい、意味を成さないような答弁書を書いてしまう状況におちいっている感じはします。
瀬木　それは、司法に関しても同様で、かつての裁判官たちは、ことに中堅層は、職人的であって、視野は残念ながらそんなに広くはないけれど、少なくとも、いい裁判をするために、ていねいに言い分を聞き、ていねいに証拠を検討するという気概はあったと思うんです。ところが、今では、もう、そういう根幹が崩れてきているわけです。東大を始めとする国立大学の教授たちも、やはり、昔は、学界を背負って立つ気概とか、広い視野がもう少しあったけど、そういうものがなくなってきている。
清水　問題は、そういった構造の監視を誰がやるのかということですよね。
瀬木　そうですね。まさに、それは、本来なら、いい政治家を選ぶ。司法を立て直す。それからジャーナリズムをきちんと機能させる。そういうことしかないんですけどね。でも、政治家が一番ひどいような状況ですから、まず選挙の方法や選挙区から抜本的に変えないとダメなのかな。インターネット時代になって、徹底的に金のかからない選挙ができる状況が整ってきたのですからね。
清水　これらがフル回転していて、民主国家というものが成り立つはずなんですけど、どれもこれも疲弊しているというか、誤った形で進んでいる部分も多々ある。なんかね、その疲弊につけこんだ危険な雰囲気がするんですよね。

瀬木　『ニッポンの裁判』の本文最後の部分は、最高裁判所の不明朗な会計処理について書いているんです。僕がすごくショックを受けたのは、裁判員制度の広報業務に関して二〇〇五、二〇〇六年度の二年間に企画競争方式の随意契約を結んだ一四件のすべてについて、事業開始後（一部については事業終了後）に契約書を作成する、という不適切な会計処理があったんです。その総額が約二一億六〇〇〇万円。でも、これは、本当に不思議なことで、「契約担当官は契約の相手方決定後契約書を作成しなければならず、契約書作成までは当該契約は確定しない」ということが会計法二九条の八に書いてありまして、この会計法は、最高裁の判例（一九六〇年〔昭和三五年〕五月二四日）に従ってできたんです。

清水　最高裁の中でも判例を守らないということですかね。

瀬木　そうなんです。最高裁が、いわば「みずからが判決を通じてその形成にたずさわった法を破っている」わけです。「違法行為」をしている。こうした不明朗な会計処理は、場合によっては、たとえばリベートとか裏金作りなどの疑いさえ招きかねないような事柄ですから、さすがに昔では考えられないことです。

　また、二〇〇五、二〇〇六年度の裁判員制度広報費の使い道についても、三億三〇〇〇万円もの未執行額があるじゃないかという議員の追及に対して、「予算科目の『目《もく》』の中でほかのものに流用するとともにある程度は返納したが、その詳細を明らかにするには膨大な突き合わせの作業が必要なため、詳細を明らかにすることは困難である」という答弁を行っているんです。

清水　なんだかそれはもう、追い込まれた普通の人たちですね。俗物的な答弁。

瀬木　これは、要するに、予算を目的外に流用したということなんです。で、確かに、予算の執行において目の中での流用は許されているんですが、しかし、この議員も指摘しているとおり、「裁判員制度広報費」という形で目的別に予算管理を行っていれば、その流用等の詳細が明らかにできないはずはない、ということなんです。それができないようでは、予算執行の適切な監視など不可能になるし、一四億円近い二〇〇七年度、翌年度の裁判員制度広報費予算要求の根拠も崩れ去る、と、その議員はブログの中で指摘しているんですが、全くそのとおりで、流用等の詳細は明らかにできないという答弁は、これが本当に最高裁の答弁かと、唖然としてしまうんですね。

清水　これですんだら裁判所が不要になってしまいますよ。

瀬木　そう。それですむなら裁判所はいらない。こういうふうに最高裁判所が本来あるべき法や会計処理を破っていたら、「国民は、一体誰を信頼すればいいのか？」ということです。一番上のレベルの裁判所、その事務総局ではありますが、その事実上の長は最高裁長官ですから、そういうところが法を破っているとすれば、国民は一体どうやって裁判を信用したらいいんですか、ということです。

清水　こういうところも国民はほとんど知らない。だから判断などできないわけですよね。私が取材したケースで話をすると、これは検察の問題で、もう一〇年以上前になりますが、大阪高検公安部長をやっていた三井環氏という人が、検察の裏金を告発しようとした。

瀬木　ああ、ありましたね。

清水　前々から匿名では告発していてそれは検察もわかっていた。現職のままの告発です。ある日、テレビ局のインタビューを受けるという情報が漏れたんですね。するとその日の朝、ついに彼は逮捕された。

瀬木　逮捕されましたね。

清水　部長検事を逮捕した容疑が、電磁的公正証書原本不実記載だった。住民票を置いてあるところに住んでいなかったという理由で手錠をかけたわけです。

瀬木　信じられないですね、それは。

清水　特捜が。そしてその後、別件をいろいろ探して、一年ぐらい勾留したんです。その後、彼が釈放されて、「私は告発しようと思ったら逮捕されたんだ」と記者会見するわけです。年間数億円の金を検察官が流用したと。捜査費を裏金に換えて飲み食いしていたという話を記者会見で言っても、もうメディアは取り上げないわけです。犯罪者が何を言っているんだということで。しかしですよ、検察からしても、現職の部長検事を逮捕するなんて大変なことじゃないですか。本来ならそんなこと絶対したくないですよね。その理由が住民票を置いてあったところに住んでいなかった……そんな馬鹿げた話はないわけで。

瀬木　少なくともその件については、形式犯という印象ですね。

清水　そうですよ。ただ、これで検察は、やれやれよかったと、そうなったという話なんだけれども。もともと検察官というのは、けっこういろいろな場面で餞別をもらったりしていたこともわかってきた。飲み屋に来ても領収書をもらわない検察官が多かった。それはやはり身ぎれいにしているんだろうと思ったら、どうやらそうではなくて、領収書を必要としなかった。裏金ですから。私はそんな事実を取材していたんだけども、司法記者をしていたある女性記者と話をしていて、僕がこんなことはおかしいだろうと、検察官がこんなことでいいのかと、なぜちゃんと報じないのか、と話をしたら、「それは司法記者はやらないと思うよ」と言った。なんでと聞いたら、「記者もいろいろな形で検事のご相伴にあずかったこともあるから」と。

瀬木　それは大変だ（笑）。

清水　それを聞いた時に、もう力抜けちゃったんですよね。

瀬木　そうですね。実質上共犯ですものね。でも、エネルギー記者クラブと電力企業の黒い関係も福島第一原発事故後問題になったし、そういうことは、ほかにもありそうですね。

清水　裏金が発覚してから、検事たちは高いところへは飲みに行かなくなったという話も出てきましたね。

瀬木　そういう話は、僕も、別の人から聞いたことがありますね。

清水　別に検察官とか、裁判官だから、絶対に身ぎれいであろうはずだとか、押し付けるつもりはないですけど、ただそういうことが露呈してしまったときに、隠蔽というか、司法権力を使ってごまかすところがどうなのかと思いますね。

瀬木　そうですね。でも、検察については、法廷では当事者ですから、まだある程度そういうことが想像されないではないです。もちろん検察官でも問題ですけど。

でも、それが裁判所となると、まさに、正義をつかさどるところですからね。それがどのような形であれ法に反する行為を行なうというのは、清水さんの言葉を使えば、「神が法を破る」わけですから、本当に問題の根の深さを感じるのです。僕の裁判官時代前半の裁判所は、少なくともそういうことには敏感だったですよね。

最高裁と時の権力の関係

清水　最高裁と権力の関係についてもここでまとめて教えて頂きたいのですが、具体的に最高裁の人たちが、権力から何かの圧力を受けるとか、そういったことはありうるんでしょうかね。

瀬木　はっきりいえば、これは、ありうるでしょうね。たとえば、一九六〇年代に最高裁の判決がリベラル化し、ことに公務員の争議行為を刑罰から解放する方向の判決が出たんです。それから、裁判官の中に青法協、中心は左翼系であるグループが、エリートのほうまでかなり浸透してきた。その二つのことに自民党が非常に大きな危機意識を抱きまして、先の、石田和外という、国粋主義的、右翼的な考え方の人を最高裁長官に据えたんです。

清水　すごいことしてきますね。もうやりたい放題。

瀬木　で、石田さんが、リベラル派の排除とともに、いわゆるブルーパージ、青法協裁判官の排除あるいは転向工作を進めたんです。これが、裁判所の歴史において大きな爪痕になっている。これまでは、左翼系の人々が中心となって批判してきた場合が多く、また、弁護士には「ムード左翼的傾向」が強い人もそれなりに多いので、ブルーパージのことばかりがもっぱら語られてきたんですけど、僕は、実際には、最高裁を始めとしてリベラル派が排除されたことによる影響のほうが、より大きいと思うんです。要するに、自分の頭で考えるような裁判官は上にはいけないという形が、ここではっきりとできてしまった。その後を受けて、有名な矢口洪一長官が支配統制を強め、竹﨑長官がより問題の大きい形でそれを完成させた、と僕はみているんです。

清水　国民の知らないところで、とんでもない司法のコントロールが行なわれてきたわけですね。いきなりこんな話を聞いても誰も理解できないぐらい驚きです。

瀬木　建前上は内閣が最高裁長官を指名するんですけど、そこは、やはり、前の長官に判断をゆだねるというのが常識なんです。ところが、石田人事の爪痕があって、要するに、自民党ないし権力の奥の院の意向に従わないような方向に進むと、報復される可能性がある。それを恐れるがために、硬直化する。そういう傾向を利用して支配統制が強められるようにもなる。

清水　内閣が指名するということは、現実的には司法が与党のコントロール下に置かれてしまうということではないですか。大問題だと思うのですが。

瀬木　これは、アメリカの例にならったのでしょうね。アメリカでは、大統領が指名・任命しますが、任命には上院による助言と同意が必要とされます。したがって、法律家としての能力とキャリアは非常に厳正に審査される。ところが、日本では、ただ内閣の指名ということなので、内閣がごり押しをすれば独断で決められる。また、適切な人を選ぶための公的な審査もない。本当は、透明な委員会制みたいにして選んだほうがいいんですけどね。

それから、もう一つの要素として、僕は、戦前からの連続性があると思っています。戦前の裁判所というのは、司法省の下にあった。官僚組織の下だったんです。それが、戦後、三権分立で、行政の下から三権の一つに出た。それで、三権分立となり、最高裁判所も、今のような立派な建物も建ったし、形はできたんです。かつ、戦後は、上のほうは優秀な裁判官が採用できるようになった。まあ、これも、最近そうでもなくなってきていますけど、戦後、僕の期の前後、三〇期台前半、つまりバブル経済期の前までは、上のほうには優秀な人がかなり採れていたんです。優秀な層が厚かった。

清水　そうなんですね。

瀬木　にもかかわらず、やはり、裁判所全体としてみると、なぜか行政に対して非常に遠慮するという伝統がずっと続いていて、特に、刑事系に顕著ですね。昔の検察官なんて、全く人気がなくて、僕のころなど、ほぼ誰でもなれた。裁判官のほうが全体としての成績ははるかに上でした。にもかかわらず、検察に異常に遠慮するという傾向は、当時からあった。

　刑事系は、形としては立ててもらっているけど、実際には検察に首根っこを押さえられているという状態です。民事系でも、最高裁、事務総局系中心に、権力寄り、行政寄りの傾向はあったし、むしろ、だんだん強くなってきている。まだしも、戦後しばらくのほうが、たとえば、行政局なんかでも、それなりに進取の気性があった。ちゃんと行政を規制するような判決の方向というものをある程度導いていた時代もあったのです。ところが、その後、全くそうではなくなりました。

清水　最高裁と政権との関係性というのがどうもわかりづらいんですけども。たとえば法務大臣と最高裁長官の関係性というのは、現実的にはどういうふうになっているんですか。

瀬木　いや、法務大臣というのではないと思うんです。正直、日本の大臣はみんなそういう場合が多いですけど、法務大臣にあまり大きな意味はない。法律に詳しくない法務大臣などの場合には、それこそ人形みたいなもの。ただ座っているだけ。また、実権を握っている法務省の幹部と最高裁の関係をいえば、それは、最高裁は格が上ですから強いことがいえる立場かもしれません。

　そうではなく、まさに、自民党を始めとするそのときどきの権力の中枢との関係だと僕は思うんです。要するに、自民党の中枢が、裁判所がこのままでは困るということで、石田人事を強行したわけですから。法務省レベルの問題じゃないです。

清水　しかし、与党が困るからといって人事に手を出せるという構造自体がありえないと思うんですが。ほかに、政治との関係では、具体的には、どんなことがあったんでしょうか？

瀬木　たとえば、機密指定解除となったアメリカ側公文書から出てきたことで、当時の田中耕太郎最高裁長官が、米軍基地拡張反対運動のデモ隊が境界柵を壊し数メートル基地内に立ち入ったとして起訴されたいわゆる砂川事件の最高裁判決（一九五九年〔昭和三四年〕一二月一六日。第一審無罪判決を破棄差戻し）について、判決が出る前に、こういう方針である、こういう方向になる可能性が高いということをアメリカの大使や公使に事前にリークし、かつ、少数意見もなるべく出ないようにしたい、少数意見が出ると世の中がざわめくから、ということを言っていた、などという例があります。

最高裁長官、かつ元東大法学部長で学界の大ボスであった人が、アメリカ側に事前に判決内容を示唆しているのですが、これは、権力の奥の院との関係も考えられるところですよね。権力の中枢とかなり密接な関係にある可能性は、今のこと一つ取っても、表からはわからないけど、ありえますよね。

清水　砂川判決は、安保法制でも何度も出てきましたね。そうすると最高裁が絶えず政権のほうをフワッと見ているという感じなんですか。

瀬木　フワッと、というより、目を凝らして、よくよく凝視しているんじゃないですか（笑）。

清水　相当見ている。ということは、最高裁もやはりヒラメなんですか。

瀬木　はっきりいえば、「統治と支配」の根幹にふれるような裁判では、最高裁自体がヒラメ的になる。たとえば、殉職自衛官合祀《ごうし》訴訟なんかもそうです（一九八八年〔昭和六三年〕六月一日判決）。これは、簡単にいえば、殉職した自衛官の妻が、クリスチャンで、神社への合祀は困るといって断っていたのに、合祀されてしまった。だから信教の自由が侵害された、という主張です。で、第一審、控訴審とも勝っているんです。常識的に考えれば、自衛隊と民間組織とがお互いに作業を協力し合った上で合祀しているわけなので、国の関与があるというふうにみるのが、ごく自然なんです。でも、最高裁は、事実の評価をいわばねじ曲げてしまって、国の関与はないとした。でも、これは、どうみても筋が通らない。一審、二審の判断のほうがずっと常識的で素直です。

清水　そうですね、せっかくまともな判決が出ても最高裁がそれをねじ伏せる。

瀬木　まさにこういう事案こそ、信教の自由、政教分離原則が問題になる典型的な事案だと思うんです。ここで、やはり、こうした国粋的な部分にふれる事案で、権力の奥の院の方をみているという印象が否定できない。それから、すでにふれた空港訴訟、水害訴訟もそうですし、原発訴訟もそうですし、常に、国の権力の中枢がどこをみているかということを忖度している。外からは決してみえないけれども、一番上の方ではある程度意思疎通もあるのではないかとみざるをえないところがありますよね。はっきりいって。

清水　大変衝撃的な話だと思うんですけどね。

瀬木　田中長官の話にしても、いくら彼が学界の大物だったとしても、アメリカ大使、公使との関係がそんなにストレートに、プライベートに結べるものか。また、権力の頭越しにやるかということですよね。それは、そのときの権力中枢もかかわっている可能性が高いのではないかという気がします。

「憲法の番人」ではなく「権力の番人」

清水　そういう意味では、最近、安保法案国会を経て、国民に漏れ伝わってきたことがあるかのようにも思えるんですけどね。

瀬木　漏れ伝わったというのはどういうことでしょうか。

清水　砂川判決などを含めて、最高裁で何が行われてきたかというようなことです。今まで外部の人間からみえなかったものが、いろいろな形でちょっとみえてきている気がする。

瀬木　それは、僕はあまり知らないことで、むしろ清水さんからお聞きしたいですけど。

清水　そうですか。二〇一五年の国会の話ですから経緯はご承知ですよね。安保法制が違憲であるかないかと国会で問われた。その際に政府は、砂川判決を例にして、「最高裁判決は自衛の措置を認めている」と説明したんです。この説明もよくわからないのですが、そもそも原判決は地裁で違憲という判決が出た。ところがその後はなぜか高裁を飛ばしていきなり最高裁に行き、地裁差し戻し判決が出たということです。

瀬木　はい。跳躍上告。

清水　こういう話は今までなかなか表に出てこなかった。たまたま安保国会を経て露呈してきた。メディアも少しだけだが報じた。えっ、最高裁でそんなことが起こっているのか、みたいなことが見えてきたという話ですけども。

瀬木　そういう意味ですか。わかりました。その跳躍上告は、マッカーサー大使の示唆に基づくものともいわれていますね。
だから、日本の裁判所が先進諸国の裁判所の中では非常に例外的だと思うのは、全体としてみると、「権力チェック機構」ではなく、「権力補完機構」だということです。ことに、最高裁判所は、もはや、「権力の一部」という感じなんです。本来は、権力をチェックする機構であり、憲法の番人であるはずなのに。憲法の番人であるということは、これは万国共通ですが、権力が憲法違反のことをした場合に、あなた、そういうことをしてはいけませんよ、違憲ですよ、といって釘を刺すから「憲法の番人」なんです。

清水　多くの人はそう信じていると思いますよ。

瀬木　ところが、日本の場合は、「統治と支配」の根幹にかかわる最高裁判決は、ほとんどが、「国のしていることはいいですよ、合憲ですよ。あるいはその問題には裁判所はふれませんよ」ということなので、むしろ「権力の番人」なんです。そして、このことは、はっきりいえば、アメリカで日本法を研究している学者の多くが疑っていることなんです。

清水　安保国会の際には集団的自衛権は憲法違反ではないのかということを、二〇〇人を超える法学者たちが指摘しました。そのとき政府は、それは最高裁が決めることだといっています。

瀬木　そういいましたね、確かに。

清水　実際、集団的自衛権は違憲であるという集団訴訟が起きています。ということは、瀬木さん、この判決は、どうなると考えてますか。もう結論がみえてしまっているわけですか。

瀬木　はい。常識的に考えれば、今の権力のあり方を追認する方向で、安保訴訟も原発訴訟も動いてゆく可能性が高いと思います。原発のほうについては、司法、政治、世論の方向が今のまま変わらないなら、そうなる可能性が高いということですね。
清水　安保のほうは、憲法違反ではないという判決になる可能性が高い。
瀬木　むしろ、判断を回避するというのが、一番考えやすいところですよね。何らかの理屈を付けて。さすがに、正面から合憲だとはいいにくいので。
清水　放置したあげくに違憲状態とか。その場合はどうなりますか。最高裁が判断を回避した場合は。
瀬木　それで終わりですよね。最高裁が最後の裁判所ですから。だから、判断を回避されれば、それは「違憲ではない」ということになります。
清水　そのまま定着していくということですか。
瀬木　はい、そういうことですね。
清水　訴訟内容は違憲ではないかと訴えるものであるから、回避されたら合憲ということですか。問題なしということですね。
瀬木　裁判所がそこについて判断を回避した以上、「少なくとも、違憲とはいえない」わけです。違憲とはいえないということは、言葉を変えれば合憲です。一人一票の裁判で、最高裁が違憲状態なんていう訳のわからないカテゴリーを作ったという話をしましたが、それと似たところがありますかね。違憲でない以上は合憲だ、ということになってしまいます。
清水　これは大変なことですよね。もはや憲法など政府の解釈次第ということになってしまう。

最高裁判事の人事から見える構造の根深さ

瀬木　最後に、今（二〇一七年二月現在）の最高裁判事がどういう人たちかということを申し上げておきます。裁判官から最高裁判事になった人たちです。寺田長官を除くメンバーは、もう僕よりも下の期の人まで出ていますが、ほぼ全員が、竹﨑博允前長官と関係が深かった人たちなんです。

清水　露骨ですね。

瀬木　大谷剛彦《たけひこ》（二〇一七年二月退官）、山﨑敏充《やまさきとしみつ》、大谷直人の三氏は竹﨑長官時代の事務総長で、きわめて関係が深いと思われます。二〇一五年四月になった小池裕氏は、山﨑氏の後の東京高裁長官に東京地裁所長から先輩七名の高裁長官越しの異例の抜擢をされた。この人も同様です。

清水　そうなんですか。

瀬木　それで、『ニッポンの裁判』二六〇頁に、「この異例の人事が、山﨑氏に続いて自分と関係の深い人物を最高裁に送り込む布石としての、竹﨑長官の遺言人事である可能性は否定できないと思う。彼が今後最高裁判事に任命されるかどうかには注目すべきところであろう」と書いておきましたが、小池氏は、この本が出てから三カ月後の二〇一五年四月に最高裁判事になっています。

清水　はい。

瀬木　こうした人事をみるとわかる通り、竹﨑長官の、強烈な方向性のある人事。それが、結局、竹﨑長官のやめた後もそのまま続いているのではないかと感じざるをえないところがあります。

清水　つまり……。

瀬木　何が言いたいかというと、「長官が替わったから変わります、よくなります」みたいなことを言う人が必ず法律家の中には出てくるんです。もちろん、そういう面が全くないとは言いませんが、「全体の構造的なシステム」ということを考えてもらいたいんです。そのシステムの中で、仮に（これはあくまで「仮に」であって、そういう積極的な改革を行うような人物が長官になることは考えにくいと思いますが）最高裁の長官が一定の積極的な改革をしたいと思ったとしても、そんなに簡単にできるものではないですよ、つまり、構造的な問題のほうがずっと大きいんですよ、ということです。

清水　結局は、これまでの構造そのものが引き継がれていくから、人が替わっても何も変わらないということですか。

瀬木　そのことが、たとえばこの人事なんかにも現れていると思うんです。前からの力というものが、その後もはっきりと尾を引いている。

　だから、最高裁の今のような裁判官支配・統制の形というものが一旦完成してしまったら、これは、もう、そう簡単には変わらない。今の最高裁の権力支配構造は、二冊の新書で書いたとおり、戦後最高裁の歴史の中で、ことに、最高裁のリベラル化に危機感を抱いた自民党が強烈にプッシュした石田和外長官時代以降、負の遺産として連綿と引き継がれ、それが竹崎長官の時代に至って全体主義的共産主義国家のような異様なシステムとして完成したものです。これは、それこそ、ソ連が内部から崩壊するしかなかったように、おそらくは、外から動かせるようなものではないんです。ソ連でも、裁判所は、ソ連とは違って、国じゃないし私企業でもないから、崩壊しない。いくら劣化、荒廃しても、存続して、ツケは国民が払うことになる。

そうなると、こういうふうな状態になってしまった裁判所を、本当に市民・国民のものにしようと思えば、抜本的な改革をするしかないと思うんです。それが、弁護士の気構えという問題であり、法曹一元化という課題です。

第8章

日本の裁判所の未来

求められる国民のあり方

瀬木　私はイノセントです、何もわかりません、権力のほうでちゃんとしてくださるのが当たり前です、みたいな民主主義のとらえ方が、日本ではまだまだ強い。

清水　お上に任せて、従うという。

瀬木　そうです。「自分は責任をもたないけど、ちゃんとやってね」というのは、お上意識ですよね。

ここでまた有名な童話を挙げると、サン＝テグジュペリの『星の王子さま』（原題は「小さな王子」）の最初のほうで、王子が、悪い樹木である「バオバブの木」についてこう語るんですね。「大きくならないうちに抜いておかないと、小さな星なら破裂させてしまうよ。最初はバラにそっくりだから、よく気を付けてね」と。

ここにあるすごく深い意味を、ヨーロッパでは、子供でも叩き込まれて育つわけです。「バオバブの木」は明らかにファシズムを指しているのですが、実際には、ファシズムに限らなくて、「権力というものは常に腐敗するから、注意して監視しておかないと、世界も人権も破壊されてしまうんだよ」というふうに言い換えることができるんです。この作品には、全体に、そういう知識人の思いや諦念が強くにじんでいる。

これは、もう、民主主義の鉄則ですね。権力の継続的な監視というのは。

清水　なるほど。

瀬木　日本民事訴訟法学会の国際シンポジウムで、こういう意味のことを言った裁判官がいるんです。「裁判官のパターナリズム（家父長的干渉主義）のどこが悪いのか？　当事者の中には今でも大岡越前や遠山の金さんのようなタイプを求める人もいる。日本の社会は、言葉や建前とは違って、自己責任や自立には消極的であり、本音では公権力のパターナリズムを求めている」これは、つまり、「日本の大衆は本音では自己責任や自立からは遠く、お上が面倒をみてくれることをこそ望んでいる」ということです。

こともあろうに、国際シンポジウムでそういうことを言った人がいる（笑）。でも、権力に任せておけばいい、という認識のあり方は、結局、そういう裁判官の発想を正当化してあげることにつながってしまうわけです。政治家や官僚についても全く同じこと。

清水　星の王子さまと大岡越前。なるほど、教育的見地で考えると深いですね。

瀬木　裁判所も、権力の一部である。権力の一部でありながら権力を監視している権力である。だから、二重の意味で、市民・国民の目がきちんと行き届いていないと堕落しやすいということを、知って頂きたいです。

清水　この基本的な構造を知らない人が多いような気がします。

瀬木　「全体の趨勢がこうだから、もうどうしようもない」みたいなことを日本人はいいがちなんだけど、そういうものではないと思うんです。やはり、民主主義というのは、個々人ががんばらなければ、絶対に実現されない。

清水　本当にそう思います。個々の努力で勝ち取り、維持するものでしょう。表現の自由だって与えられるものではなく、勝ち取り続けるものです。

瀬木　アメリカの社会で、僕は、それを実際に見てきました。アメリカの社会には確かに問題が多々ありますし、その支配層、アイゼンハワー大統領が退任演説で指摘・批判した「軍産複合体」は恐ろしいものですが、しかし、一方、根幹のところには民主主義があり、よい意味での自由主義の基盤も強い。そこは、大いに学ぶべきところです。そして、アメリカの中のそういう部分から、今の日本国憲法も、一つのアドバイスの結果として生まれて来た。そのことをみてほしいですね。

清水　押し付けられたと、アドバイスされたでは全く違いますね。そこにこそ民主主義の根幹があるわけですから。

瀬木　少なくとも、「実際に案を練った人々は、当時の日本国民の意向を深く汲んで書いた」とはいえると思います。アメリカの都合だけで書いていたら、ずっと悪いものになったでしょう。格調のある憲法案なんて書けなかったと思う。さらにはっきりいえば、広島、長崎、沖縄等でアメリカがしたことのせめてもの罪滅ぼしとして、理想を高く掲げた、当時としても一番いいレベルのものを考えた、アドバイスしたという面もあると思いますね。

法曹一元化を提言した理由

瀬木　『絶望の裁判所』の中で法曹一元化の必要性と現実性について書いたのですが、ここの部分が、最初のうち、インターネット等で匿名の批判を浴びました。ほとんどが法律家のものだと思うんですが、認識が甘いというような批判があったんですね。それを受けて、『ニッポンの裁判』では、「これは一つの苦渋の選択であって、決して楽観論ではない」と書いたんですけど。

清水　まず法曹一元制度について説明をお願いします。

瀬木　簡単に説明をしますと、日本のキャリアシステムというのは、司法修習生、いわば学生から、直接、裁判官あるいは検察官を採用するという形なんです。

清水　そうなんですよね。思えばすごい話ですね。社会経験なし。

瀬木　要するに、司法試験に受かって、司法修習生になる。これは一種のインターンであり、ある意味で学生的な身分です。そこから裁判官や検察官を採るわけです。だから、純粋培養で、司法研修所が最高裁事務総局人事局の方針に沿って選ぶ。そして、裁判所という狭い世界の中だけにいながら、だんだん出世の階梯《かいてい》を登ってゆく。これがキャリアシステムです。日本の場合、行政官も全部これでやっています。

清水　これまでうかがった話ですね。

瀬木　それに対して、法曹一元制度というのは、弁護士、つまり在野の弁護士を中心に、他の法律職を一定期間、多くの場合、最低一〇年とか一五年程度は務めた人の中からいい人を裁判官に採用するというシステムです。

清水　はい。

瀬木　今の最高裁のあり方、長官、事務総長、事務総局の支配。それから、調査官という最高裁判事の補佐スタッフも、首席調査官以下ピラミッドになっているという構造。その下に一般の裁判官たちがいるけれども、これは、すごく厳しく、みえない形で支配、統制されているという状況。これらを根本的に変えようと思えば、それはもう、生半可なことでは無理だと思うんです。

清水　もはや、がんじがらめになってしまっているわけですね。

瀬木　そのとおりです。法曹一元制度で、アメリカのように、弁護士を相当の年数以上やった人、あるいは学者等でもかまわないんですが法律家を相当期間やった人から、裁判官を選ぶというやり方。これを僕が主張しているのは、決して空論をいっているわけではなくて、今の裁判所に対する処方箋としては、これくらいしか現実的なものはないのではないかということがあるんです。

清水　試みとして有効だと思いますが、それに対して無理ではないかという批判がある？

瀬木　僕は、無理ではないと思うんですね。まず、本当に弁護士が裁判官になって大丈夫なのかということは、マスメディアの記者からも言われたことがあるんです。でも、弁護士の上位層、二割から二割五分、厳しめにみても二割程度の人たちには、人権感覚にすぐれ、能力、謙虚さもあり、視野も広い人が、比較的多いと思うんです。

清水　弁護士のほうがその幅は広いでしょう。

瀬木　裁判官として重要なのは、「知的能力」だけではないんです。もちろん、前提として法的・知的能力は大切ですが、それ以外に、「広い視野、鋭敏な人権感覚、そして判断官としての謙虚さ」、こういうものがバランスよくそなわっていることが必要です。でも、今の日本の裁判官では、上のほうにゆく人は、知的能力は一定は高いかもしれないけど、ほかの部分ではかなり疑問なんです。であるとすれば、すぐれた弁護士の中で、こういう四つの要素、法的・知的能力以外の三つの要素もそれなりにきちんとそなえている人がやったほうがいいだろう、ということが一つあります。

清水　本来は当たり前の話ですよね。

瀬木　問題は、弁護士の中の本当にすぐれた層が裁判官になるか、ということです。それが難しいといわれているのですが、そんなことを弁護士がみずから認めていてはしょうがないのであって、それは、ある程度出血する覚悟でも、やってもらわなくてはいけないと思うんです。かつ、実際に可能だと思うのは、老練の弁護士では「もう今更」という人が少なくないとしても、三〇代後半から五〇代前半くらいの世代で裁判官に適した人は十分見つけられるはずですし、アメリカでも、裁判官の年齢層は結構若い世代まで広がっていました。州地裁では、むしろ、そういう比較的若い世代に優秀な人が多いんですね。

清水　社会に起きていることは老若男女問わずですからね。

瀬木　だから、本当にいい弁護士が裁判官になれば大丈夫だと思いますが、そのためには、やはり、弁護士全体、弁護士会全体が本気になって取り組まないと、絶対無理なんです。

　では日本の弁護士会の状況はどうかといいますと、一番の中心になっている日本弁護士連合会（日弁連）が、いささか弱体なんですね。抽象的には立派なメッセージを発していますけれども、日弁連の歴史は、広い意味でのイデオロギーの歴史みたいなところがあって、その時々でイデオロギー的に力をもっているところが日弁連のヘゲモニーを握るという傾向が強いんです。

清水　そうですか。

瀬木　それから、すぐれた弁護士層の中のかなりの部分は、日弁連やその傘下の単位弁護士会の運営にたずさわることにあまり関心がなかったというところがあるんです。したがって、左翼系を中心に、やりたい人が日弁連の中心になってやる傾向が強かった。
そのために、結局、日弁連を始め弁護士会全体についていえることですが、正義を提言する組織という側面と、弁護士としての利益団体、圧力団体という側面がきちんと切り分けられていないんです。

清水　なるほど。既得権益を守る集団にもなってしまっているということでしょうか。

瀬木　そこまではいかないとしても、二つの側面がからみ合って出てくる。だから、ほかの世界の知識人たちは、「弁護士会は、口では立派なことをいうけど、実際には既得権が一番大事な圧力団体なんじゃないの」という印象をもちやすい。ことに、司法制度改革後、そういう声を聞くことが多くなりました。また、弁護士内部でも、そういう点について不満が出てくるようになった。
たとえば、司法制度改革後、弁護士が増えて、それが正しかったかどうかということはおくとして、とりあえず弁護士が増えることで弁護士間の競争が激しくなって、それまでの既得権が侵されてくる。そうすると、とにかく弁護士を増やしたのが悪いという声がいっぱい出て、報道される。でも、これは、記者たちに確かめてみると、ほぼ全部弁護士がネタ元だというわけです（笑）。まあ、これまでは隠れていた「利害」のほうが、表面にはっきりと出てくるようになった。

清水　そういえばそんな話を聞いたような気もしますね。

瀬木　一方、各地方の単位弁護士会は割合バラバラ。非常に危機感をもっているところもあります。僕も、講演に招かれたりして、いくつか行きましたけどね。
また、個人レベルで見ると、司法制度改革については「だまされた」と感じている弁護士も多いようです。「よくなった」と強弁しているのは、積極的に協力した人たちくらいかもしれません。

でも、全体のとりまとめをしている日弁連をみると、やはり、全体としては裁判所を「補完」している部分が大きくて、ことに、司法制度改革後、その傾向が強くなっているんです。これは、おそらく日弁連が司法制度改革に一定程度協力してしまったからそうなっているんだと思いますけどね。

清水　なるほど。

瀬木　今でも、弁護士が裁判官になる弁護士任官制度というのはありますが、それは本当に形だけやっているだけで、なる人が非常に少ないし、すぐれた弁護士がなっているとは必ずしもいえない。だから、そういう人たちの裁判が好評というわけでもない。これではほとんど意味がないんです。

清水　では、どうあるべきなんでしょうか。

瀬木　やるとしたら、部分的法曹一元制度でもいいから、本格的なものをやってみることでしょうね。たとえば、一年に裁判官になる人のうち相当の割合、最低二割、できれば三割を弁護士からにする。ずっとやる気はないというのなら、場合によっては、制度を変えて、任期制にしてもいいと思うんです。一〇年ないしは五、六年くらいやったら弁護士に戻るとかね。そういう制度にしてもいい。ある程度大きな事務所なら、そういう形でならいい人を出すことも可能になるでしょう。

そのかわり、優秀な人で、かつ人権感覚もある人にいい裁判をしてもらうようにすれば、本格的な法曹一元制度の足がかりになる。つまり、そういう人たちがいい裁判をすれば、やはり法曹一元制度のほうがいいのかなということは、人々も政治も認めざるをえなくなると思うんです。

清水　海外の事例はどうなっていましたっけ？

瀬木　お話ししたとおり、大陸法系といわれるヨーロッパでも、オランダ、ベルギーは部分的法曹一元制度を成功させていますし、韓国にいたっては、全面的法曹一元制度に踏み切ったわけです。

韓国は、ずっと日本の後を追ってきて、日本と同じような制度にしていたけど、民主化してから後、裁判官制度に問題が大きい、出てくる判決に問題が大きいということで、法曹一元制度に踏み切った。オランダやベルギーは、部分的法曹一元制度で、それぞれ八割、五割で、結構割合が大きいんですけど、それに踏み切っている。

清水　やはり日本は後れているといわざるをえないですね。

瀬木　かつ、オランダやベルギーでは、キャリアシステムの裁判官でも、もっと客観的、透明な形で採用しているんです。たとえば短くても一定期間だけは弁護士等の司法職を務めなければいけないとか、そういう要請がある。さらに、裁判官には原則として転勤がなく、その間の給与差も小さく、任用や昇進についても、応募制や中立機関による試験実施等、透明で開かれたシステムとなっています。そういう、相当に透明なシステムにしています。これは、ヨーロッパ全般にそうでしょうね。

それに比べると、日本のキャリアシステムというのは、最高裁人事局、司法研修所が、全部密室の中で決め、密室の中で養成するというシステムで、全く民主的ではない。世界的にみてもそういう部分では後れているということは、明らかだと思うんです。

この法曹一元化ということについてはどうでしょうか。清水さんのジャーナリストとしてのお考えからすると。

清水　裁判官というのはものすごく鍛え上げられた人がやっているのだろうとずっと思ってきたので、それを弁護士から採って本当に大丈夫かという不安はあります。たとえば僕が被告になったとか、原告になったと考えたときに、ついこの間まで弁護士だった人が裁判官で、なんか厳しいことを言われたときに、「おい、おい」という雰囲気みたいなものを感じてしまうかもしれません。大丈夫かなということなんですよね。

瀬木　そういう懸念というのは、やはり日本人全体にあると思うんです。ただ、それでは全然進まないんじゃないでしょうか。「やはり自民党でなければ」というのと同じで、全く先がみえてこない。

清水　そう。今は懸念だけなんです。やはり法曹一元化によってかなりの問題が解決していくという実感が伴えば、ありなのかなと思います。

瀬木　だから、法曹界全体が本気になって取り組まないと、また、市民・国民が声を上げないと、無理です。今みたいな弁護士任官制度では、本当にわずかしか採らないですし、最高裁は、本当に採りたくて採っているわけではなくて、外向けに体裁として採っているという感じが明らかにみえます。たとえば、弁護士会で任官制度を推進している人たち自身が、なりたがるかといったら、なりたがらないいんですよね。

清水　このあたりにも厳しい現実を感じるんですよ。

瀬木　年によっては一人しかなっていない年もありますし、そういう制度では、強固な一枚岩のキャリアシステムの問題点に楔《くさび》を打ち込むような役割は、到底果たせないです。

任期制ということを言ったのも、もし優秀な中堅弁護士で、裁判官をやってもいいけど、ずっとやるのは困るという人が多いなら、一つの手段として任期制もありだろうということにすぎないんです。

清水　今回、最高裁などにおける問題をさまざま聞いてきて驚いたわけですが、どうしたら是正できるのか。やはりこれぐらいのことをやらないと難しいのでしょうね。

瀬木　最低限、たとえばベルギーのように、任用、再任制度を最高裁から完全に切り離して、本当に透明性のある委員会が責任をもってやるようにする、そのくらいのことはしないと、この対談でもお話ししてきたような人事上の問題はなくなりませんし、裁判官もよくなりません。それはおそらく間違いないと思います。

国のあり方は司法で変わる

瀬木　僕が危機意識をもって司法を批判してきたことの一つの理由は、司法のあり方というのは、国全体のあり方にすごく影響するからなんです。僕はかなり司法を批判してきましたが、それでも、まだ、下級審を中心に、司法が民主主義社会を守るための一定のブレーキになってきた面があることも、確かだと思います。つまり、司法の大きな役割として、国が悪い方向へ向かっていきそうなときに、人権や民主的な制度を守るということがある。

でも、一方、それが期待できるような司法でなくちゃいけないのに、そうでなくなってきているというのもまた事実です。

清水　全く同感です。国民や人権を守るために司法が存在しているはずです。逆に行ってしまったら、ただの権力の一つにすぎません。

瀬木　そうですね。そして、権力というものに対する日本人の見方が、あまりにも甘すぎるのではないかということを、裁判官をやめてから、強く思うようになりました。
足利事件の容疑者、菅家さんが、裁判官は何でもわかってくれて、当然自分の無罪を神様のように見抜いてくれると思っていたと、清水さんはおっしゃった。それはある意味美しい信頼ですよね。でも、権力というものに対する近代的な見方からすれば、そうではないし、そういうことを認識しないとどんどん流されてゆく世界になってきていることも確かです。これは、世界的にみてもそうです。

清水　私自身も甘かったかもしれません。多くの裁判を傍聴してきて、不条理もたくさんみましたが、それでも裁判官たちの心底には「国民のために」という基本が備わっていると思ってました。菅家さんもそう信じていたんですよ。大岡越前のような裁判官像です。

瀬木　大岡越前、遠山の金さん、あるいは水戸黄門が典型ですけど、「権力というものは、何でもわかってくれて、絶対に自分を肯定してくれて、悪を行うことはない」という考え方。これは、いくら何でもロマンチックすぎるんですね。
だから、原発とか改憲とか防衛とかに関して、今の方向がいいとはいえないと思っている人は、自民党支持者の中にも結構いるにもかかわらず、結局、選挙になると、まあ、権力を握っている人たちに任せておけばいいんじゃないかというような結果が出ちゃう。ここに、長期的にみた時の、危うさを感じるんです。

清水　同感です。

瀬木　いったんそうなってしまったら、つまり、「小さな王子」のいうバオバブの木が育って根を張ってしまったら、これは、もう、抜けやしないわけです。それこそ、星が、小さな星だったら根本的に破壊されるところまで、いってしまうわけです。そのことは、日本人は、太平洋戦争の敗戦で重々わかったはずなんです。

清水 まあ、ゆがんだナショナリズムみたいなものが、どんどん他国との差別化を図り、その先に争いが起きるというのはもう明らかに繰り返されている歴史です。

瀬木 はい、まったくそのとおりです。

清水 日本はすごい、日本人は優秀だと言い出したあたりからがやはり危険で、それと同時に差別意識が高まっていく。中国人が日本でたくさん買い物をして、日本経済がかなり助けられているはずなのに、それを「爆買い」というような物言いをする。ああいうところは上からものをみているみたいに私は感じるんですけど。しかしふと気付くと、なんとなくそれが正しい思想のようになって定着していく。

瀬木 そうですよね。確かに、中国は権力のあり方がきわめて不透明だし、かつての中国の強制収容所は旧ソ連並みにひどかったというのもそのとおりです。それから、日本に対する韓国の言い分にかなり一方的な部分があるとか、中国・韓国の反日教育の、客観的、冷静な部分を超えた、イデオロギー的な形でのそれの問題。

でも、だからといって、見下していいか、あるいはただ反発するだけでいいか、という問題もあるわけです。経済からみれば、日本は中国に大変な投資をしていて、市場としても大きいので、中国と何とかやっていかなきゃならない関係であることは明らかです。また、中国はあれだけの人口がある国ですから、人口に応じて優秀な人間もいる以上、人的にも経済的にも今後強大になってくることは明らかで、適切な関係を保つよう、また、冷静に対処するよう、努めないといけない。今の中国の政権、そのやり方には僕も相当の疑問を感じますが、感情的にならず、粘り強く平和共存を図ってゆくという基本的な方向性は、必要だと思います。

清水　少なくとも敵対する方向にみずから進むメリットなんてないでしょう。誤解されるのを覚悟で言っても、相互に上手に利用した方がいいはずです。

瀬木　そうですよね。それから、韓国については、日本を常にターゲットにしてぴったりくっつきながら、日本から学べる限りのことは学び、かつ追い越そうとしているわけです。日本人は、韓国について、「あんな変なことをいっている」などと見下している面が正直あると思いますが、韓国の中枢にいる非常に真面目な人たちは、単純な反日などではなく、常に、日本の動向を注視し続けながら追い付き追い越そうとしているという感じがします。

清水　こういう話になると、韓国はいつも日本の真似をしているとする向きがありますけどね。しかし真似は日本人だって得意だったはずです。

瀬木　たとえば、『絶望の裁判所』が出たあとすぐに、韓国最高裁は留学中の裁判官に命じて至急一〇冊を送らせたといいますし、また、出版の五カ月後にはいち早く韓国語版が刊行されています。部数からみて、読者層は専門家あるいは他分野の知識人でしょうね。そういうふうに、常に、日本のあり方、それから起こっていること、言論に注視して、何かあればすぐに取り入れて咀嚼《そしゃく》してゆく姿勢というのは、本当にすごい、ある意味では恐ろしいと思ったんです。戦後の日本、かつての日本も清水さんのおっしゃったとおりそうだったのですが、大国として広く認められるようになってから、あまりにも甘すぎないかと。

清水　まだ真似されているうちが花で、とりあえず向こうは日本を敏感に見ているわけです。その根底というのはいろいろ考えていくと、たとえば日本国憲法によって軍国主義は排除されてきた。日本も少しはまともになってくれたんだろうという信頼があった。ところが近年、急速に右傾化が進んでいると。そうみられても当然だと思うんです。たとえば、仮想敵国として中国が攻めてくる、とか。

瀬木　まあ、リアリズムで考えれば、世界大戦覚悟でないと絶対にできないし、日本のような存在の大きな国を侵略して、占領することは、それだけでもきわめてリスキーであり、負担もものすごく大きくなり、非常に起こりにくいことだとは思いますが……。

清水　とは思います。逆にみていくと、日本の歴史では日清、日露、日中戦争と三つの戦争で日本は中国大陸に実際攻め込んでいるんですね。この部分も侵略だ、進出だと揉める。この最初の派兵の理由は、日清戦争も日中戦争も「邦人保護」のためだったはずなんです。邦人保護をするはずだった日本軍があっという間に侵略をしていったという歴史がある。それを侵略された側はよくわかっているわけですよ。被害国として忘れない。

瀬木　なるほど。

清水　今、まさに政権がやろうとしている集団的自衛権というもの。自衛隊を海外派遣する理由というのは邦人保護なんですよね。同じです。

瀬木　ああ、そういえばそのとおりですね。

清水　だからこういうのをむしろ日本人よりきちんと見て、瞬間的に皮膚感覚で、日本がなんかまたこわいことを言っているぞというのが彼らはわかっているんだろうなと僕は思いますけどね。

瀬木　政治のリアリズムをよく知っている人たちの書いた本を読むと、靖国の問題なんかでも、棚上げにしてあるところを刺激するような態度を日本がとって失敗したという面もあると思うんです。領土の問題についても、中国が挑発したから、また、石原慎太郎都知事（当時）等の動きを受けて、仕方なくという面も大きかったと思いますが、国有化みたいな形で出ちゃうと、どんどん関係が悪くなってしまう。

そして、安倍首相の時代になると、アメリカでさえもよろしくないと思うような日中関係になっちゃう。たとえばそうした面でも、かつての自民党の中心の人たちは、もう少し視野が広くて、いろんな事柄を、ことにそのかなめになる部分は、理解していたんじゃないかなと思ってしまいますね。

日本の裁判所とジャーナリズムが進むべき道

清水　いろいろと話をうかがってきて、裁判官が法務省にゆき、国家の弁護士役（訟務検事）をやっているなどという現実を知ってしまうと、それはバランス悪いという話にならざるをえない。現状がそんなことでは法曹一元化のような改革はありかなと思いました。

瀬木　やはり、日本という国の現在のあり方は、戦前、明治時代までさかのぼると思うんです。非常に優秀な一部の秀才をヨーロッパの大学へ行かせて、一生懸命勉強させて、かつ、そのころの秀才はすごくよくできて、ヨーロッパの大学で、場合によりトップに近いような好成績さえ収めていますから、その意味では、明治の底力はすごかったと思うんです。そういう人たちがバーッと法律を作って。でも、実際には、日本では、欧米のように憲法を中心とする法制度が社会の根幹にはならなくて、富国強兵が根幹だったわけです。法制度というのは、基本的に外にみせるためのもので、今の発展途上国で法整備を進めている国々と似ていますね。

清水　はい、わかります。

瀬木　そして、各種の官僚が統治するという制度が、全面的に疲弊してきている中で、改革ができるところが日本社会の中にあるとすれば、三権の中でまだ一番やりやすいのは、司法です。というのは、行政や立法は既得権のかたまりで、それこそ「ゴジラの死体」みたいなものです。ゴジラの死体なんて、どうやって始末していいかわからないし、どこを切っても放射能が噴き出してくるから、危険きわまりないわけです。

清水　なんだかすごい話ですね（笑）。

瀬木　でも、司法というのは、まあ、「マンモスの死体」くらいなので、まだ何とかなる（笑）。既得権とあまり関係ないですから。かつ、もしも再生させることができれば、司法というのは、潜在的には、すごい力をもっているわけです。すでにお話ししたとおり、たとえばアメリカの裁判だと、一人一票の問題でも、専門家の意見を聴いて、選挙区割りの線まで裁判所が引いてしまう。裁判所が、こういうふうに線を引いたらどうですか、と。きちんとした対案を出さない限りこれでやるしかないですよ、みたいな形ね。

清水　日本人からみるとびっくりでしょう。

瀬木　もちろん制度や思想の違いはありますが、たとえばアメリカでは、そういうふうにやってきている。前にもふれたとおり、一九世紀の末以来、分離すれども平等という原則で白人の子と黒人の子を別々の学校に通わせてきたのを、戦後ある時点で、これはダメだ、同じ学校に行かせられるようにしなさい、というすごい判断を、裁判所がしてしまったわけです。そして、実際には、非常に細心綿密に監督、調整して、それを成功させた。その社会的影響は絶大なものです。もちろん全部がいいことばかりではありませんが、制度によってはそういうことも可能。ヨーロッパの裁判所も、少なくとも、社会にかなり大きな影響を与えてきています。

清水　思えば日本の裁判所には、あまり大きな影響力を感じませんね。判例による細かな法律問題の処理みたいな。やはり体質が古いんでしょうか。

瀬木　そうですね、社会全体の体質が古い。法と制度全般に対する感覚が古いんです。

　でも、日本だけが昔の富国強兵時代の政策のままでずっとやっていけるんですか、ということを、僕は、問いかけたいんです。少なくとも、根本的な見直しをすべきではないか。そのためには、せめて、本格的な、部分的法曹一元制度くらいはやってみるべきじゃないか、そういうことなんです。入口の司法試験は一緒なのに、その後は完全に分けてしまって、いわば隔離政策ですよね。

清水　それも聞いたことがありますが、裁判官は声がかかってなる人が多い。試験に受かった人の中から優秀な人を選ぶ。そこもまた最高裁の意向が働いているわけだから、同じことにしかならない。このままではね。

瀬木　しかも、昔は、相対的に優秀な人の割合が大きかったけど、バブル経済期以降はそれも崩れてしまって、下の層はもちろん、中間層の劣化も大きい。その結果、そういう人たちが裁判長になると、ごく普通の民事裁判でも、問題のある判決が増えてくる。あるいは、若手の裁判官にはコピーアンドペースト判決しか書けないような人がかなり出てきている。そういう意味で、制度の疲弊は相当にあると思うんです。

最低限、裁判官の任用制度を、透明性のある完全に中立的な委員会にさせるくらいのことは、必要だと思います。再任についても同様ですね。今のままでは、本当に「日本列島に点在する精神的収容所群島」です。完全に閉じた世界で統制されていて。

清水　やはり、ゴジラの死体は処理も大変、マンモスの死体なら何とかなるかもしれないという話でしょうか（笑）。わかりやすいですよね。ならばメディアは「死にかかったハイエナ」みたいなものだから、これを何とかちゃんとした犬にしたい。もちろん悪人を監視する番犬ですね。きちんと見ていなければいけないのに、死んだゴジラやマンモスにたかるハイエナに堕している。

瀬木　そこまでおっしゃいますか（笑）。というか、この対談では、僕からはこれまで言わなかったことまでいろいろ引き出されて、一方清水さんは随分穏健だなと思っていましたが、最後に、とうとう出ましたね。

清水　言いますよ。このハイエナを甦生《そせい》させなければいけない。せめてがんばって犬になって、きちんと監視すべきでしょうと言いたい。

瀬木　人間、つまり市民・国民を補佐する立派な忠犬としての役割をちゃんと果たしてもらわないと。よく鼻をはたらかせて。

清水　そうなんですよ。これはいい意味でね。

瀬木　「権力に対する忠犬」であっては困る。

清水　いやいや、だから「国民の番犬」ですよ。国民が犬を連れていって、勘違いする権力にウーッとかワンワンとかやるべきことであってね。

瀬木　だから、忠義を尽くす方向が間違っていないかということですね。

清水　そうなんです。メディアの最大の問題はその点です。私はＮＨＫが受信料取ってもいいし、もちろん新聞社がお金取ってもいいと思うけど、お金を払ったりサービスを受けたい人たちのために、ちゃんとやっているのかどうかということです。どっちに向かってやっているのかと。

瀬木　そうですよね。インターネットからもタダで情報が取れるのに、どうして新聞やＮＨＫにお金を払っているのか。月々相当のお金を払っているのは、そうした監視とか、情報提供・分析をきちんとやってくれると思うからこそ、払っているわけですからね。

清水　本当ですね。瀬木さん、長い時間大変ありがとうございました。

瀬木　こちらこそ、清水さんの鋭い御指摘にいろいろ教えられましたし、また、力付けられました。ありがとうございました。

あとがき

後にも記すように、この対談は、ただの対談ではなく、むしろ、清水さんと僕の共同作品、共著といったほうがいい実質をもっている。そこで、少し長くなるが、本書が生まれた経緯、そのおおまかな構図や今日的なテーマ性を含め、若干の解説をしておきたい。

対談の中で、僕が、欧米、ことにアメリカの司法や制度との対比において日本のそれを批判しているいることからもおわかりのとおり、僕は、その知的・文化的バックグラウンドの多くをヨーロッパとアメリカに負っている人間だ。そして、もしかしたら、そんな人間がかなり存在する最後の世代に属するのかもしれない。そうした点からみるならば、四分の一はヨーロッパ、四分の一はアメリカに育てられたといってもいいくらいだろう。

しかし、だからといって、僕は、決して欧米一辺倒の人間ではない。日本の芸術や書物からも大きな影響を受けているし、その文化は、いわば僕の身体と精神に刷り込まれている。ただ、思春期のころから、そうした「みずからの内なる日本」を外からの視点によって客観化、相対化して見つめたいとは思ってきたし、考え続けてきた。そうでないと、自分を縛っている「日本」という与件から自由になれないという気がしたし、それは、僕にとっては、非常に息苦しいことだったたからだ。

さて、そのようにアメリカに多くを負っている人間の眼からみると、残念ながら、戦後、ことに近年のアメリカのあり方、方向には、問題を感じるところが多い。

しかし、まだアメリカが誇れるものが、少なくともいくつかはある。たとえば、大学における研究教育の総体としての質、ジャーナリズムの伝統、司法の伝統といった事柄だ。後の二つについては、黄信号が点滅し始めている感もあるとはいえ、日本と比較すれば、この二つの中の良心的な部分が、アメリカの民主主義と自由主義の基盤を何とか支え続けている面が大きいということは確かだろう。

さて、そんなアメリカのジャーナリズムについてみると、ジャーナリストの層が厚いことと、大部のすぐれた書物が書かれるのが多いことが、日本と比較しての特徴かと思う。アメリカ社会の問題点や病根を鋭くえぐる書物の多くは、今なお、アメリカのジャーナリストによって書かれている。

それでは、日本ではどうだろうか？　全般的にみると、僕よりも上の世代のジャーナリストには、すぐれた仕事をしてきた、している人がかなり多いが、下になると、そういう人の数はかなり少なくなってしまうという印象がある。とても残念であり、今後の展開に強く期待したい。

そして、そんな、僕からみて頼りになる年下のジャーナリストの一人が、間違いなく、清水潔さんである。といっても、四つ違いだから、ほぼ同世代である。

清水さんの仕事の特徴は、その熱烈な、また愚直なまでの記者魂、何よりも事実を大切にする姿勢、本能的な課題《アジェンダ》探索感覚と能力、そして、激しい、妥協を知らない正義感にあると思う。

『桶川ストーカー殺人事件――遺言』には、すでに、そうした清水さんの特質がすべて現れている。

「裁判所と裁判官がまともである限りは」という条件は付くものの、やはり相当に高く、ジャーナリストが人間によって作られた最もすぐれた制度の一つといえる裁判という制度の事実認定力は、それをしのぐような事実認定と推論を行うには、「天分」と「時間」と「汗」とが要求される（これと異なり、裁判官、弁護士、あるいはアメリカの陪審員等には、特別な才能は要求されない）。そして、清水さんのドキュメントは、裁判をしのぐレベルに十分達している。被害者の「遺言」に応えるべく始動する清水記者の執念がやがて犯人と警察の双方をじりじりと追い詰めてゆく様は、まさに圧巻というほかない。

『殺人犯はそこにいる——隠蔽された北関東連続幼女誘拐殺人事件』では、語りのスタイルがより巧緻になっているが、清水さんの熱い記者魂は、全く変わらない。『騙されてたまるか——調査報道の裏側』（新潮新書）では、清水さんのたぐいまれなアジェンダ探索能力と調査の技術を知ることができる。『「南京事件」を調査せよ』（文藝春秋）では、神学論争の対象、火中の栗と化してしまった南京事件の「リアル」が、白日の下にさらされる。

そうした一連の著作と関連の報道によって社会に大きなインパクトを与え続けてきた清水さんから対談を申し込まれたのだから、お受けするほかないし、尋ねられた事柄には誠実に答えるほかない。僕にとってはこの対談がこれまでの一連の司法批判・分析の一つの締めくくりにもなると考え、充実した対談になるよう、裁判所、裁判官、裁判に関して提示された各種の議題事項を僕のほうでさらに整理補足した三頁のメモを作成し、資料も整理持参して臨むこととした。そして、二〇一六年二月上旬の一週間に三回にわたって行われた対談の前後は、ほかに何も予定を入れず、気力体力の充実に努めた。

ところが、始めてみると、記者魂のスイッチが入った清水さんの発言、質問は一つ一つの議題事項からどんどん広がってゆき、三日間の対談は朝から夕方までぶっとおし、一日が終わるともう疲《ひ》労困憊《ろうこんぱい》、そして、対談の反訳は、書物にすればおそらくは七〇〇頁を優に超えるという規模にまでふくれ上がってしまった。

これをそのまま起こしたら二冊の本になってしまう。そこで、編集者の内山淳介さんも交えた三人で話し合い、反訳の整理編集は清水さんと内山さんにお任せし、僕は、整理凝縮された原稿のうち自分の発言部分の内容、その正確性とわかりやすさに集中するとともに、学者の眼で対談全体の細部を詰める作業に当たることとした。なお、編集作業中にかなりの時間が経過したことから、同年一二月に内容をさらにアップトゥーデイト、ブラッシュアップしている。

清水さんの読者、ファンの方々は、本書における清水さんの発言部分が比較的少ないことに物足りなさを感じられるかもしれない。しかし、本書を映画にたとえるなら、監督及び編集者は清水さんであり、僕は、シナリオのうち比較的大きな部分を書いて出演を果たしたにすぎない。いわば、清水さんの手の平の上で、自由に、また、時には清水さんの鋭い発言、質問にたじたじになりながら、踊らせてもらったにすぎないともいえるのだ。

だから、清水さんの読者の方々には、まずは、そうした清水監督の見事な演出と編集の手腕に注目してほしい。きっと、清水さんの新たな一面を発見して頂けると思う。また、僕の書物から本書に入った方々には、これまでの書物には書かれていなかった事柄や清水さんによって新しい光を当てられた事柄を通じて、やはり、新たな発見をして頂けるのではないかと考える。

本書を手引きとしてさらに日本の司法について考えてみたい、知りたいと思われた読者のために、対談で引用した拙著の簡潔な紹介をしておきたい。『絶望の裁判所』と『ニッポンの裁判』（ともに講談社現代新書）は、実証的な事実とそこから導かれる客観的推論に基づいた日本の司法制度、また総体としての裁判の、構造的分析である。『黒い巨塔 最高裁判所』（講談社）は、これらの書物では十分に書きえなかった日本の司法の特異な権力構造、そしてそこに棲息《せいそく》する人々の生き方や思想のリアリティーを、小説という枠組みの中で追究したものであり、同時に、僕がこれまでにみてきた戦後日本と社会の歴史、その負の部分についての総合的考察でもある。以上は三部作ともいえるが、前二者は基本的には社会科学的な分析であり、最後のものは、創作なので、より多面的なパースペクティヴの作品となっている。なお、こうした書物の思想的背景を知りたいと思われる方には、『リベラルアーツの学び方』（ディスカヴァー・トゥエンティワン）や、今後の僕の書物をお読み頂ければと考える。

裁判所というものは、本来、権力を規制する権力、つまり、市民・国民の代表者として、客観的な視点から、立法や行政の問題をただし、人権を守る「権力チェック機構」、「憲法と法の番人」であるはずだ。にもかかわらず、日本の裁判所は、全体としてみると、むしろ、「権力補完機構」、「権力の番人」となっているのではないか？ それが僕の基本的認識であり、清水さんも、「そのとおりであり、それはマスメディアについても同様にいえることだ」という認識だと思う。こうした視点、認識において、両者は一致している。

清水さんと僕に共通の事柄は、ほかにもある。哲学の言葉でいうなら経験主義的な姿勢、つまり、まずは確かな事実を確定し、そこから合理的な推論を行うという姿勢、そして、自由主義、個人主義、一匹狼的な感覚といったものだ。

他方、違っている事柄は、清水さんがまずは徹底的にミクロの視点にこだわり続けてから初めて全体をみるのに対し、僕のほうは、ミクロとマクロの視点双方を最初から出して、全体の絵を眺める統一的な視点をなるべく早くつかもうとする、ということではないかと思う。たとえば、死刑に関する議論、裁判官は神に近い存在か否かという議論等においては、この違いが表面に出ている。

言葉を換えれば、清水さんの視点は、記者、当事者の視点、僕の視点は、学者、裁判官の視点だということである。もっとも、この両者は、相互に視点を交換することもでき、対談の中でも実際そうしている。ライター、著者としては、お互いに通じ合う部分が大きいからだ。

以上のような点が、この対談の特色ではないかと思う。

繰り返すが、本書は、ただの対談ではなく、あるいは、それと並んで、共同の「作品」であり、比喩的にいえば、正確性と論理性を失わない一つの「語り《ナラティヴ》」、「物語」であるともいえる。読者の方々に、この共同作品を楽しみ、また、考え、感じて頂き、その上で、清水さん、僕の読者双方の方々には、他方の書物や仕事にも入ってゆく入口《ポータル》にもして頂ければ幸いである。

二〇一七年三月三日

瀬木　比呂志

瀬木比呂志
せぎ・ひろし

1954（昭和29）年、愛知県生れ。東京大学法学部卒。1979年より裁判官。東京地裁、最高裁等に勤務。米留学。2012（平成24）年明治大学法科大学院教授に転身。2017年度中は滞米在外研究。著書に『絶望の裁判所』『ニッポンの裁判』（各講談社現代新書）、『リベラルアーツの学び方』（ディスカヴァー 21）、『黒い巨塔 最高裁判所』（講談社）の他、筆名（関根牧彦）による4冊の書物と、『民事保全法〔新訂版〕』『民事訴訟の本質と諸相』『ケース演習民事訴訟実務と法的思考』（各日本評論社）等の専門書がある。『ニッポンの裁判』で第2回城山三郎賞を受賞。

清水 潔
しみず・きよし

1958（昭和33）年、東京都生れ。ジャーナリスト。新潮社「FOCUS」編集部を経て、日本テレビ報道局記者・解説委員。2014（平成26）年、『殺人犯はそこにいる――隠蔽された北関東連続幼女誘拐殺人事件』で新潮ドキュメント賞、日本推理作家協会賞（評論その他の部門）を受賞。同書は2016年に「文庫X」としても話題になる。著書に『桶川ストーカー殺人事件――遺言』（新潮文庫）、『騙されてたまるか――調査報道の裏側』（新潮新書）、『「南京事件」を調査せよ』（文藝春秋）がある。

裁判所の正体《さいばんしょのしょうたい》
法服を着た役人たち《ほうふくをきたやくにんたち》

発行 2017.5.20
3刷 2017.7.30

著者
瀬木比呂志《せぎ・ひろし》
清水 潔《しみず・きよし》

発行者 佐藤隆信
発行所 株式会社新潮社
〒162-8711 東京都新宿区矢来町71
電話 編集部 03-3266-5611
読者係 03-3266-5111
http://www.shinchosha.co.jp

印刷所 株式会社三秀舎
製本所 株式会社大進堂

乱丁・落丁本は、
ご面倒ですが小社読者係宛お送り下さい。
送料小社負担にてお取替えいたします。
価格はカバーに表示してあります。
©Hiroshi Segi, Kiyoshi Shimizu 2017,
Printed in Japan
ISBN978-4-10-440503-9 C0095